中学地理

実力アップ問題集

文英堂編集部 編

SOCIAL STUDIES

EXERCISE BOOK

文英堂

この本の特長

実力アップが実感できる問題集です。

1 初めの「重要ポイント/ポイント一問一答」で，定期テストの要点が一目でわかる！

2 「3つのステップにわかれた練習問題」を順に解くだけの段階学習で，確実にレベルアップ！

3 苦手を克服できる別冊「解答と解説」。問題を解くためのポイントを掲載した，わかりやすい解説！

標準問題

定期テストで「80点」を目指すために解いておきたい問題です。

差がつく 解くことで，高得点をねらう力がつく問題。

カンペキに仕上げる！

実力アップ問題

定期テストに出題される可能性が高い問題を，実際のテスト形式で載せています。

基礎問題

定期テストで「60点」をとるために解いておきたい，基本的な問題です。

重要 みんながほとんど正解する，落とすことのできない問題。

ミス注意 よく出題される，みんなが間違えやすい問題。

基本事項を確実におさえる！

重要ポイント/ポイント一問一答

重要ポイント 各単元の重要事項を1ページに整理しています。定期テスト直前のチェックにも最適です。

ポイント 一問一答 重要ポイントの内容を覚えられたか，チェックしましょう。

もくじ

① 地球の姿

① 地球の姿

- [ ] **地球の表面**…周囲(赤道の長さ)が，約4万kmの球形。**約7割が海洋，約3割が陸地。**
  →地球は「水の惑星」とよばれる。

- [ ] **六大陸**…**ユーラシア大陸**，**アフリカ大陸**，
  └→アジア州とヨーロッパ州
  北アメリカ大陸，南アメリカ大陸，オーストラリア大陸，南極大陸。
  └→どの国にも属さない

- [ ] **三大洋**…**太平洋**，**大西洋**，**インド洋**。
  └→最も広い海洋

▲六大陸と三大洋

② 地球儀と緯度，経度

- [ ] **地球儀**…地球を縮小した模型。

- [ ] **緯度と経度**…①**緯度**…赤道を0度として，**北緯○度，南緯○度**と表す。②**経度**…**ロンドン**
  └→イギリスの首都
  を通る経線を0度(**本初子午線**)として，**東経○度，西経○度**と表す。

- [ ] **北極と南極**…地球の北の端(北緯90度)を**北極**(点)，南の端(南緯90度)を**南極**(点)。

- [ ] **自転と公転**…地球の**地軸**は23.4度傾いて，自
  └→地球の回転軸
  転・公転している。→日本に四季の変化をもたらす。高緯度地方では，**白夜**が見られる。

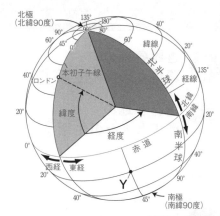

▲地球上の位置

③ さまざまな地図

- [ ] **平面の地図**…①**長所**…全体をひと目で見られる。持ち運びも簡単。②**短所**…距離，面積，形，方位，角度のすべてを正確に表すことはできない。

- [ ] **地図の種類**…①**角度の正しい地図**…**メルカトル図**
  └→航海図に利用
  法。2点間の等角航路が直線になる。②**面積の正**
  └→正積図法
  しい地図…モルワイデ図法，グード図法。③**方位と距離の正しい地図**…**正距方位図法**。

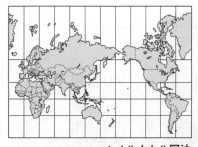

▲メルカトル図法

ポイント 一問一答

① 地球の姿

□ (1) 地球の周囲(赤道の長さ)は，およそ何万kmか。

□ (2) 地球の表面積のうち，海洋はおよそ何割を占めているか。

□ (3) 世界の六大陸のうち，アジア州とヨーロッパ州をふくむ，最も大きい大陸の名を答えよ。

□ (4) 世界の六大陸のうち，最も小さい大陸の名を答えよ。

□ (5) 世界の三大洋のうち，最も広い海洋の名を答えよ。

□ (6) 世界の三大洋のうち，最もせまい海洋の名を答えよ。

② 地球儀と緯度，経度

□ (1) 地球上の距離，面積，形，方位，角度のすべてをほぼ正確に表すことができる模型は何か。

□ (2) 地球上を横に結ぶ赤道に平行な線を何というか。

□ (3) 地球上の北極と南極を結ぶ線を何というか。

□ (4) ロンドンを通る経度0度の線を何というか。

□ (5) 左ページの地球の図の，Y地点の緯度と経度は，次のどちらか。
〔 南緯20度・東経45度　　 北緯20度・西経45度 〕

□ (6) 地軸は，垂直の向きに対して，何度傾いているか。

□ (7) 高緯度地方で，夏至のころ，太陽が沈まない現象が見られる。これを何というか。

③ さまざまな地図

□ (1) 2点間の等角航路(進行方向と経線の角度が常に一定の航路)を直線で表すことができる図法の名を答えよ。

□ (2) モルワイデ図法やグード図法の地図は，何を正しく表しているか。

答
① (1) 4万km　(2) 7割　(3) ユーラシア大陸　(4) オーストラリア大陸
(5) 太平洋　(6) インド洋

② (1) 地球儀　(2) 緯線　(3) 経線　(4) 本初子午線
(5) 南緯20度・東経45度　(6) 23.4度　(7) 白夜

③ (1) メルカトル図法　(2) 面積

1 〈世界の大陸と海洋〉
右の地図を見て，次の各問いに答えなさい。

(1) 右の地図は，陸地を中心に
描いている。実際の地球上
の陸地と海洋の面積の割合
を次から選び，記号で答え
よ。　　　　　　[　　　]

　ア　陸地：海洋＝1：9

　イ　陸地：海洋＝3：7

　ウ　陸地：海洋＝6：4

　エ　陸地：海洋＝8：2

●重要 (2) 地図中の**A〜F**の大陸名を，次からそれぞれ選び，記号で答えよ。

　　　　　A[　　]　B[　　]　C[　　]　D[　　]　E[　　]　F[　　]

　ア　北アメリカ大陸　　　　イ　南アメリカ大陸　　　ウ　アフリカ大陸

　エ　オーストラリア大陸　　オ　南極大陸　　　　　　カ　ユーラシア大陸

●重要 (3) 地図中の①〜③の海洋名を，次からそれぞれ選び，記号で答えよ。

　　　　　　　　　　　　　　　　　　　　①[　　　]　②[　　　]　③[　　　]

　ア　インド洋　　　イ　北極海　　　ウ　大西洋　　　エ　太平洋

2 〈世界の大陸〉
次の各問いに答えなさい。

(1) ユーラシア大陸にふくまれる州を，次から2つ選び，記号で答えよ。

　　　　　　　　　　　　　　　　　　　　　　　　　　[　　　][　　　]

　ア　ヨーロッパ州　　　イ　アフリカ州　　　ウ　アジア州

　エ　北アメリカ州　　　オ　南アメリカ州　　カ　オセアニア州

(2) 世界の六大陸のなかには，1つの国からなる大陸がある。その大陸名を答えよ。

　　　　　　　　　　　　　　　　　　　　　　　[　　　　　　　　　　　]

⚠ミス注意 (3) 世界の六大陸のなかには，どこの国にも属さない大陸がある。その大陸名を答えよ。

　　　　　　　　　　　　　　　　　　　　　　　[　　　　　　　　　　　]

(4) 次の国々がすべて属している大陸名をそれぞれ答えよ。

　　① エジプト，ケニア，ナイジェリア　　　　　[　　　　　　　　　　　]

　　② エクアドル，ブラジル，アルゼンチン　　　[　　　　　　　　　　　]

3 〈地球上の位置〉
右の図を見て，次の各問いに答えなさい。

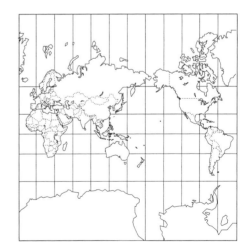

(1) 図中の**A**の線の名を答えよ。

[　　　　　　　]

(2) 図中の**B**は，経度０度の線である。この線の名を漢字５字で書け。 [　　　　　　　]

●重要 (3) 図中の**B**の基準となっている**X**の都市名を答えよ。 [　　　　　　　]

⚠ミス注意 (4) 図中の**Y**の位置を次から選び，記号で答えよ。

[　　　　　]

ア　北緯20度・西経40度　　　イ　北緯40度・西経135度
ウ　北緯20度・東経140度　　　エ　北緯40度・東経135度

(5) 図中の**C**は，夏至のとき，太陽が真上にくる線である。この線の名を次から選び，記号で答えよ。 [　　　　　]
ア　赤道　　　イ　北回帰線　　　ウ　南回帰線　　　エ　日付変更線

(6) 図中の地軸の傾きの角度を次から選び，記号で答えよ。 [　　　　　]
ア　12.4度　　　イ　23.4度　　　ウ　32.4度　　　エ　66.4度

4 〈平面の地図〉
右の地図を見て，次の各問いに答えなさい。

(1) この地図は，地図上の２点を結ぶ直線が，経線に対して等しい角度になっている。何という図法の地図か。次から選び，記号で答えよ。 [　　　]
ア　グード図法　　　イ　モルワイデ図法
ウ　メルカトル図法　　　エ　正距方位図法

⚠ミス注意 (2) この地図では，赤道からはなれるほど，面積はどのように示されるか。次から選び，記号で答えよ。 [　　　]
ア　実際より小さく示される。
イ　実際より大きく示される。
ウ　実際と変わらない。

ヒント

1 (1) この地図にまどわされないこと。実際は，海洋の面積のほうが，陸地の面積より広い。
2 (3) 南半球にあり，大部分が氷と雪におおわれている大陸。

1 〈世界の大陸と海洋〉
右の地図を見て，次の各問いに答えなさい。

(1) 次のそれぞれの大陸名を答えよ。また，その位置を，地図中の**ア〜カ**からそれぞれ選び，記号で答えよ。

① ヨーロッパとアジアにまたがる最大の大陸。
[   ][   ]

② 北半球と南半球にまたがり，日本の対蹠点(地球の裏側の地点)に最も近い大陸。
[   ][   ]

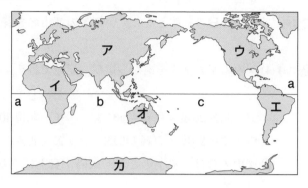

差がつく (2) 地図中の**a〜c**の大洋にふくまれる付属海の正しい組み合わせを，次から選び，記号で答えよ。
a[   ] b[   ] c[   ]

ア オホーツク海，東シナ海　　**イ** アラビア海，ペルシア湾　　**ウ** カリブ海，北海

2 〈地球の公転〉
右の図を見て，次の各問いに答えなさい。

(1) 図中の**A**の線の名を答えよ。
[   ]

(2) 図中の**B**の角度を答えよ。
[   ]

ミス注意 (3) 北半球が冬至のときの地球の位置を図中の**ア〜エ**から選び，記号で答えよ。　[   ]

(4) 北極圏で白夜になる位置を図中の**ア〜エ**から選び，記号で答えよ。
[   ]

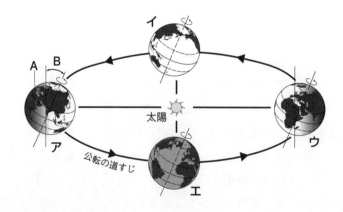

(5) 日本とオーストラリアについて正しい文章を次から2つ選び，記号で答えよ。
[   ][   ]

ア 日本が昼のとき，オーストラリアは夜である。

イ 日本が夏のとき，オーストラリアは冬である。

ウ 日本とオーストラリアの時差は，10時間以上ある。

エ 日本とオーストラリアの時差は，1時間ほどである。

3 〈地球上の位置〉 **🔑重要**

右の地図を見て，次の各問いに答えなさい。

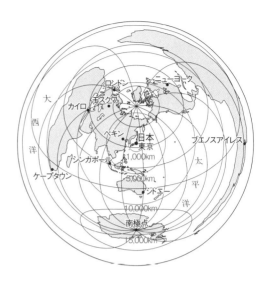

(1) この地図は，中心からの距離と方位が正しい地図である。この地図の図法名を答えよ。

[　　　　　　　　　　]

(2) 東京から最も遠い距離にある都市を，地図中から答えよ。　[　　　　　　　　　]

(3) 東京からシンガポールまでの，およその距離を答えよ。　　[　　　　　　　　　]

(4) 東京から見たニューヨークの方位を，次から選び，記号で答えよ。　[　　　　　]

ア　北西　　　イ　北東

ウ　南西　　　エ　南東

(5) 東京から東に進んだとき，最初に到達する大陸名を答えよ。　[　　　　　　　　　　　　]

4 〈地図の読解〉

右の地図を見て，次の各問いに答えなさい。

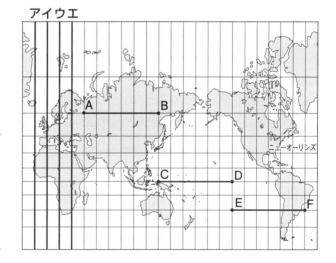

(1) この地図は，緯線と経線が直角に交わったもので，緯線と経線はそれぞれ15度の間隔で描かれている。この地図の図法名を答えよ。　[　　　　　　　]

🔑重要 (2) 本初子午線を示しているものを，地図中の**ア〜エ**から選び，記号で答えよ。　[　　　]

⚠️ミス注意 (3) 地図中の**A−B**間，**C−D**間，**E−F**間の実際の距離について正しく述べた文章を次から選び，記号で答えよ。　[　　　]

ア　**A−B**間の距離が最も短い。　　　イ　**C−D**間の距離が最も短い。

ウ　**E−F**間の距離が最も短い。　　　エ　いずれの距離も同じである。

(4) 地図中のニューオーリンズの位置を次から選び，記号で答えよ。　[　　　　]

ア　北緯30度・東経90度　　　イ　北緯60度・東経145度

ウ　北緯30度・西経90度　　　エ　北緯60度・西経145度

(5) この地図は，昔から航海図に利用されてきた。その理由を簡潔に答えよ。

[　　　　　　　　　　　　　　　　　　　　　　　　　　　　　　　　　　　]

②世界の地域区分と国々

重要ポイント

①世界の地域区分

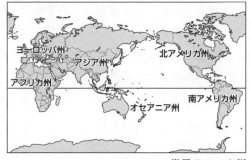

▲世界の6つの州

- □ **世界の人口**…約77億人(2019年)。
- □ **独立国**…国は，**領土**，**国民**，**主権**の3要素からなる。→国際連合に加盟している独立国は，193か国(2019年現在)。
- □ **世界の地域区分**…ヨーロッパ州，アフリカ州，アジア州，**オセアニア州**，北
    └オーストラリアと太平洋上の島々
    アメリカ州，南アメリカ州の6つの州に区分。→アジア州は，**東アジア**，**東南アジア**，**西アジア**，**南アジア**，**中央アジア**，**北アジア(シベリア)** に区分。
- □ **その他の区分**…北アメリカを**アングロアメリカ**，中・南アメリカを**ラテンアメリカ**。
    └アメリカ合衆国，カナダ┘　　　　　　　　　　メキシコ，南アメリカ諸国など┘
    ヨーロッパからみて，東アジアを**極東**，西アジアを**中東**(中近東)とよぶこともある。
    きょくとう　　　　　　　　ちゅうとう　ちゅうきんとう

②世界のさまざまな国と国境

□地形	
アイスランド	「氷の島」の意味
インド	インダス川に由来
マレーシア	「山国」の意味
□人名	
サウジアラビア	サウド家のアラビア
コロンビア	探検家コロンブス
□その他	
シンガポール	「ライオンの町」の意味
モンゴル	「強い勇敢な人」の意味
エクアドル	「赤道」の意味

▲国名の由来

- □ **面積，人口**…①大きい国…1.**ロシア連邦**，2.**カ**
    └日本の約45倍┘
    ナダ，3.**アメリカ合衆国**。②小さい国…**バチ**
    がっしゅうこく
    カン市国(ローマ市内)。→日本の面積は約60
    しこく
    番目。③人口の多い国…1.**中国**，2.**インド**，
    　　　　　　　　　　　　└約14.3億人┘└約13.7億人┘
    3.**アメリカ合衆国**。→日本の人口は11位(2019
    └約3.3億人┘
    年)。
- □ **人口密度**…日本，韓国，バングラデシュ，ヨー
    みつど　　└340人/km²┘
    ロッパの先進諸国は高い。カナダ，オーストラリア，ロシア連邦などは低い。
    　　　　　　　　　　　　└4人/km²┘└3人/km²┘└9人/km²┘
- □ **内陸国，島国**…①内陸国…スイス，オーストリア，ネパール，モンゴル，ボリビア
    　　　　　　　　　　　　　　　　　　　　　　　　　　　　　　　　└南アメリカ┘
    など。②島国…イギリス，フィリピン，ニュージーランド，キューバなど。
    　　　　　└海洋国┘　　　　　　　　　　　　　　　　　　　└カリブ海┘
- □ **連合国**…イギリスは，4つの地域からなる連合王国。国旗は**ユニオンジャック**。
    └正式国名「グレートブリテン及び北アイルランド連合王国」┘
- □ **国境**…①**自然**…ピレネー山脈(フランスとスペイン)，リオグランデ川(アメリカ合衆国とメキシコ)，アンデス山脈(チリとアルゼンチン)など。②**経緯線**…**アフリカ大**
    　　　　　　　　　　　　　　　　　　　　　　　　　　　　　けいいせん
    陸に多い。→**植民地**時代，ヨーロッパ諸国が引いた。
    　　　　　　　　└エジプトとリビア，スーダン┘

ポイント 一問一答

① 世界の地域区分

- □ (1) 世界の人口は，約何億人か(2019年)。
- □ (2) 独立国として成立するには，領土，国民，〔　　　　〕の3要素が必要である。
- □ (3) 国際連合の加盟国数は，次のうちどれか(2019年)。
  〔　128か国　　156か国　　193か国　〕
- □ (4) 世界の6つの州のうち，ドイツやフランスが属しているのは，何という州か。
- □ (5) 世界の6つの州のうち，オーストラリアと太平洋上の島々からなるのは，何という州か。
- □ (6) 東アジアは，ヨーロッパから見て，〔　　　　〕とよばれることがある。

② 世界のさまざまな国と国境

- □ (1) 世界で最も面積の広い国はどこか。
- □ (2) イタリアの首都ローマ市内にある，世界で最も面積の小さい国はどこか。
- □ (3) 日本の面積は，世界のなかで，約〔　　　〕番目である。
- □ (4) 世界で最も人口の多い国はどこか。
- □ (5) 日本の人口密度は，次のうちどれか(2019年)。
  〔　186人/km^2　　340人/km^2　　512人/km^2　〕
- □ (6) 次の国のうち，島国はどれか。
  〔　ボリビア　　タイ　　キューバ　〕
- □ (7) 国名が探検家のコロンブスに由来する国はどこか。
- □ (8) 国名が「氷の島」という意味のヨーロッパの国はどこか。
- □ (9) ピレネー山脈は，フランスと〔　　　　〕の国境線になっている。

---

① (1) 約77億人　(2) 主権　(3) 193か国　(4) ヨーロッパ州
　(5) オセアニア州　(6) 極東
② (1) ロシア連邦　(2) バチカン市国　(3) 60　(4) 中国(中華人民共和国)
　(5) 340人/km^2　(6) キューバ　(7) コロンビア　(8) アイスランド　(9) スペイン

1 〈世界の人口と独立国〉

次の文を読み，あとの各問いに答えなさい。

> 現在(2019年)，世界には，およそ[ⓐ]億人が住んでおり，多くの独立国があります。独立国として成立するためには，領土・国民・[ⓑ]が必要で，この条件を満たしたうえで，ほかの国から承認されなければなりません。現在，国際連合には，ⓒ193の独立国が加盟しています。

(1) 空欄ⓐにあてはまる数字を次から選び，記号で答えよ。　　　　　　　　[　　　]

　　ア　33　　　イ　55　　　ウ　77　　　エ　99

⚠ミス注意 (2) 空欄ⓑにあてはまる語句を次から選び，記号で答えよ。　　　　　　　[　　　]

　　ア　主権　　　イ　国歌　　　ウ　憲法　　　エ　内閣

(3) 下線部ⓒ「193の独立国」とあるが，ヨーロッパにある世界最小の国は，国際連合に加盟していない。その国名を答えよ。　　　　　　　　　　　　　　　　　[　　　]

(4) 下線部ⓒ「193の独立国」とあるが，2011年7月に国際連合に加盟した193番目の加盟国を次から選び，記号で答えよ。　　　　　　　　　　　　　　　　　[　　　]

　　ア　モナコ　　　イ　南スーダン　　　ウ　スイス　　　エ　モンテネグロ

2 〈世界の州と国〉

右の地図中のA～Fの①州名を答えなさい。また，それぞれの州にふくまれる②国をあとのア～カから選び，記号で答えなさい。

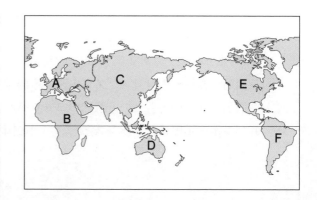

A① [　　　　] ② [　　　]

B① [　　　　] ② [　　　]

C① [　　　　] ② [　　　]

D① [　　　　] ② [　　　]

E① [　　　　] ② [　　　]

F① [　　　　] ② [　　　]

　　ア　ニュージーランド　　　イ　フィンランド　　　ウ　カナダ

　　エ　マレーシア　　　オ　アルゼンチン　　　カ　エチオピア

3 〈世界の国々〉 ⊶重要

次の(1)～(6)の①国名をあとのア～ケから，また，②その位置を地図中のa～iから選び，それぞれ記号で答えなさい。

(1) 東西に長く，面積が世界最大の国。

① [　　　] ② [　　　]

(2) 南アメリカ州にある，国名が「赤道」という意味の国。

① [　　　] ② [　　　]

(3) アジア州にある，世界で最も人口が多い国。

① [　　　] ② [　　　]

(4) 50州からなる連邦国家。国旗は州の数を星で表した「星条旗」である。

① [　　　] ② [　　　]

(5) 1つの国で1つの大陸を占めている国。人口密度は低く，わずか3人/km²にすぎない。

① [　　　] ② [　　　]

(6) 南アメリカ州にある国。国名は探検家コロンブスに由来する。

① [　　　] ② [　　　]

ア	イタリア	イ	スイス	ウ	オーストラリア
エ	ロシア連邦	オ	インド	カ	中国
キ	コロンビア	ク	エクアドル	ケ	アメリカ合衆国

4 〈世界の国境〉

次の国々の国境をあとのア～コから選び，記号で答えなさい。

(1) フランスとスペイン [　　　]　(2) 北朝鮮と韓国 [　　　]

(3) エジプトとリビア [　　　]　(4) アメリカ合衆国とメキシコ [　　　]

(5) チリとアルゼンチン [　　　]　(6) ザンビアとジンバブエ [　　　]

ア	東経25度線	イ	北緯38度線	ウ	西経135度線
エ	ピレネー山脈	オ	アルプス山脈	カ	ヒマラヤ山脈
キ	アンデス山脈	ク	リオグランデ川	ケ	ザンベジ川
コ	メコン川				

💡ヒント

1 (3) イタリアのローマ市内にあるカトリックの総本山。永世中立国のスイスとまちがえないこと。

3 (2) 南アメリカ大陸で，赤道が通過している国を選ぶとよい。

4 (2) 同じ半島にある国。軍事境界線として，およその国境になっている。

(6) アフリカ大陸南部の国。ビクトリア滝も国境の1つになっている。

1 〈世界の州と国々〉
次の各問いに答えなさい。

⚠️ ミス注意 (1) 次の国がある州名を答えよ。

① メキシコ　[　　　　　　　]　② バングラデシュ　[　　　　　　　]

③ ペルー　　[　　　　　　　]　④ モロッコ　　　　[　　　　　　　]

⑤ オーストリア [　　　　　　]　⑥ オーストラリア　[　　　　　　　]

(2) 次のアジアの国々がある地域をあとの**ア〜オ**から選び，記号で答えよ。

① タイ，カンボジア　　　　[　　　]　② ウズベキスタン，キルギス [　　　]

③ インド，スリランカ　　　[　　　]　④ 中国，北朝鮮（きたちょうせん）　　　[　　　]

⑤ アラブ首長国連邦（しゅちょうこくれんぽう），イラク [　　　]

ア 東アジア　　**イ** 東南アジア　　**ウ** 南アジア　　**エ** 中央アジア　　**オ** 西アジア

2 〈世界の国々と国旗〉
右の資料を見て，次の各問いに答えなさい。

●重要 (1) 次の各文をヒントに，右の**A〜D**の国名をあと
の**ア〜カ**から選び，記号で答えよ。

A アンデス山脈を国境にアルゼンチンと接す
る。南アメリカ州の国。　　　　[　　　]

B ナイル川の河口に広がる。古代文明が栄え，
ピラミッドやスフィンクスがある。　[　　　]

C 国名は「インダス川が流れる国」の意味。
アジア州の南アジア地域の国。　　[　　　]

D メコン川を境にラオスと接する。アジア州
の東南アジア地域の国。　　　　[　　　]

ア ボリビア　**イ** イタリア　**ウ** インド
エ タイ　　**オ** エジプト　**カ** チリ

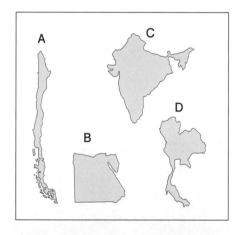

差がつく (2) 右の国旗について説明した次の文中の空欄（らん）に正
しい語句を書け。

「右の国旗の国は，すべて①[　　　　　　]
州にある。国旗にユニオンジャックがデザイン
されているのは，②[　　　　　　]連邦の一
員であることを示している。」

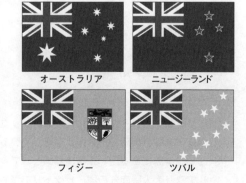

オーストラリア　　　　ニュージーランド

フィジー　　　　　　　ツバル

3 〈世界の国々〉
次のA～Eにあてはまる国名を答えなさい。

A　ぼくの国は，マレー半島南端にある島国です。国名は，サンスクリット語で「ライオンの町」という意味です。

B　わたしの国の面積は，世界で第2位の大きさですが，人口密度は4人/km²です。国旗には，かえでが描かれています。

C　ぼくの国は，砂漠が広がるアラビア半島にあります。国名は，「サウド家のアラビア」という意味です。

D　わたしの国は，50の州からなる連邦国家です。国名は，この大陸を探検したアメリゴ＝ベスプッチに由来しています。

E　わたしは南アメリカ州の赤道直下の国に住んでいます。サンパウロを中心に，およそ200万人の日系人が住んでいます。

A [　　　　　] B [　　　　　] C [　　　　　]
D [　　　　　] E [　　　　　]

4 〈世界の国境〉
右の地図を見て，次の各問いに答えなさい。

⚠️ミス注意 (1) 右の①～④の地図のうち，最も高緯度に位置しているものを選び，記号で答えよ。　[　　　]

(2) 地図中のa・bの河川名をあとのア～オからそれぞれ選び，記号で答えよ。
a [　　] b [　　]
　ア　イラワジ川
　イ　メコン川
　ウ　チャオプラヤ川
　エ　ガンジス川
　オ　リオグランデ川

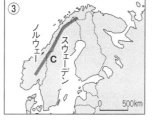

(3) 地図中のcの山脈名を次から選び，記号で答えよ。　[　　　]
　ア　アパラチア山脈　　イ　ロッキー山脈
　ウ　アルプス山脈　　エ　スカンディナビア山脈

⭐重要 (4) 地図中のdの国名を次から選び，記号で答えよ。　[　　　]
　ア　エチオピア　　イ　ポルトガル　　ウ　アルゼンチン　　エ　エジプト

差がつく (5) ④の地図のように，アフリカには直線的な国境線が多い。その理由を「植民地支配」という語句を使って，簡潔に答えよ。
[　　　　　　　　　　　　　　　　　　　　　　　　]

❸日本の姿

重要ポイント

① 日本の位置と時差

☐ **日本の位置**…ユーラシア大陸の東に位置する**島国(海洋国)**である。北半球の中緯度で，**北緯20度~46度，東経122度~154度**の範囲。隣国(近い国)→中国，韓国，ロシア連邦など。地球の反対側(**対蹠点**，遠い国)→ブラジル，アルゼンチンなど。

☐ **標準時と時差**…①**標準時**…世界各国は標準時子午線をもとに，標準時を決定。日本の標準時子午線は，**東経135度**(**明石市**)。②**時差**…2地点間の時刻のずれ。地球は
└→基準となる経線
└→兵庫県
約24時間で1回自転するため，**経度15度で1時間の時差**。(例)ロンドン(経度0度)
本初子午線←┘
と明石市(東経135度)の時差→**9時間**。③**日付変更線**…ほぼ**180度**の経線に沿う。
└→太平洋上
東から西へこえるときは日付を1日進ませ，西から東へこえるときは，1日遅らせる。

② 日本の領域と地域区分

☐ **国の領域**…領土，領海，領空からなる。

☐ **日本の領土，領海**…①**領土**…日本列島は長さ約3,000km。北海道，本州，四国，九州の4つの大きな島と小笠原諸島，南西諸島など周辺の島々からなる。国土面積は**約38万km^2**。②**領海**…海岸線から**12海里**。国土
世界で約60番目←┘ └→約22km
面積の約10倍以上の**排他的経済水域(200海里)**をもつ。

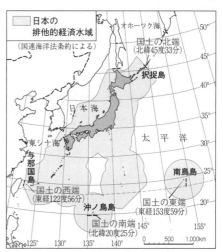

▲日本の領域

☐ **領土問題**…北方領土(**歯舞群島**，**色丹島**，国後島，**択捉島**)は**ロシア連邦**，竹島は**韓国**(**大韓民国**)が不法に占拠。尖閣諸島に対して**中国**が領有権を主張。いずれも日本固有の領土。

☐ **都道府県**…地方の政治を行う単位。明治時代の廃藩置県で設置。**1都1道2府43県**。県庁所在地は，もと**城下町**，**門前町**(大きな寺院がある町)，**港町**などに多い。面積
└→熊本市など └→長野市など └→横浜市，長崎市など
が最も大きいのは北海道，最も小さいのは香川県。

☐ **さまざまな地域区分**…都道府県をもとに，3つ(北海道・東日本・西日本)や7つ(北海道，東北，関東，中部，近畿，中国・四国，九州)の地方に区分。また，中部地方は**北陸地方**，**中央高地**，**東海地方**に，中国地方は，**山陰地方**と**山陽地方**に区分。
└→日本海側 └→太平洋側 └→日本海側 └→瀬戸内海側

テストでは ココ が ねらわれる

● 2点間の時差を求める計算問題は，定期テストだけでなく，入試でもよく出題される。
● 領土問題（北方領土や竹島）と沖ノ鳥島の護岸工事の理由をおさえておく。
● 面積，人口，位置，産業など，都道府県のさまざまな特徴を整理しておく。

ポイント 一問一答

① 日本の位置と時差

□ (1) 日本は周りを海に囲まれた[　　　]である。

□ (2) 日本は北緯20度〜北緯[　　　]度の範囲に位置する。

□ (3) 日本は東経122度〜東経[　　　]度の範囲に位置する。

□ (4) 日本にとても近い朝鮮半島南部の国は，どこか。

□ (5) 世界のそれぞれの国の基準となる時刻を，何というか。

□ (6) 日本の(5)の基準となる子午線は，東経[　　　]度である。

□ (7) 時差は，「2地点の経度差÷[　　　]度」で求められる。

□ (8) 太平洋上の経度180度の線にほぼ沿った日付の境界線を，何というか。

② 日本の領域と地域区分

□ (1) 国の領域は，領土，領海，[　　　]からなる。

□ (2) 日本列島は，北海道，[　　　]，四国，九州の4つの大きな島と周辺の島々からなる。

□ (3) 日本の国土面積は，次のどれか。

〔　約18万km^2　　約38万km^2　　約58万km^2　〕

□ (4) 日本の面積は，世界で約[　　　]番目の広さである。

□ (5) 日本の最南端の島は，[　　　]である。

□ (6) 日本は沿岸から[　　　]海里を，排他的経済水域としている。

□ (7) ロシア連邦が占拠している日本固有の領土は，どこか。

□ (8) 韓国が占拠している日本固有の島は，どこか。

□ (9) 日本は，1都1道2府[　　　]県からなる。

□ (10) 日本で最も面積の小さい県は，[　　　]県である。

□ (11) 中国地方は，日本海側の山陰地方と瀬戸内海側の[　　　]地方に分けられる。

 答

① (1) 島国（海洋国）　(2) 46　(3) 154　(4) 韓国（大韓民国）　(5) 標準時
　 (6) 135　(7) 15　(8) 日付変更線
② (1) 領空　(2) 本州　(3) 約38万km^2　(4) 60　(5) 沖ノ鳥島　(6) 200
　 (7) 北方領土（歯舞群島，色丹島，国後島，択捉島）　(8) 竹島　(9) 43　(10) 香川　(11) 山陽

基礎問題

▶答え　別冊p.4

1 〈日本の位置〉
次の文中の空欄にあてはまる語句を答えなさい。

(1) 日本は①[　　　　　　　]大陸の東に位置する島国(海洋国)で,三大洋の1つである
②[　　　　　　　]の北西側にあたる。日本から近い国は,朝鮮半島南部の
③[　　　　　　　],北方領土を占拠している④[　　　　　　　],東シナ海をはさ
む中国などである。

●重要 (2) 地球は,自転によって約①[　　　　]時間で西から東へ1回転している。そのため,経
度②[　　　　]度ごとに,1時間の時刻の差が生じる。これを時差という。世界各国は
標準時子午線を設定し,それぞれの標準時を決めている。日本の標準時子午線は,兵
庫県の③[　　　　　　　]市などを通る東経135度の経線である。[③]市と経度0度
のロンドンとの時差は,「135度÷[②]」の計算によって④[　　　]時間となる。

2 〈日本の領域〉
右の地図を見て,次の各問いに答えなさい。

⚠ミス注意 (1) 地図中の**a**〜**d**は,日本の端にある島々で
ある。それぞれの島の名を次から選び,記
号で答えよ。　　a[　　　]　b[　　　]
　　　　　　　　　c[　　　]　d[　　　]
　ア　与那国島　　イ　南鳥島
　ウ　礼文島　　　エ　択捉島
　オ　沖ノ鳥島

(2) **a**の島から**c**の島までの直線距離は,およ
そ何kmか。次から選び,記号で答えよ。
　　　　　　　　　　　　　　　　[　　　]
　ア　500km　　　イ　1,200km
　ウ　3,000km　　エ　7,500km

●重要 (3) 地図中の▢▢▢の海域は,何を表しているか,答えよ。　[　　　　　　　　]

(4) 地図中の**X**の島は,島根県に属しているが,1952年以降,韓国が占拠している。この
島の名を答えよ。　　　　　　　　　　　　　　　　　　　　[　　　　　　　　]

(5) 地図中の北緯40度の緯線が通っている海洋を次から選び,記号で答えよ。　[　　　]
　ア　南シナ海　　イ　地中海　　ウ　北海　　エ　カリブ海

18

3 〈日本の地域区分〉
右の地図を見て，次の各問いに答えなさい。

（重要）(1) 地図中の**A**～**G**の地方名を答えよ。

A [　　　　地方]　B [　　　　地方]

C [　　　　地方]　D [　　　　地方]

E [　　　　地方]　F [　　　　地方]

G [　　　　地方]

(2) **D**の地方は，さらに次の3つの地方に区分される。それぞれの地方にふくまれる県をあとの**ア**～**オ**から選び，記号で答えよ。

① 北陸地方 [　　　]
② 中央高地 [　　　]
③ 東海地方 [　　　]

ア 長野県　　**イ** 秋田県　　**ウ** 静岡県　　**エ** 茨城県　　**オ** 富山県

4 〈日本の都道府県〉
次の各問いに答えなさい。

(1) 次のそれぞれの県名を答えよ。

① 太平洋と日本海の両方に面している東北地方の県。　　　　　　　[　　　　県]

② 海に面していない近畿地方の内陸県で，県名と県庁所在地名が異なる県。

[　　　　県]

③ 日本で最も面積の小さな四国地方の県。　　　　　　　　　　　　[　　　　県]

④ 県名に「島」の字をふくむ九州地方の県。　　　　　　　　　　　[　　　　県]

（ミス注意）(2) 次の成り立ちの県庁所在地をあとの**ア**～**カ**から2つずつ選び，記号で答えよ。

① 城下町 [　][　]　② 港町 [　][　]

③ 門前町 [　][　]

ア 神戸市　　**イ** 金沢市　　**ウ** 奈良市

エ 長崎市　　**オ** 長野市　　**カ** 熊本市

(3) 関東地方には，県庁所在地の都市名がひらがなの県がある。その①県名と②都市名をそれぞれ答えよ。　　　① [　　　　県]　② [　　　　市]

💡ヒント

1 (2) ①地球は1日で1回転(360度)する。②1日は24時間なので，360度÷24時間。

2 (3) 沿岸から200海里の海域。沿岸から12海里の領海とまちがえないこと。

4 (1) ①本州最北端の県。②日本最大の湖，琵琶湖がある県。県庁所在地は大津市。③四国地方の北東部にある県。県庁所在地は高松市。④九州島の最南端にある県。

標 準 問 題

▶答え　別冊p.5

1 〈日本の位置と時差〉
右の地図を見て，次の各問いに答えなさい。

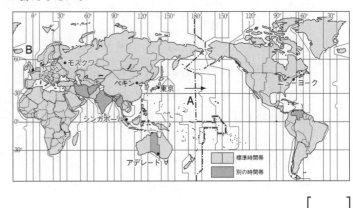

差がつく(1) 東京と地図中のアデレードは，ほぼ同じ経線上に位置し，緯度の差は約70度ある。赤道から北極までの距離を約1万kmとした場合，東京とアデレードの実際の距離を次から選び，記号で答えよ。

[　　　]

ア　約4,000km　　　イ　約8,000km　　　ウ　約10,000km　　　エ　約14,000km

(2) 地図中のAの線について，次の問いに答えよ。

① Aの線の名を漢字5字で答えよ。　　　　　　　　　[　　　　　]

⚠ミス注意 ② このAの線を→の方向にこえるとき，しなければならないことを次から選び，記号で答えよ。　　　　　　　　　　　　　　　　　　　　　　　　　　　　[　　　]

ア　日付を1日遅らせる。　　　イ　日付を1日進ませる。

ウ　時刻を12時間遅らせる。　　エ　時刻を12時間進ませる。

重要(3) 東京が1月1日午前0時のとき，地図中のBの線上にあるロンドンと，西経75度にあるニューヨークは，それぞれ何月何日何時か。午前，午後を明らかにして答えよ。

① ロンドン　　　[　　　　月　　　　日　　　　時]

② ニューヨーク　[　　　　月　　　　日　　　　時]

2 〈日本の領域〉
右の写真は，日本最南端の沖ノ鳥島である。これについて，次の各問いに答えなさい。

(1) 沖ノ鳥島の緯度を次から選び，記号で答えよ。　　[　　　]

ア　北緯15度　　　イ　北緯20度

ウ　北緯25度　　　エ　北緯35度

(2) 沖ノ鳥島は，行政上，世界自然遺産に登録されている諸島と同じ村に属する。この諸島の名を答えよ。　　　　　　　　　　　　　　　　　　　　　　　　　　[　　　　　]

差がつく(3) 沖ノ鳥島では，巨額の費用をかけて護岸工事が行われた。その理由を答えよ。

[

3 〈日本の領域〉
右の図を見て，次の各問いに答えなさい。

●重要 (1) 図中の空欄**A**，**B**にあてはまる数字をそれぞれ答えよ。

A [　　海里] B [　　海里]

●差がつく (2) 図中の「排他的経済水域」とは，何か。「資源」という語を使って，簡潔に説明せよ。

[　　　　　　　　　　　　　　　　　　　　　　　　　　]

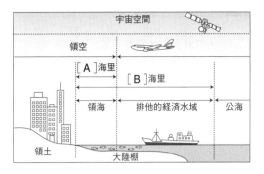

4 〈日本の都道府県〉
都道府県に関する右の資料Ⅰ，Ⅱを見て，次の各問いに答えなさい。

(1) 資料Ⅰは，面積の広い順を示している。これについて，次の問いに答えよ。

① 空欄にあてはまる東北地方の県名を答えよ。 [　　　　　]

 ② 第4位の「長野県」は，中部地方の内陸県である。この他の中部地方の内陸県を2つ答えよ。

[　　　　　] [　　　　　]

③ 最下位の「香川県」にふくまれる島を次から選び，記号で答えよ。 [　　　]

ア　三宅島　　イ　竹島
ウ　対馬　　エ　小豆島

資料Ⅰ

順位	都道府県名	面積(km²)
1	北海道	78,421
2	[　]県	15,275
3	福島県	13,784
4	長野県	13,562
5	新潟県	12,584
⋮		
43	神奈川県	2,416
44	沖縄県	2,281
45	東京都	2,194
46	大阪府	1,905
47	香川県	1,877

資料Ⅱ

順位	都道府県名	人口(万人)
1	東京都	1,382
2	神奈川県	918
3	大阪府	881
4	愛知県	754
5	埼玉県	733
⋮		
43	福井県	77
44	徳島県	74
45	高知県	71
46	島根県	68
47	鳥取県	56

（「データでみる県勢2020年版」より作成）

(2) 資料Ⅱは，人口の多い順を示している。これについて，次の問いに答えよ。

① 第2位の**a**「神奈川県」と第4位の**b**「愛知県」の県庁所在地の都市名を答えよ。また，それぞれの都市の成り立ちをあとの**ア〜エ**から選び，記号で答えよ。

a [　　　　　] [　]　b [　　　　　] [　]

ア　城下町　　イ　門前町　　ウ　港町　　エ　宿場町

② 第43位の**a**「福井県」，第44位の**b**「徳島県」，第45位の**c**「高知県」の代表的な文化や特産品を次から選び，記号で答えよ。 a [　] b [　] c [　]

ア　石狩なべ　　イ　阿波踊り　　ウ　信州そば　　エ　筑前煮
オ　佐渡おけさ　　カ　越前がに　　キ　駿河茶　　ク　鯨ハリハリなべ

③ 第46位の「島根県」と最下位の「鳥取県」は，どちらも中国地方の日本海側にある。この地方を何というか。 [　　　　　]

1 右の地図や資料を見て，次の各問いに答えなさい。　　　　　　〈(1)～(3)3点×4，(4)6点〉

(1) 地球上での経線の全周は，赤道の全周とほぼ同じで約4万kmである。**略地図Ⅰ**の経線上に太線で示したP点からQ点までの実際の距離は約何kmか。次から選び，記号で答えよ。

略地図Ⅰ　面積が正しい地図

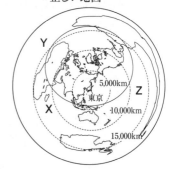

　　ア　5千km　　　**イ**　1万km

　　ウ　1万5千km　　**エ**　2万km

(2) **略地図Ⅰ**のあ～えは，4つの都市の位置を示している。**略地図Ⅱ**を参考にして，東京からの距離が最も遠い都市をあ～えから選び，記号で答えよ。

略地図Ⅱ　東京からの距離と方位が正しい地図

(3) **資料**は，地球上の陸と海の面積およびその割合を示しており，**略地図Ⅱ**のX，Y，Zは，三大洋のいずれかを示している。①**資料**の（　）にあてはまる大洋名を答えよ。②また，その大洋の位置をX～Zから選び，記号で答えよ。

(4) 地球は「水の惑星」とよばれる。その理由を，**資料**を参考にして，簡潔に答えよ。

資料

陸の面積 1億4,724万km² 28.9%	海の面積 3億6,282万km² 71.1%		

			その他
三大洋			
太平洋 45.9%	（　）23.9%	インド洋 20.5%	9.7%

（「理科年表2020」などより作成）

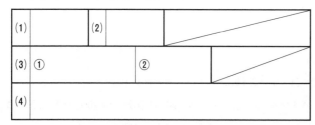

(1)		(2)	
(3) ①		②	
(4)			

2 次の文の下線部が正しければ○を，まちがっていれば正しい語句に直しなさい。　　〈3点×4〉

(1) 北半球と南半球のうち，陸地の面積の割合が大きいのは，<u>南半球</u>である。

(2) 陸地で最も高いのは，<u>アフリカ</u>大陸の南にあるエベレスト山である。

(3) 緯線は高緯度に向かうにつれて<u>短く</u>なる。

(4) 2点間の角度を正しく表す図法は，<u>モルワイデ図法</u>である。

(1)		(2)		(3)		(4)	

3 次の先生と生徒の会話を読み，あとの各問いに答えなさい。 〈3点×8〉

> 先　生「地理を学習していくうえで，地図や統計はとても重要です。」
>
> たけし「a陸と海の分布や，b調べたい国がどこにあるのかを確認したいときには，どのような地図を見ればよいですか。」
>
> 先　生「地球儀やc世界地図，州別の地図を見るとよいでしょう。日本と関係の深いアメリカ合衆国やヨーロッパの地図や統計は，教科書にも出てきます。」
>
> たけし「地図を利用して，その地域の気候について調べたり，考えたりすることもできますか。」
>
> 先　生「地図にd風向きなどを書き込むと，その国の気候について考えることができますよ。」

(1) 下線部 a について，地球上の陸と海の面積の比率を答えよ。

(2) 下線部 b について，次にあてはまる国名をそれぞれ答えよ。

① 首都…オタワ，面積…日本の約26倍，人口密度…約 4 人/km²

② 首都…モスクワ，面積…日本の約45倍，人口…約 1 億4,600万人

③ 首都…ベルン，面積…九州地方とほぼ同じ，人口…約860万人

④ 首都…キャンベラ，面積…日本の約20倍，人口密度…約 3 人/km²

(3) 下線部 c について，右の地図は，緯線と経線が直角に交わる地図で，緯線と経線はそれぞれ20度間隔で描かれている。この地図について，次の問いに答えよ。

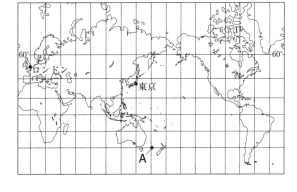

① 地図中の●で示した A 地点の緯度と経度を答えよ。

② この地図で調べることができることを次から選び，記号で答えよ。

　ア　日本の真西に位置する国　　　イ　東京とロンドンの最短距離

　ウ　日本とイギリスの面積の比較　エ　東京とロンドンの時差

(4) 下線部 d について，1 年を通して，地図中のロンドンにふく風の向きを次から選び，記号で答えよ。

　ア　西から東　　イ　東から西　　ウ　北から南　　エ　南から北

(1)	：			
(2) ①	②	③	④	
(3) ①			②	(4)

4 次の各問いに答えなさい。　　　　　　　　　　　　　　　　〈3点×4〉

(1) 右の図は，東京からの距離と方位が正しく表されている。東
京から飛行機で真西にまっすぐ進み，地球を一周して再び東
京へ戻（もど）ってくるとき，3番目に通過する大陸名を答えよ。

(2) 日本と中国について次の各問いに答えよ。

① 中国の人口は約14億人で，面積は日本の約25倍である。
日本と中国では，どちらの人口密（みつ）度（ど）が高いか，答えよ。

② 日本と中国は，六大陸のうち，どの大陸の東に位置してい
るといえるか，答えよ。

③ 日本の標準時子午線（ひょうじゅんじしごせん）となる経線（けいせん）は東経135度，中国の標準時子午線となる経線は東経120
度である。東京と中国の首都ペキンの日の出の時刻（とうけい）について正しく説明しているものを
次から選び，記号で答えよ。

ア 東京の日の出の時刻はペキンより，約3時間早い。

イ 東京の日の出の時刻はペキンより，約3時間遅い。

ウ 東京の日の出の時刻はペキンより，約1時間早い。

エ 東京の日の出の時刻はペキンより，約1時間遅い。

(1)		(2) ①		②		③	

---

5 略地図Ⅰ，Ⅱを見て，次の各問いに答えなさい。　　　　　〈3点×6〉

(1) **略地図Ⅰ**の**X**は東経140度の経線，**Y**は北緯（ほくい）40度の緯線（いせん）
である。それぞれの線上にある国を次から選び，記号で
答えよ。

ア ブラジル　**イ** オーストラリア　**ウ** ケニア

エ トルコ　**オ** キューバ

(2) **略地図Ⅰ**の**a**と**b**の島は，日本の領土（りょうど）の北端（たん）と西端の島
を示している。これについて，次の各問いに答えよ。

① それぞれの島の名を答えよ。

② 現在，**a**の島はある国に占拠（せんきょ）されている。この国の名を答えよ。

略地図Ⅰ

(3) 成田国際空港を日本時間の2月17日午前10時に出発し
た飛行機は，13時間かかって**略地図Ⅱ**のパリの空港に
到着した。また，**略地図Ⅱ**のモスクワの空港を，モスク
ワ時間の2月17日午後5時に出発した飛行機は，4時
間かかってパリの空港に到着した。この2機が到着した
時刻の時間差は何時間か。なお，標準時の基準となる経
度はパリは東経15度，モスクワは東経60度とする。

略地図Ⅱ

●モスクワ

●パリ

(1)	X		Y					
(2)	①	a		b		②	(3)	

---

6 右の地図Ⅰ，Ⅱを見て，次の各問いに答えなさい。

〈(1)・(2)②・(3)3点×4，(2)①4点〉

(1) **地図Ⅰ**中の**X**で示した境界線について述べた次の文
中の空欄①・②にあてはまる地名を答えよ。

「**X**は，近畿地方と[①]地方との境界線を示して
いる。**X**には，1つの府と5つの県が接しているが，
このうち，海に面していない県は，滋賀県と[②]
県である。」

(2) **地図Ⅱ**を見て，次の各問いに答えよ。

① **地図Ⅱ**の**X**は，日本の排他的経済水域を示してい
る。排他的経済水域の範囲について正しく説明し
ているものを次から選び，記号で答えよ。

ア 領海をふくむ，沿岸から200海里の水域

イ 領海をふくむ，沿岸から12海里の水域

ウ 領海をふくまない，沿岸から200海里の水域

エ 領海をふくまない，沿岸から12海里の水域

② **地図Ⅱ**の**Y**は，日本の南の端に位置する島で，排
他的経済水域を守るために護岸工事が行われた。
この島を何というか。

(3) 日本と同じように国土より排他的経済水域のほうが
広い国を次から選び，記号で答えよ。

ア カナダ 　**イ** オーストラリア 　**ウ** ブラジル 　**エ** ニュージーランド

地図Ⅰ

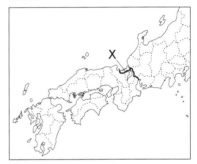

X

地図Ⅱ

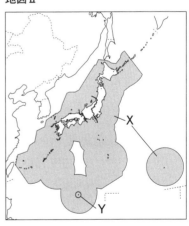

X

Y

(1)	①		②		(2)	①		②		(3)	

④世界各地の環境と人々の生活①

重要ポイント

① 世界の気候

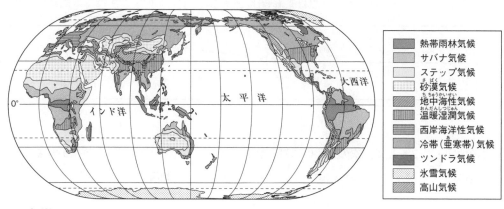

	熱帯雨林気候
	サバナ気候
	ステップ気候
	砂漠気候
	地中海性気候
	温暖湿潤気候
	西岸海洋性気候
	冷帯(亜寒帯)気候
	ツンドラ気候
	氷雪気候
	高山気候

□ **寒帯**…雪と氷におおわれる**氷雪気候**，こけ類などが育つ**ツンドラ気候**。

□ **冷帯(亜寒帯)**…冬は寒いが，夏は気温が上昇。針葉樹林の**タイガ**が広がる。

□ **温帯**…暖流と**偏西風**の影響で，1年を通して温暖な**西岸海洋性気候**，夏に乾燥し，冬
  に雨が降る**地中海性気候**，四季がはっきりしている**温暖湿潤気候**。
  └→西ヨーロッパなど
  └→スペイン，イタリア，フランス南部など　　└→日本をふくむ東アジアなど

□ **乾燥帯**…雨がきわめて少ない**砂漠気候**，少し雨が降り，草原が広がる**ステップ気候**。

□ **熱帯**…1年じゅう高温多雨な**熱帯雨林気候**，**雨季**と**乾季**がある**サバナ気候**。

□ **高山気候**…標高によって気候が変化。昼と夜の気温差が大きい。

② さまざまな地域の暮らし

□ **寒冷な地域**…①**北極圏のイヌイット**…イグルーに住み，あざらしやカリブーを**狩猟**。
  └→極北地域の先住民　　└→ドーム型の氷の家　　　　　　　　　　└→野生のトナカイ
  →定住化が進む。②**シベリア**…厚いとびら，二重窓の**高床**の住居に住む。
  └→永久凍土がとけないように

□ **乾燥した地域**…草原で羊ややぎの**遊牧**。**オアシス**で，なつめやしや小麦を栽培。西
  アジアでは**日干しレンガ**の家，モンゴルの草原では移動式テントの**ゲル**。→**サハラ
  砂漠**の南のふちに広がる**サヘル**では，**焼畑農業**や無理な放牧で**砂漠化**が深刻。

□ **暑い地域**…①**東南アジア**…**スコール**が降る。高床の住居。②**太平洋の島々**…さんご
  └→激しい雨
  礁と**マングローブ**が広がる。ココやしなどを栽培。→**地球温暖化**で水没の危機。
  └→海岸近くに茂る樹林

□ **標高の高い地域**…①**アンデス山脈**…**アルパカ**，**リャマ**の放牧。じゃがいも，とうも
  └→毛を利用　　└→運搬に利用
  ろこしなどを栽培。②**チベット高原**…**ヤク**の放牧。独自の仏教を信仰。

ポイント 一問一答

① 世界の気候

☐ (1) 寒帯は，雪と氷におおわれる氷雪気候と，こけ類などが育つ[　　　]気候に分けられる。

☐ (2) 冷帯(亜寒帯)の地域に見られる針葉樹の森林を何というか。

☐ (3) ヨーロッパの西岸は，暖流の北大西洋海流と[　　　]の影響で，１年を通して温暖である。

☐ (4) 温帯のうち，夏に乾燥し，冬に雨が降る気候を[　　　]気候という。

☐ (5) 乾燥帯は，雨がきわめて少ない砂漠気候と，少し雨が降り，草原が広がる[　　　]気候に分けられる。

☐ (6) 熱帯のうち，雨季と乾季がある気候を何というか。

② さまざまな地域の暮らし

☐ (1) 北極海に面したカナダ北部などに住む先住民を何というか。

☐ (2) ロシアの中央部から東部に広がる寒冷地を何というか。

☐ (3) 乾燥地帯の草原で，羊ややぎなどの家畜を移動しながら飼育する牧畜を何というか。

☐ (4) 砂漠のなかで，地下水がわく[　　　]では，多くの人々が住み，農業も行われている。

☐ (5) サハラ砂漠の南のふちに広がる[　　　]では，砂漠化の進行が深刻な問題になっている。

☐ (6) 東南アジアの熱帯地域では，[　　　]とよばれる激しい雨が降る。

☐ (7) フィジーやツバルなど太平洋上の熱帯の島々の周辺には，美しい[　　　]が発達している。

☐ (8) アンデス山脈の高地では，[　　　]やリャマの放牧が行われている。

答

① (1) ツンドラ　(2) タイガ　(3) 偏西風　(4) 地中海性　(5) ステップ
　　(6) サバナ気候
② (1) イヌイット　(2) シベリア　(3) 遊牧　(4) オアシス　(5) サヘル
　　(6) スコール　(7) さんご礁　(8) アルパカ

1 〈雨温図の見方〉
次の文中の空欄にあてはまる語句をあとのア～カから選び，記号で答えなさい。

　右のグラフを雨温図という。雨温図では，気温を
①[　　　]で，降水量を②[　　　]で表し，左に気温，
右に降水量の目盛りがついている。雨温図のなかのaは
③[　　　]を示している。また，bは④[　　　]を示して
いる。

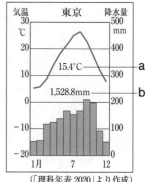

「理科年表 2020」より作成

ア	棒グラフ	イ	折れ線グラフ
ウ	年間の平均気温	エ	年間の最高気温
オ	年間の平均降水量	カ	年間の総降水量

2 〈世界の気候分布〉
右の地図を見て，次の各問いに答えなさい。

重要(1) この地図中の①～
⑥にあてはまる気
候区をあとのア～
カから選び，記号
で答えよ。

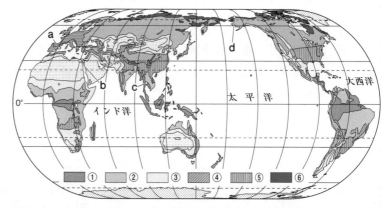

①[　　　]
②[　　　]
③[　　　]
④[　　　]
⑤[　　　]
⑥[　　　]

ア　ステップ気候
イ　サバナ気候
ウ　ツンドラ気候
エ　温暖湿潤気候
オ　地中海性気候
カ　熱帯雨林気候

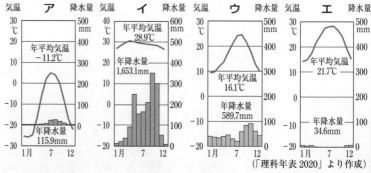

「理科年表 2020」より作成

ミス注意(2) 地図中のa～dの都市の雨温図を上のア～エから選び，記号で答えよ。

a[　　　] b[　　　] c[　　　] d[　　　]

3 〈寒い地域の暮らし〉
次の文中の空欄にあてはまる語句をあとのア～コから選び，記号で答えなさい。

(1) 1年じゅう雪と氷におおわれた ①[　　　　]の気候のカナダ北部やグリーンランドなどには，②[　　　　]とよばれる先住民が暮らしている。[②]は，冬になると海の氷の上に雪のかたまりを積み上げたドーム型の③[　　　　]に住み，あざらしやカリブーなどを追う狩猟（しゅりょう）生活を行ってきた。しかし，1950年代以降，カナダ政府の政策もあり，定住化がすすんでいる。

(2) ロシア中央部から東部にかけてのシベリアでは，冬は氷点下30℃を下回る日があるが，夏は30℃近くになる日もある。こうした④[　　　　]の気候の地域（ちいき）には，[①]の地域とはちがい，しらかば，もみなど針葉樹（しんようじゅ）の⑤[　　　　]が広がっている。[⑤]の下には，⑥[　　　　]があり，これがとけないように，多くの住居は高床（たかゆか）になっている。

ア 冷帯　　イ 寒帯　　ウ ベドウィン　　エ イヌイット　　オ イグルー
カ ゲル　　キ タイガ　　ク モンスーン　　ケ ステップ　　コ 永久凍土（とうど）

4 〈高地の暮らし〉
右の図は，アンデス山脈のペルーの土地利用を示したものである。これを見て，次の各問いに答えなさい。

(1) 図中の a には，良質の毛がとれる家畜（かちく）があてはまる。この家畜の名を答えよ。
[　　　　　　　]

(2) 図中の b に「いも類」とあるが，この地域が原産地で，100をこえる種類があるいもの名を次から選び，記号で答えよ。[　　　]
ア タロいも　　　イ ヤムいも
ウ さといも　　　エ じゃがいも

(3) この地域をふくむ南アメリカ大陸の先住民の名をカタカナで答えよ。[　　　　　　　]

●重要)(4) こうした高地の気候の特徴（とくちょう）を次から選び，記号で答えよ。　　[　　　]
ア 1年を通して温暖である。　　イ 季節による気温差が大きい。
ウ ほとんど雨が降らない。　　　エ 昼と夜の気温差が大きい。

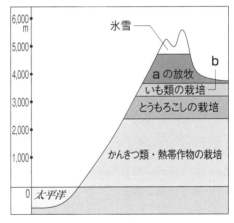

ヒント

2 (2) a は地中海沿岸のバルセロナ（スペイン），b はアフリカのカイロ（エジプト），c は東南アジアのバンコク（タイ），d は北極圏（ほっきょくけん）のバロー（アメリカ合衆国（がっしゅうこく））。

4 (2) 寒冷地から温帯の地域でも栽培（さいばい）できるため，世界じゅうに広がった。日本にも，16世紀後半に伝えられ，明治（めいじ）時代から広く栽培されるようになった。

標 準 問 題

▶答え　別冊 p.7

1 〈ヨーロッパとアフリカの気候と生活〉
右の地図を見て，次の各問いに答えなさい。

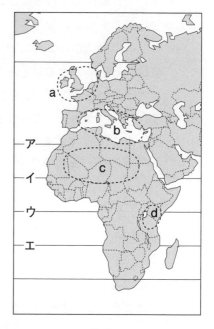

(1) 地図中の**ア～エ**から赤道（せきどう）を示しているものを選び，記号で答えよ。　　　　　　　[　　　]

●重要(2) 地図中**a**の地域は，日本より高緯度（こういど）だが，1年を通して温暖である。その理由を説明した次の文中の空欄（らん）にあてはまる語句を答えよ。

「近海に暖流の①[　　　　　　　　]が流れ，

②[　　　　　　　　]がその上空を通ってふきこんでくるから。」

●重要(3) 地図中**b**の地域の気候の特色を次から選び，記号で答えよ。　　　　　　　[　　　]

ア 1年を通して高温で，冬は乾燥（かんそう）し，夏に雨が降る。

イ 1年を通して温暖で，夏は乾燥し，冬に雨が降る。

ウ 年間の降水量が多いが，四季がはっきりしている。

エ 年間の降水量が少なく，昼夜の気温差が大きい。

(4) 地図中**c**の地域には水がわくオアシスが点在している。このオアシスで栽培（さいばい）されている農作物の正しい組み合わせを次から選び，記号で答えよ。　　　　　　　[　　　]

ア ココやし，マンゴー　　　**イ** じゃがいも，さとうきび

ウ ライ麦，とうもろこし　　**エ** なつめやし，綿花（めんか）

差がつく(5) 地図中の**d**の地域は，サバナ気候にふくまれる。サバナ気候の特色を気温と降水量に注目して簡潔に答えよ。

[　　　　　　　　　　　　　　　　　　　　　　　　　　　　　　　　　　　　　　　]

2 〈雨温図と世界の気候〉差がつく
右の雨温図にあてはまる都市をあとの**ア～エ**から選び，記号で答えなさい。また，その理由を簡潔に答えなさい。

都市 [　　　]

理由 [　　　　　　　　　　　　　　　　　]

ア マドリード（スペイン）

イ アリススプリングス（オーストラリア）

ウ カイロ（エジプト）

エ クアラルンプール（マレーシア）

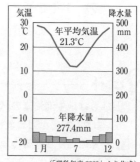

気温　　　　　　　　　　降水量
年平均気温
21.3℃
年降水量
277.4mm

（「理科年表 2020」より作成）

3 〈冷帯（亜寒帯）と熱帯の住居と生活〉
右の住居の写真を見て，次の各問いに答えなさい。

A

（重要）(1) Aは，冷帯のシベリアで見られる住居である。この住居の材料となる針葉樹の森林の名を答えよ。

[　　　　　　　　]

(2) Bは，1年を通して高温多雨な東南アジアの地域で見られる住居である。この地域の気候区を答えよ。

[　　　　　　　　]

B

（ミス注意）(3) A・Bの住居は，どちらも高床式になっているが，その最大の理由を次からそれぞれ選び，記号で答えよ。

A [　　　] B [　　　]

ア　太陽光のあたらない床下に，農作物を保存するため。
イ　風通しを良くし，また，洪水の被害を防ぐため。
ウ　永久凍土がとけて，建物が傾くことを防ぐため。

4 〈世界の気候と生活〉
右の地図と表を見て，次の各問いに答えなさい。

(1) 次の文が説明している国を，あ〜えから選び，記号で答えよ。また，その国名を答えよ。

「温帯に属する国。梅雨はなく，台風も見られない。都市には古い石造りの建物が見られるが，多くの室内は改修され，セントラルヒーティングも完備されている。」

記号 [　　　] 国名 [　　　　　　　]

（差がつく）(2) 右下の表は，あ〜えの国々を比較したものである。①表中のXにあてはまる降水量をあとのア〜エから選び，記号で答えよ。②また，それをもとに，項目ⅠとⅡから読みとれることにふれながら，えの国の農業の特色を簡潔に答えよ。

① 降水量 [　　　]

② 特色

[

　

]

ア　1,729　　イ　980　　ウ　140　　エ　2,929

表　あ〜えの国々の比較

項目	Ⅰ				Ⅱ	
	国土面積	農業用地の割合（%）			首都の年間平	首都の年間降
国	（万km²）	耕地	樹園地	牧草地帯	均気温（℃）	水量（mm）
あ	51	31.8	8.8	1.6	28.9	1,653.1
い	30	30.8	8.3	12.5	15.6	706.6
う	999	4.8	0.5	1.6	6.0	868.0
え	221	1.7	0.1	79.1	26.6	X

（「理科年表2020」などより作成）

31

❺ 世界各地の環境と人々の生活②

重要ポイント

① 世界の民族と言語，宗教

- □ **民族**…言語，宗教，生活習慣などを共有する人々の集まり。
- □ **言語**…母語_{ぼご}として話す人が多い**中国語**。貿易や国際会議で使われる**英語**。旧植民地では，公用語として**フランス語**，ᒻ西アフリカなど **スペイン語**などが使用される。ᒻラテンアメリカ

三大宗教
■キリスト教 ■仏教 ■イスラム教 ▨ヒンドゥー教 □その他の宗教
(注) おおよその分布を示したものです。実際には各地にさまざまな宗教を信じる人がいます。

▲世界の宗教分布

- □ **世界三大宗教**…①**仏教**…インドでシャカが開く。教典_{きょうてん}は経_{きょう}。東南アジア，東アジア。②**キリスト教**…1世紀初め，西アジアで**イエス**が開く。教典は**聖書**。ヨーロッパから世界各地に。③**イスラム教**…7世紀初め，アラビア半島で**ムハンマド**(マホメット)が開く。教典は**コーラン**。北アフリカ，西アジアなど。

宗教の慣習・行事
- ●**仏教**…タイなど，信仰_{しんこう}深い国では，一生に一度寺院で修行_{しゅぎょう}をする。お盆，花祭りなど。
- ●**キリスト教**…日曜日に教会で礼拝_{れいはい}。クリスマス，イースター(復活祭_{せいかつさい})。西暦を使用。
- ●**イスラム教**…1日5回，メッカに向かって礼拝。金曜日はモスクで礼拝。1年にラマダンの約1か月，断食_{だんじき}をする。豚肉_{ぶた}を食べない。飲酒をしない。
- ●**ヒンドゥー教**…牛肉を食べない(牛は神の使い)。「聖なる川」のガンジス川で沐浴_{もくよく}。

- □ **民族宗教**…インドのヒンドゥー教，イスラエルの**ユダヤ教**など。
  ᒻユダヤ教，キリスト教，イスラム教の聖地メッカがある

② 世界の衣食住

- □ **世界の主食**…①**米**…東・東南・南アジアで栽培_{さいばい}。ご飯，**フォー**など。②**小麦**…世界ᒻベトナムのめん 各地で栽培。パン，パスタ，**チャパティ**など。ᒻインド，西アジアなど ③その他…**とうもろこし**，タロいもなど。ᒻメキシコなど

- □ **世界の衣服**…寒冷地や高地は，動物の毛や皮を使った厚手の服。熱帯は，**サリー**やサロンなど一枚ᒻインド ᒻ東南アジア 布の服。韓国_{かんこく}は，**チマ・チョゴリ**。

▲サリー(左)とチマ・チョゴリ(右)

- □ **世界の住居**…シベリアでは丸太の木造りの家や高_{たか}床_{ゆか}の住居，乾燥_{かんそう}地では日干_{ひぼ}しレンガや土の家，モンゴルでは羊毛を使った移動式の モンゴル語で「ゲル」，中国語で「パオ」ᒻ 家など，自然環境_{かんきょう}に合わせた住居。

ポイント 一問一答

① 世界の民族と言語，宗教

- □(1) 言語，宗教，生活習慣などを共有する人々の集まりを，何というか。
- □(2) 母語として話す人が世界で最も多い言語は何か。
- □(3) 国が役所や学校など，公の場で使うことを定めた言語を何というか。
- □(4) 西アフリカの(3)として，現地語のほかに最も広く使われている言語は，次のどれか。
  〔 ドイツ語 スペイン語 フランス語 〕
- □(5) 紀元前6〜5世紀，インドで仏教を開いたのはだれか。
- □(6) 紀元1世紀，キリスト教を開いたのはだれか。
- □(7) 神の言葉が記されている，イスラム教の教典は何か。
- □(8) イスラム教で，食べることが禁じられているものは，次のどれか。
  〔 牛肉 豚肉 羊肉 〕
- □(9) イスラム教徒は，1日5回，聖地の［　　　］に向かって礼拝する。
- □(10) インドで広く信仰されている宗教は［　　　］である。
- □(11) ユダヤ人によって建国され，ユダヤ教，キリスト教，イスラム教の聖地がある国は［　　　］である。

② 世界の衣食住

- □(1) 世界じゅうで広く栽培されている［　　　］は，パン，パスタ，チャパティなどに加工される。
- □(2) メキシコなどでは，［　　　］の粉をこねて，うすくのばして焼いたものを主食としている。
- □(3) インドの女性は，一枚布の［　　　］を着用している。
- □(4) モンゴルでは，［　　　］とよばれる羊毛を使った移動式の家が見られる。

---

 ①(1) 民族 (2) 中国語 (3) 公用語 (4) フランス語 (5) シャカ
　(6) イエス (7) コーラン (8) 豚肉 (9) メッカ (10) ヒンドゥー教 (11) イスラエル
②(1) 小麦 (2) とうもろこし (3) サリー (4) ゲル

1 〈世界の言語〉
世界のおもな公用語の分布を示した次の地図を見て，あとの各問いに答えなさい。

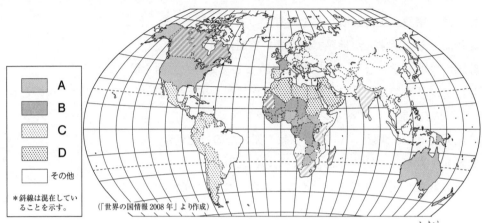

A
B
C
D
その他
*斜線は混在していることを示す。
（「世界の国情報2008年」より作成）

(1) 地図中の**A**にあてはまる言語は，グローバル化やインターネットの普及により，世界じゅうで使われるようになっている。この言語の名を答えよ。　　［　　　　　］

⚠️ミス注意 (2) 中国語は，世界で最も多くの人が母語とする言語である。中国語を母語として話すおよその人口を次から選び，記号で答えよ。　　［　　　　　］

　　ア 2〜5億人　　　**イ** 7〜10億人　　　**ウ** 12〜15億人　　　**エ** 17〜20億人

(3) 地図中の**B**〜**D**にあてはまる言語の正しい組み合わせを次から選び，記号で答えよ。

　　ア **B**…スペイン語　　**C**…ドイツ語　　**D**…フランス語　　［　　　　　］
　　イ **B**…ドイツ語　　　**C**…フランス語　　**D**…アラビア語
　　ウ **B**…アラビア語　　**C**…フランス語　　**D**…ドイツ語
　　エ **B**…フランス語　　**C**…スペイン語　　**D**…アラビア語

2 〈世界の言語と宗教〉
次の各文にあてはまる国をあとのア〜オから選び，記号で答えなさい。

A 先住民のインディオやアジア系の移民も暮らしているが，カトリックを信仰するヨーロッパ系の白人が多数で，ポルトガル語が公用語になっている。　　［　　　　　］

⚠️ミス注意 **B** 多数派の中国系が話す中国語のほか，イスラム教徒のマレー系の人々が話すマレー語，インド系の人々が話すタミル語，英語も公用語になっている。　　［　　　　　］

　　ア ポーランド　　　**イ** 南アフリカ共和国　　　**ウ** シンガポール
　　エ フィリピン　　　**オ** ブラジル

3 〈世界の宗教〉
次の文を読み，あとの各問いに答えなさい。

> 世界では，さまざまな宗教が信仰されている。なかでも，ⓐ仏教，ⓑキリスト教，ⓒイスラム教は，発祥地をこえて，多くの民族や広い地域で信仰されているため，世界宗教とよばれる。また，ヒンドゥー教やユダヤ教など，特定の民族や地域で信仰されている[ⓓ]も多い。日本の神道も[ⓓ]の１つである。

(1) 下線部ⓐ「仏教」の発祥地を次から選び，記号で答えよ。　　　　　　　[　　　　　]

　　ア　インド　　　イ　中国　　　ウ　エジプト　　　エ　タイ

(2) 下線部ⓑ「キリスト教」，ⓒ「イスラム教」の①開祖（創始者），②教典の名をそれぞれ

　　答えよ。　　　　　　　　　　　　ⓑ①[　　　　　　] ②[　　　　　　]
　　　　　　　　　　　　　　　　　　ⓒ①[　　　　　　] ②[　　　　　　]

●重要 (3) 下線部ⓒ「イスラム教」に関する説明を次から２つ選び，記号で答えよ。

　　ア　安息日の日曜日には，教会に集まって礼拝する。　　[　　　][　　　]
　　イ　日の出から日没まで飲食を絶つラマダン（断食月）がある。
　　ウ　牛を神の使いとして崇拝しており，牛肉を食べない。
　　エ　１日５回，聖地メッカの方角に向けて，礼拝する。
　　オ　お盆や花祭りなどの行事がある。

⚠ミス注意 (4) 空欄ⓓにあてはまる語句を漢字４字で答えよ。　　　　　[　　　　　　　]

4 〈世界の衣服〉
右のA〜Cの衣服を着ている人
が多い国の気候帯を次のア〜エ
から選び，記号で答えなさい。

A [　　　] B [　　　]
C [　　　]

ア　冷帯　　　イ　乾燥帯
ウ　温帯　　　エ　熱帯

A  B  C

ヒント
1 (2) 中国語を話す人は，中国だけでなく，東南アジアをはじめ世界各地に多く住んでいる。
　 (3) 西アジアにはアラビア語，南アメリカ大陸にはスペイン語を話す人が多い。
2 Bはマレー半島の南端に位置する島国。
4 Aは東南アジアで着用される腰布の一種，Bはロシア少数民族の毛皮の服，Cは砂漠の遊牧民の服。

1 〈世界の言語・民族と国〉
次の説明文の国をあとのア〜クから選び，記号で答えなさい。

(1) 世界第2の面積をもつ北アメリカ州の国。英語とフランス語が公用語で，とくに東部のケベック州ではフランス語を話す人が多い。　　　　　　　　　　　　　[　　　]

⚠ミス注意 (2) スペインやイタリアなどのラテン系の白人が9割以上を占める。公用語はスペイン語で，キリスト教の信者が多い。　　　　　　　　　　　　　　　　　　　[　　　]

(3) 公用語のヒンディー語，ベンガル語をはじめ，800をこえる言語が話されている。英語が準公用語であることから，IT産業が発展している。　　　　　　　　　　[　　　]

⚠ミス注意 (4) 国民のほとんどは，マレー系の民族である。かつてスペインの植民地支配を受けたため，キリスト教（カトリック）の信者が多い。　　　　　　　　　　　　　[　　　]

　ア　エチオピア　　イ　サウジアラビア　　ウ　インド
　エ　フィリピン　　オ　インドネシア　　　カ　カナダ
　キ　ブラジル　　　ク　アルゼンチン

2 〈世界の国々〉
次の文を読み，あとの各問いに答えなさい。

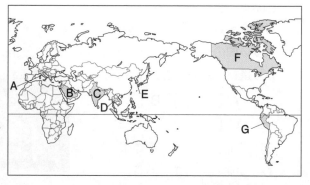

　世界の各地では，ⓐ三大宗教や多くのⓑ民族宗教が信仰されている。また，地域の気候や自然環境に合った暮らしが見られる。衣服では，地域独特のⓒ伝統的な衣装から，日常着までさまざまである。ⓓ食事を見ると，米，いも類，小麦や肉類を多く食べる地域に分けられる。

●重要 (1) 下線部ⓐについて，世界の三大宗教を説明した次の文中の空欄にあてはまる語句を答えよ。
　〔仏教〕…大乗仏教と上座部仏教の2つに分けられる。日本には，発祥国の①[　　　　　]から
　　　東南アジア，中国，②[　　　　　]半島をへて伝えられた。
　〔イスラム教〕…熱心なイスラム教徒は，1日5回，きまった時間に聖地③[　　　　　]にある
　　　カーバ神殿に向かって礼拝し，④[　　　　　]語でいのりをささげる。飲酒はタブーで，
　　　けがれた動物とされる⑤[　　　　]の肉を食べることもない。

〔キリスト教〕…大きく，カトリック，⑥[　　　　　　]，
正教会の３つの宗派に分けられる。伝統行事には，イ
エスの誕生を祝う12月の⑦[　　　　　]や，イエスの
復活を祝う春の⑧[　　　　　]などがある。

(2) 下線部ⓑ「民族宗教」について，右の①・②の写真は，あ
る民族宗教を信仰している人々のようすを写したもので
ある。それぞれの宗教の名を答えよ。

　　　　　　　　　① [　　　　　　] ② [　　　　　　]

(3) 下線部ⓒ「伝統的な衣装」について，地図中のＢ・Ｃ・
Ｅ・Ｇで見られる衣装を右下の写真のア〜エから，また，
それぞれの衣装の名をあとのカ〜コから選び，記号で答
えよ。

　　　　　Ｂ[　　] [　　] Ｃ[　　] [　　]
　　　　　Ｅ[　　] [　　] Ｇ[　　] [　　]

カ　サリー　　キ　チマ，チョゴリ　　ク　チャドル
ケ　サロン　　コ　ポンチョ

(4) 下線部ⓓについて，地図中のＡ・Ｃ・Ｄ・Ｆの国の主
食をあとのア〜オから選び，記号で答えよ。

　　　　　　　　　Ａ[　　] Ｃ[　　]
　　　　　　　　　Ｄ[　　] Ｆ[　　]

ア　チャパティ　　イ　パスタ　　ウ　米
エ　タロいも　　　オ　パン

(5) 近年，世界じゅうの都市にファストフード店が進出しており，また，衣服を見ると，Ｔシャ
ツやジーンズは各国で着られている。こうした衣食住の変化のようすを，簡潔に説明せよ。

[　　]

3 〈日本人の宗教観〉
右の表は，日本のおもな年中行事をまとめ
たものである。これを参考にして，日本人
の信仰の特徴を説明しなさい。

[

]

月	行　事	
1月	初もうで	新年にあたり神社に参拝する
2月	節分，豆まき バレンタインデー	春の訪れで，邪気をはらう 愛を告げる（チョコレート）
3月	ひな祭り 彼岸（お彼岸）	女の子の成長を祝う お墓まいりをする
4月	花祭り	シャカの誕生日を祝う
5月	たんごの節句 母の日	男の子の成長を祝う 母に感謝する（カーネーションの花）
7月	七夕	笹かざりをして願いごとをする
8月	うら盆会（お盆）	祖先の霊を祭る
9月	彼岸（お彼岸）	お墓まいりをする
11月	七五三	子どもの成長を神様に感謝する
12月	クリスマス 大みそか	キリストの誕生日を祝う １年のおしまい

⑥アジア州

重要ポイント

① アジア州の自然，社会

□ **気候**…北部のシベリアは寒帯，亜寒帯(冷帯)。東部沿岸は，<u>季節風</u>の影
　　_{└モンスーン}
響を受ける。東南・南アジアは，**熱
帯**。西・中央アジアは，**乾燥帯**。
　　　　　　　_{└砂漠，ステップ}

□ **人口**…世界の約6割が集中。東アジ
アの沿岸部，南アジアに多い。中国
は，かつて<u>一人っ子政策</u>。
　　　_{└人口抑制政策(2015年廃止)}

□ **文化**…①**東アジア**…仏教，儒教の影響。②**東南アジア**…仏教国が多い。**華人**が移住。
　　　　　　　　　　　　　　　　　　　　　_{フィリピンはキリスト教┘}　　　　　　　_{└中国系}
③**インド**…ヒンドゥー教。<u>カースト制度</u>が残る。④**西・中央アジア**…イスラム教。
　　　　　　　　　　　　_{└身分制度}
西アジアにアラブ系の人々(アラビア語)。

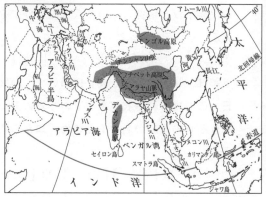

▲アジア州の自然

② アジア州の産業，課題

□ **農牧業**…①**中国**…北部は畑作。中南部は稲作。
　　　　　　　　　　　　　　　　　_{└いなさく}
内陸部は遊牧。②**東南アジア**…かつては**プラ**
　_{└ゆうぼく}　　　　　　　　　　　_{植民地時代の大農園┘}
ンテーションで，天然ゴム，茶など。現在は，
アブラやしを栽培。<u>大河川の下流</u>は，稲作地
　　　　　　　　_{└メコン川，チャオプラヤ川など}
帯。**二期作**，浮稲。③**インド**…<u>アッサム地方</u>
　　　_{└うきいね}　　　　　　　　_{└北東部}
の茶，<u>デカン高原の綿花</u>，<u>パンジャブ地方の</u>
　　　_{└中央部の乾燥地}　　　_{└インダス川中流域}
小麦。④**西・中央アジア**…オアシスでなつめやし，小麦。羊やらくだの遊牧。

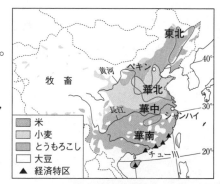

凡例：
■ 米
■ 小麦
■ とうもろこし
□ 大豆
▲ 経済特区

▲中国の農牧業分布と経済特区

□ **鉱工業**…①**東・東南アジア**…1970年代，**アジアＮＩＥＳ**が経済発展。中国は経済特
　　　　　　　　　　　　　　　　　　　　_{└ニーズ}
　　　　　　　　　　　　　_{韓国，ホンコン，シンガポール，台湾}
区を設け，80年代以降，「世界の工場」に成長。**ＡＳＥＡＮ**諸国にも，機械，自動
　　　　　　　　　　　　　　　　　　　　　　　　_{└東南アジア諸国連合}
車などの**工業団地**が進出。②**インド**…近年，**情報通信技術(ＩＣＴ)産業**が発展し，
　　　　　　　　　　　　　　　　_{ベンガルールに外国企業が進出┘}
ＢＲＩＣＳの1つ。③**西アジア**…石油の輸出に依存。**ＯＰＥＣ**を結成。再生可能エ
_{└ブラジル，ロシア，インド，中国，南アフリカ共和国}　　_{└いぞん}　　_{└石油輸出国機構}
ネルギーを使った都市づくりをめざす。④**中央アジア**…石油，天然ガス，**レアメタ
ル**(希少金属)など資源が豊富。
_{└きしょう}

□ **課題**…中国は**経済格差**，**環境汚染**が深刻。東・東南アジアは**都市化**による**過密**。
　　　　　　　　　　　　_{└かんきょうおせん}　　　　　　　　　　　　　　　　_{└かみつ}

テストでは ココ が ねらわれる

●降水量と関係が深いアジア各地の気候の特色をつかんでおく。
●中国，ASEAN諸国，インドの産業の変化をまとめておく。
●中国の経済格差，環境汚染，東南アジアの都市化など，アジア州の課題を理解しておく。

ポイント 一問一答

① アジア州の自然，社会

□(1) 中国南部からインド北部にかけて，8,000m級の高峰からなる[　　　　]山脈が連なる。

□(2) 中国で最も長い川は[　　　　]である。

□(3) 西・中央アジアの気候帯は何か。

□(4) 東・東南アジアの沿岸部の気候に大きな影響をあたえる，季節によって向きが変わる風を何というか。

□(5) 中国で行われていた人口抑制政策を何というか。

□(6) 海外に移住し，現地の国籍をとり，経済，商業で大きな力をもっている中国系の人々を何というか。

□(7) インドに根強く残っている身分制度を何というか。

□(8) 西・中央アジアで広く信仰されている宗教は何か。

② アジア州の産業，課題

□(1) 中国の北部でよく栽培されている農作物は，次のどれか。
〔　米　　小麦　　アブラやし　〕

□(2) 植民地時代，ヨーロッパ人がつくった大農園を何というか。

□(3) メコン川やチャオプラヤ川の下流では，1年に米を2回つくる[　　　　]が行われている。

□(4) インドのアッサム地方やスリランカでは，[　　　　]の栽培がさかんである。

□(5) 1970年代，急速な経済発展をとげたアジアの4つの国・地域をまとめて何というか。

□(6) 中国は沿岸部に[　　　　]を設け，外国企業を誘致した。

□(7) 近年，インドのベンガルールに進出している産業は何か。

□(8) 西アジアを中心とした産油国が，石油の生産量や価格などを話し合うために結成している組織を何というか。

答

① (1) ヒマラヤ　(2) 長江(チャンチヤン)　(3) 乾燥帯　(4) 季節風(モンスーン)
(5) 一人っ子政策　(6) 華人　(7) カースト(制度)　(8) イスラム教
② (1) 小麦　(2) プランテーション　(3) 二期作　(4) 茶　(5) アジアNIES
(6) 経済特区　(7) 情報通信技術(ICT)産業　(8) OPEC(石油輸出国機構)

1 〈アジアの自然〉

右の地図を見て，次の各問いに答えなさい。

⚠ミス注意 (1) 赤道を地図中の**ア～エ**から選び，記号で答えよ。　[　　　]

(2) 地図中の**a～c**の川の名を答えよ。
a [　　　　　]
b [　　　　　]
c [　　　　　]

(3) 地図中**X**には，標高3,500mから5,500mの高原が広がっている。この高原名を答えよ。

[　　　　　　]

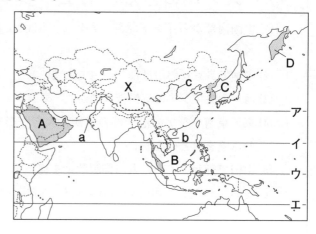

○●重要 (4) 地図中の**A～D**の①半島の名を答えよ。また，それぞれがふくまれる②おもな気候帯名をあとの**ア～エ**から選び，記号で答えよ。

A① [　　　　　] ② [　　　] B① [　　　　　　] ② [　　　]
C① [　　　　　] ② [　　　] D① [　　　　　　] ② [　　　]

ア 冷帯　　**イ** 温帯　　**ウ** 熱帯　　**エ** 乾燥帯

2 〈アジアの民族と宗教〉

次の各問いに答えなさい。

○●重要 (1) 右のグラフは，各国で信仰されている宗教の割合を示している。グラフ中の**A～C**にあてはまる三大宗教の名をそれぞれ答えよ。

A [　　　　　　]
B [　　　　　　]
C [　　　　　　]

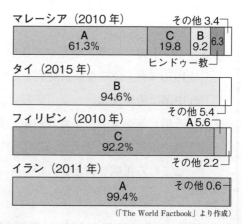

その他 3.4
マレーシア（2010年）
| A 61.3% | C 19.8 | B 9.2 | 6.3 |
ヒンドゥー教

タイ（2015年）
| B 94.6% |
その他 5.4

フィリピン（2010年）　A5.6
| C 92.2% |
その他 2.2

イラン（2011年）　その他 0.6
| A 99.4% |

（「The World Factbook」より作成）

⚠ミス注意 (2) 次の民族名をそれぞれ答えよ。

① 多民族国家の中国において，約9割を占める民族。　[　　　　　　]

② サウジアラビアやイラクなど，西アジアの国に多い民族。　[　　　　　　]

3 〈中国の産業〉
右の地図を見て，次の各問いに答えなさい。

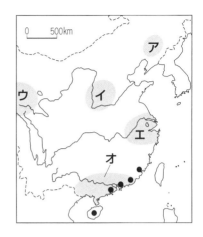

⚠️ミス注意 (1) 次の各文にあてはまる地域を地図中の**ア〜オ**から
選び，記号で答えよ。

① 黄土が広がり，小麦のほか，だいずや綿花など
が栽培されている。 [　　　]

② 羊，やぎなどの遊牧のほか，オアシスで綿花，
小麦の栽培が行われている。 [　　　]

③ 稲作がさかんで，二期作を行う農家も多い。た
て横に水路が引かれている。 [　　　]

④ 寒冷地だが，夏は気温が上がり，平原で大豆，
こうりゃんなどが栽培されている。 [　　　]

🔑重要 (2) 地図中の●の地域を説明した，次の文中の空欄にあてはまる語句を答えよ。

「この地域は，1970年代末に設置された ⓐ[　　　　　　　]で，先進国の企業を招
くため，ⓑ[　　　　　　　]を安くするなどの優遇措置を講じた。これによって，多
くの外国企業が集まり，やがて中国は ⓒ『[　　　　　　　]』とよばれるようになっ
た。」

4 〈東南アジアの国々〉
右の地図を見て，次の各問いに答えなさい。

(1) 地図中の**A〜F**の国名をあとの**ア〜カ**から
選び，記号で答えよ。

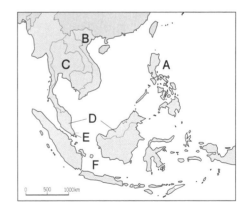

A [　　] B [　　] C [　　]
D [　　] E [　　] F [　　]

ア ベトナム 　　**イ** シンガポール
ウ タイ 　　　　**エ** フィリピン
オ インドネシア 　**カ** マレーシア

(2) 地図中の░░の国々10か国が，経済・安全
保障・政治などで協力し合うために結成し
ている地域協力機構の名を答えよ。

[　　　　　　　　]

ヒント

② (1) イランは西アジアの国。フィリピンは，かつてスペインの植民地支配下にあった。
　(2)② おもにイスラム教を信仰し，アラビア語を話す人々。
③ (1)① 黄土をふくんだ長流が「黄河（ホワンホー）」。②乾燥した草原（ステップ）が広がる。③チュー川の下流で温暖
　多雨な地域。④寒冷な中国の東北地方。

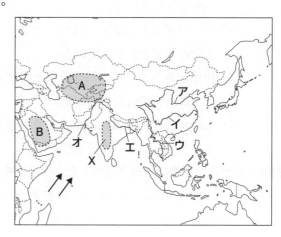

標準問題

▶答え　別冊p.10

1 〈アジアの自然と農業〉
右の地図を見て，次の各問いに答えなさい。

●重要 (1) 地図中の──➤は，ある風の向きを示して
いる。①季節によって風向きが変わる，
この風の名を**カタカナ**で答えよ。②また，
この──➤の方角にふく季節を答えよ。

①［　　　　　　］ ②［　　　　］

(2) 次の河川の名を答えよ。また，その位置
を地図中の**ア～オ**から選び，記号で答えよ。

① ヒマラヤ山脈に源を発し，ベンガル湾
に注ぐ。ヒンドゥー教徒の「聖なる川」
である。　　［　　　　　］［　　　　］

② 下流では稲作が行われている。中流には，世界最大規模の発電量をほこるサンシヤダムが
建設されている。　　　　　　　　　　　　　　［　　　　　］［　　　　］

(3) 地図中の**X**の①高原名を答えよ。また，②この高原での栽培がさかんな農作物を次から選び，
記号で答えよ。　　　　　　　　　　　　　　①［　　　　　］ ②［　　　　］

ア こうりゃん　　**イ** ココやし　　**ウ** 茶　　**エ** 綿花

ⒶⒷがつく (4) 地図中の**A・B**の地域に共通する農業の特色を簡潔に答えよ。

［　　　］

2 〈中国のようす〉
右の地図は，中国の1人あたり地区総生産を，高い
順に3段階に分けて示したものである。これを見て，
次の各問いに答えなさい。

（「地理データファイル2010年度版」より作成）

ⒶⒷがつく (1) 中国の工業にはどのような特色があるか。この地図
から読みとることができることがらを，「比べて」
と「内陸部」という2つの言葉を使って説明せよ。

［　　　　　　　　　　　　　　　　　　　　　　　　　　　　　　　　　　　］

(2) 次の**ア～エ**のそれぞれについて，数値の高（多）い順に3段階に分けて地図を作成したとき，
右上の地図に最も近い図になるものはどれか。次から選び，記号で答えよ。　　　　［　　　　］

ア 年降水量　　　**イ** 年平均気温　　　**ウ** 第1次産業従事者数の割合　　　**エ** 人口密度

3 〈東南アジアの社会と産業〉

次の文章は，まゆさんが，2010年11月に「アジア太平洋経済協力会議」が横浜で開催された
ことがあると知り，興味をもち，調べたものの一部である。これを読んで，あとの各問いに
答えなさい。

> 「アジア太平洋経済協力会議」は，世界の人口の約40％，貿易額の約46％を占める世界最
> 大の地域統合として，貿易や投資の自由化と円滑化，経済や技術の協力などの活動を行って
> います。1989年，オーストラリア首相の提唱により，オーストラリア，@ブルネイ，カナダ，
> ⓑインドネシア，日本，ⓒ韓国，ⓓマレーシア，ニュージーランド，ⓔフィリピン，シンガ
> ポール，ⓕタイ，アメリカ合衆国が参加して，発足しました。今回の首脳会議では，貿易や
> 投資の自由化と円滑化をさらに進め，「緊密な共同体」をめざすことなど，アジア太平洋地
> 域の将来像とその実現に向けた取り組みについて合意されました。

⚠ミス注意 (1)「アジア太平洋経済協力会議」の略称を，アルファベット4字で答えよ。　　[　　　　]

🔑重要 (2) 下線部@「ブルネイ」，ⓑ「インドネシア」は，どちらもある宗教の信者が多い。その宗教の
名を答えよ。　　　　　　　　　　　　　　　　　　　　　　[　　　　]

(3) 下線部ⓒ「韓国」は，軍事境界線をはさんで，北朝鮮と対立している。この軍事境界線の緯
度を次から選び，記号で答えよ。　　　　　　　　　　　　　[　　　　]

　ア　北緯15度　　　イ　北緯26度　　　ウ　北緯38度　　　エ　北緯49度

(4) 下線部ⓓ「マレーシア」について，次の各問いに答えよ。

① マレーシアは，マレー系，中国系，インド
系など多くの民族から成立している。この
ような国を何というか。漢字5字で答えよ。

[　　　　　　　　]

マレーシア	機械類					パーム油	
1980年 総額129.4億ドル	石油 23.8%	天然ゴム 16.4	10.7	木材 9.3	8.9	その他 30.9	

2017年 総額2,164.3億ドル	機械類 41.0%	パーム油 4.5 石油製品 7.4 — 精密機械 3.4 液化天然ガス 4.3	その他 39.4

（「世界国勢図会 2019/20 年版」より作成）

🏆差がつく ② 右のグラフは，マレーシアの輸出品の変化
を示している。グラフを参考にして，マ
レーシアの産業の変化のようすを，簡潔に答えよ。

[
　　
]

(5) 下線部ⓔ「フィリピン」の
首都マニラの雨温図を右か
ら選び，記号で答えよ。

[　　　　]

ア　降水量 年降水量 1,266.0mm　年平均気温 16.3℃

イ　年降水量 1,407.0mm　年平均気温 22.6℃

ウ　年降水量 1,714.9mm　年平均気温 27.5℃

エ　年降水量 2,452.4mm　気温 年平均気温 22.4℃

🔑重要 (6) 下線部ⓕ「タイ」は，ある
農作物の輸出量が世界上位
である。その農作物を次か
ら選び，記号で答えよ。

[　　　　]

（気象庁ホームページより作成）

　ア　米　　　イ　小麦　　　ウ　さとうきび　　　エ　とうもろこし

❼ヨーロッパ州

重要ポイント

①ヨーロッパ州の自然，社会

□ **自然**…北部は冷帯。中部は**西岸海洋性気候**で偏西風の影響。南部は**地中海性気候**。_{夏に乾燥，冬に雨}。**アルプス山脈**。**フィヨルド**。
└ヨーロッパ最大 └スカンディナビア半島

□ **民族，宗教**…①**ゲルマン系**…英語，ドイツ語，プロテスタント。②**ラテン系**…フランス語，スペイン語，カトリック。③**スラブ系**…ロシア語，ウクライナ語，**正教会**。

□ **EU(ヨーロッパ連合)**…**EC**が発展し，
└ヨーロッパ共同体
1993年に成立。本部は**ブリュッセル**。
└ベルギー
〔**目的**〕域内の**関税**をなくし，流通，資本，労働力の移動を自由化。共通通貨**ユーロ**を使用。〔**課題**〕加盟国間の**経済格差**の解消，加盟を求める国との**交渉**，**外国人労働者**の増加など。
└トルコ，北アフリカなどから流入

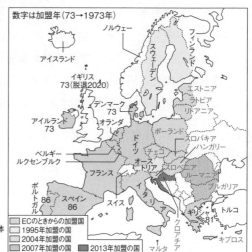

▲EU加盟国

②ヨーロッパ州の産業，環境対策

□ **農牧業**…①**混合農業**…**穀物栽培**と**家畜飼育**の組み合
└小麦，飼料作物，ライ麦など
わせ。②**酪農**…乳牛を飼い，バター，チーズを生産。③**地中海式農業**…オリーブ，オレンジ，小麦を栽培。→フランスは「**EUの穀倉**」。小麦の輸出。

□ **工業**…①**ルール地方**…EU最大の工業地域。ライン川
└ドイツ
の水運。重化学工業が発展。②**北海沿岸**…**ロッテルダム**で石油化学。貿易港の**ユーロポート**。**北海油田**の開発。③**内陸部**…トゥールー
└オランダ
ズで航空機。
└フランス南西部

▲ヨーロッパ州の農業地域

□ **環境対策**…**酸性雨**の被害。再生可能なエネルギーによる**風力発電**，**バイオマス発電**，**太陽光発電**など。リサイクルの推進，**環境税**の導入。→**地球温暖化**の対策。
└炭素税など

□ **ロシア連邦**…**ソ連**が解体し，1991年に成立。北部は**ツンドラ**，**タイガ**。100以上の
└ソビエト連邦 └凍土 └針葉樹林
民族が住む。石油，天然ガス，石炭など資源が豊富。**パイプライン**でEU諸国へ輸送。

テストでは ココ が ねらわれる

●ヨーロッパ**各地**の自然，民族，宗教(宗派)，産業の**特色**をつかんでおく。
●ＥＵ(ヨーロッパ連合)の加盟国，活動の目的，課題を整理しておく。
●ドイツ，オランダ，スウェーデンなどで積極的な環境問題への取り組みをおさえる。

ポイント 一問一答

① ヨーロッパ州の自然，社会

- □(1) ヨーロッパ最大の山脈は，[　　　]山脈である。
- □(2) スカンディナビア半島に見られる，氷河がつくった複雑な海岸地形を何というか。
- □(3) ヨーロッパ州の中部は暖流の北大西洋海流の上をふく[　　　]の影響で西岸海洋性気候の地域が多い。
- □(4) ヨーロッパの南部は何気候区に属するか。
- □(5) 英語やドイツ語を話すのは，[　　　]系の民族である。
- □(6) ラテン系の民族の多くは[　　　]を信仰している。
- □(7) 1993年に成立した「ヨーロッパ連合」のアルファベットの略称は，[　　　]である。
- □(8) (7)の多くの加盟国が採用している共通通貨は何か。
- □(9) (7)の加盟国間における[　　　]の解消が課題の１つにあげられる。

② ヨーロッパ州の産業，環境対策

- □(1) 穀物栽培と家畜飼育を組み合わせた農業を何というか。
- □(2) 乳牛を飼い，バターやチーズなどを生産する農業を何というか。
- □(3) 農業がさかんで，「ＥＵの穀倉」とよばれる国はどこか。
- □(4) ＥＵ最大の工業地域は，ドイツの[　　　]地方である。
- □(5) オランダの[　　　]では，石油化学工業が発達している。
- □(6) イギリスとノルウェーは，[　　　]の開発によって，石油産出国となっている。
- □(7) ヨーロッパ各地では，偏西風に乗って国境をこえて降る[　　　]の被害が，問題になっている。
- □(8) ヨーロッパでは，地球温暖化対策として，化石燃料の消費量に課す[　　　]を導入する国が増えている。
- □(9) 1991年，[　　　]の解体により，ロシア連邦が誕生した。
- □(10) ロシア連邦の石油は，[　　　]でＥＵ諸国へ輸送される。

答

① (1) アルプス　(2) フィヨルド　(3) 偏西風　(4) 地中海性気候　(5) ゲルマン
(6) カトリック　(7) ＥＵ　(8) ユーロ　(9) 経済格差

② (1) 混合農業　(2) 酪農　(3) フランス　(4) ルール　(5) ロッテルダム　(6) 北海油田
(7) 酸性雨　(8) 環境税(炭素税)　(9) ソ連(ソビエト連邦)　(10) パイプライン

基礎問題

▶答え　別冊p.10

1 〈ヨーロッパの自然〉
右の地図を見て，次の各問いに答えなさい。

●重要 (1) 地図中のa～fの地名をそれぞれ答えよ。

a [　　　　　半島]
b [　　　　　川]
c [　　　　　川]
d [　　　　　山脈]
e [　　　　　山脈]
f [　　　　　半島]

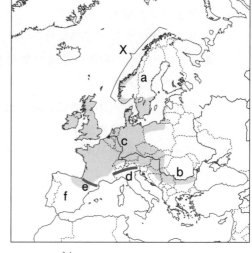

(2) 地図中のXには，フィヨルドという複雑な海岸地形が見られる。フィヨルドは，何の侵食作用によってできた地形か。

[　　　　　　　　]

(3) 地図中の▨▨▨の気候について説明した次の文中の空欄にあてはまる語句を書け。

「この地域は，温帯の気候区分の中で，①[　　　　　　　　]気候にあたる。暖流の②[　　　　　　　　]海流と，その上空をふく③[　　　　　　　　]の影響で，高緯度のわりに温暖である。」

2 〈ヨーロッパの文化〉
ヨーロッパのおもな国の首都，言語，宗派をまとめた右の表を見て，次の各問いに答えなさい。

(1) 空欄のA～Cにあてはまる都市をあとのア～オから選び，記号で答えよ。

A [　　] B [　　] C [　　]

ア ローマ　　イ ロンドン　　ウ モスクワ
エ リスボン　　オ ベルリン

●重要 (2) 空欄のa～dにあてはまる語句を答えよ。

a [　　　　　] b [　　　　　]
c [　　　　　] d [　　　　　]

① ドイツ
　首都……[A]
　言語……ゲルマン系
　宗派……[a]
② イタリア
　首都……[B]
　言語……[b]系
　宗派……カトリック
③ ロシア連邦
　首都……[C]
　言語……[c]系
　宗派……[d]

(3) 表中の①～③の国の代表的な料理をあとのア～エから選び，記号で答えよ。

① [　　] ② [　　] ③ [　　]

ア パエリア　　イ ソーセージ　　ウ ボルシチ　　エ パスタ

3 〈EUの成立と政策〉

次の各問いに答えなさい。

(1) EU(ヨーロッパ連合)の本部があるベルギーの首都の名を答えよ。　[　　　　　]

(2) EUには，現在27か国(2020年)が加盟している。EUに加盟していない国の正しい組み合わせを次から選び，記号で答えよ。　　　　　　　　　　　　[　　　　　]

　　ア　デンマーク，スウェーデン　　　イ　ポーランド，ルーマニア

　　ウ　スイス，ノルウェー　　　　　　エ　ギリシャ，ポルトガル

(3) EUに関する説明としてまちがっているものを次から選び，記号で答えよ。　[　　　　　]

　　ア　EU内ではパスポートを持たずに，自由に国境を越えることができる。

　　イ　EUでは，すべての加盟国が共通通貨のユーロを採用している。

　　ウ　EUでは，農家へ補助金を出すなど，共通の農業政策を行っている。

4 〈ヨーロッパの産業〉

右の地図を見て，次の各問いに答えなさい。

(重要)(1) 地図中の**A〜D**の農業の特色をあとの**ア〜エ**から選び，記号で答えよ。

　　　　　A [　　　] B [　　　]
　　　　　C [　　　] D [　　　]

　　ア　夏はオリーブ，ぶどう，オレンジなどを栽培し，冬は小麦を栽培している。

　　イ　飼料作物の栽培とぶたや牛などの飼育を組み合わせた混合農業が行われている。

　　ウ　羊の放牧がさかんで，春から夏にかけては山地の牧場で放牧し，冬は山ろくや低地に家畜を移動させる移牧も行われている。

　　エ　乳牛を飼い，バターやチーズなどに加工する酪農や園芸農業がさかんである。

(2) 地図中**a**の「ルール地方」は，EU最大の工業地域である。この工業地域で早くから発達した工業を次から選び，記号で答えよ。　　　　　　　　　[　　　　　]

　　ア　繊維工業　　　イ　鉄鋼業　　　ウ　電子工業　　　エ　食品工業

(3) 地図中**b**にあるEU共通の貿易港の名を答えよ。　　　　[　　　　　]

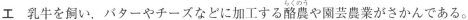

ヒント

[2](2) キリスト教の宗派は，大きくカトリック，プロテスタント，正教会に分けられる。

[3](2) アルプス山中の永世中立国とスカンディナビア半島西部の国。

　　(3) デンマークなどは自国の通貨を使用している。

[4](2) 近くで採掘される石炭とライン川の水運によって発展した。

標準問題

▶答え　別冊p.11

1 〈ヨーロッパの自然，人口，環境問題〉
右の地図と資料を見て，次の各問いに答えなさい。

(1) 地図中の**X**で示した緯度を次から選び，記号で答えよ。　[　　　]

　　ア　北緯15度　　　イ　北緯30度

　　ウ　北緯45度　　　エ　北緯60度

●重要 (2) 地図中**ア～エ**から，①アルプス山脈と②ピレネー山脈を選び，記号で答えよ。

　　　　　　　　　①[　　　]　②[　　　]

⚠ミス注意 (3) 右の表は，地図中の●で示した都市を首都とする4か国について，人口と人口密度をまとめたものである。①このうち面積が最も大きい国を表中の**ア～エ**から選び，記号で答えよ。また，②その国名を答えよ。　①[　　　]　②[　　　　　]

差がつく (4) 地図中の地域では，工場や自動車の排ガスによる酸性雨の被害が深刻だが，工業地域だけではなく，広い範囲で問題になっている。この地域にふく風に注目して，その理由を簡潔に答えよ。

[　　　　　　　　　　　　　　　　　　　　　　　　　　　　　　　　]

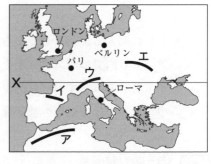

国 （首都）	人口 （2019年）	人口密度 （2019年）
ア（ロンドン）	6,753万人	279人／km²
イ（パリ）	6,735	105
ウ（ベルリン）	8,352	234
エ（ローマ）	6,055	200

（「データブック オブ・ザ・ワールド」より作成）

2 〈ヨーロッパの国々〉
次の各文を読み，あとの各問いに答えなさい。

A イギリス……正式国名を「①[　　　　　　　]および北アイルランド連合王国」という。18世紀，世界で初めて②[　　　　　　　]をおこし，近代工業を発展させた。フランスの首都パリとの間に，特急列車の③[　　　　　　　]が走っている。

B フランス……EU最大の農業国で，「EUの穀倉」。とくに④[　　　　　　　]の栽培がさかんで，南部では⑤[　　　　　　　]農業が行われている。工業もさかんで，南西部の都市⑥[　　　　　　　]には，EU諸国の協力による航空機の製造工場がある。

C オランダ……国土の4分の1は海面より低く，干拓地の⑦[　　　　　　　]が広がっている。農業は，酪農のほか，チューリップの球根などの⑧[　　　　　　　]農業がさかん。北海沿岸の工業都市⑨[　　　　　　　]には，石油化学コンビナートが形成されている。

D スペイン……国民はラテン系の民族で，キリスト教の中でも⑩[　　　　　　　]を信仰している。イベリア半島のつけ根の山脈の山ろくには，少数民族の⑪[　　　　　　　]が暮らしている。北西岸には，出入りの複雑な⑫[　　　　　　　]海岸が見られる。

(1) 文中の空欄①〜⑫にあてはまる語句を書け。

差がつく (2) Cの下線部「国土の4分の1は海面より低く」とあるが，オランダでは二酸化炭素の排出量に合わせて，環境税という税金を課している。その理由を，オランダの国土が低地であることに注目して説明せよ。

[　　　　　　　　　　　　　　　　　　　　　　　　　　　　　　　　　　]

ミス注意 (3) A〜Dの国のうち，次の説明にあてはまる国を選び，記号で答えよ。

① この国はかつてEUに加盟していたが，2020年1月末に離脱した。　　[　　]

② この国だけ，1人あたりの国内総生産が3万ドルに達してない。(2017年)　[　　]

③ この国だけ，全エネルギーに占める原子力発電の割合が70%をこえている。　[　　]

---

3 〈EUの成立と課題〉
EUの歩みをまとめた右の年表を見て，次の各問いに答えなさい。

(1) 下線部ⓐ「ヨーロッパ経済共同体（EEC）」は，フランス，イタリア，ドイツ(西ドイツ)とベネルクス3国の6か国によって結成された。このベネルクス3国とは，オランダ，ルクセンブルクとどの国か。国名を答えよ。[　　　　　　]

重要 (2) 年表中の空欄にあてはまる「ヨーロッパ共同体」の略称をアルファベット2字で答えよ。

[　　　　　　　　　　]

(3) 下線部ⓑ「ユーロ」とあるが，EUにはユーロを採用していない国々がある。その1つであるデンマークについて，次の各問いに答えよ。

① デンマークでは，総電力の約2割をある自然エネルギーに依存している。洋上にも発電所が建設されている，この発電の名を答えよ。[　　　　　　]

② デンマークでは，家畜のふんにょうから出るメタンガスを利用する発電も行われている。この発電の名を答えよ。

[　　　　　　　　　　]

重要 (4) 下線部ⓒ「東ヨーロッパ諸国」とあるが，EUでは，東ヨーロッパ諸国の加盟によって，ある問題が深刻になっている。右のEU各国の1人あたりの国民総所得を示した地図(2017年)を参考にして，その問題を簡潔に答えよ。

[　　　　　　　　　　　　　　　　　　　　　　　　　　　　　　　　　　]

年	できごと
1958	ⓐヨーロッパ経済共同体（EEC）が発足。
1967	ヨーロッパ共同体（　　）に発展する。
1993	ヨーロッパ連合（EU）が発足。
2002	共通通貨ⓑユーロ紙幣・硬貨が流通。
2004	ⓒ東ヨーロッパ諸国が加盟し，加盟国が25か国になる。
2013	加盟国が28か国になる。
2020	イギリスが離脱する。

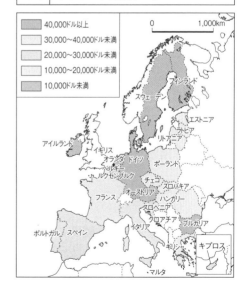

❽アフリカ州

重要ポイント

① アフリカ州の自然，社会

☐ **気候**…赤道（せきどう）周辺は**熱帯**（ねったい）。その外側は，**サバナ気候**，ステップ気候。**北アフリカは砂漠気候**（さばく）。
└野生動物の宝庫
└サハラ砂漠

☐ **人口**…人口密度は高原や温帯気候の地域で高く，熱帯気候や乾燥帯気候（かんそう）の地域では低い。

☐ **歴史と社会**…①歴史…16世紀以後，**奴隷**（どれい）として多くの人がアメリカ大陸に送られた。その後，ヨーロッパ諸国が**植民地**（しょくみんち）として支配。第二次世界大戦後，独立。1960年は「**アフリカの年**」。南アフリカ共和国で**アパルトヘイト**
└17か国が独立
└人種隔離政策
を実施。②民族，言語…国境線で分断。→**民族紛争**（みんぞくふんそう）。英語，フランス語なども**公用語**（こうよう）（ご）。宗教…北アフリカは**イスラム教**。サハラ以南は**キリスト教**。

② アフリカ州の産業，課題

☐ **農牧業**…**プランテーション農業**…コートジボワールの**カカオ**。ケニアの茶。**サヘル**では**焼畑農業**（やきはた），
└植民地時代の大農園。商品作物栽培が中心
└サハラ砂漠の南のふち
過放牧。→**砂漠化**。

☐ **鉱工業**…ナイジェリアの石油，ザンビアの銅，南アフリカ共和国の**レアメタル**。
└クロム，マンガン，ニッケルなどの希少金属（だっきん）

☐ **課題**…①**モノカルチャー経済**からの脱却…天候や世
└特定の商品作物，1次産品に依存
界情勢によって価格が大きく変動するため，安定した収入が得られない。→**フェアトレード**。②食
└公平な貿易
料不足…人口の増加に農産物の生産が追いつかず，輸入に依存（いそん）。③**難民**（なんみん）の増加…紛争や内戦が続いており，先進国や**非政府組織（NGO）**（ひせいふそしき）が解決に取り組んでいる。④**スラム**の拡大…上下水道や交通などの整備がおくれている。

☐ **国際協力**…2002年に**アフリカ連合（AU）**を結成。

▲アフリカ州の自然

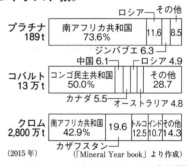

プラチナ 189t	南アフリカ共和国 73.6%	ロシア 11.6	その他 8.5

ジンバブエ 6.3

コバルト 13万t	コンゴ民主共和国 50.0%	その他 28.7

中国 6.1 ／ ロシア 4.9
カナダ 5.5 ／ オーストラリア 4.8

クロム 2,800万t	南アフリカ共和国 42.9%	19.6	トルコ 12.5	インド 10.7	その他 14.3

カザフスタン
(2015年)　（「Mineral Year book」より作成）

▲レアメタルの産出国

ボツワナ 59億ドル（2017年）

ダイヤモンド 88.7%	その他 11.3

コートジボワール 118億ドル（2015年）

カカオ豆 30.0%	11.3	6.6	金 6.2	その他 34.9

石油製品 ／ カカオペースト
ナッツ類 ／ 石油 4.6

ナイジェリア 445億ドル（2017年）

石油 81.1%	11.7	7.2

天然ガス ／ その他
（国連資料より作成）

▲モノカルチャー経済の国の輸出品

ポイント 一問一答

① アフリカ州の自然，社会

□(1) 北アフリカには，世界最大の[　　　　]砂漠が広がっている。

□(2) 北アフリカの東部には，世界で最も長い河川である，[　　　　]川が流れ，地中海に注いでいる。

□(3) 赤道直下の[　　　　]盆地には，熱帯雨林が広がっている。

□(4) 16世紀以降，ヨーロッパ人によって[　　　　]として，多くの黒人がアメリカ大陸に送られた。

□(5) アフリカの国々は，ヨーロッパの[　　　　]として支配された。

□(6) 1960年は，アフリカの国が多く独立したことから何とよばれているか。

□(7) 北アフリカで，広く信仰されている宗教は何か。

② アフリカ州の産業，課題

□(1) コートジボワールやガーナで栽培がさかんな商品作物は何か。

□(2) アフリカでは，植民地時代に開発され，ヨーロッパ系の人々が経営する大農園（[　　　　]）で気候に合った作物を栽培している。

□(3) サヘルとよばれる地域では，樹木などを切りはらい，それを燃やした灰を肥料として利用する[　　　　]が行われてきた。

□(4) アフリカで多く産出される，プラチナ，コバルト，クロムなどの流通量が少ない非鉄金属を[　　　　]という。

□(5) 生産国と消費国の間の公平な貿易を何というか。

□(6) アフリカの政治的，経済的な結びつきを強めるために，2002年に設立された組織を何というか。

---

① (1) サハラ　(2) ナイル　(3) コンゴ　(4) 奴隷　(5) 植民地

(6) アフリカの年　(7) イスラム教

② (1) カカオ　(2) プランテーション　(3) 焼畑農業　(4) レアメタル

(5) フェアトレード　(6) アフリカ連合（ＡＵ）

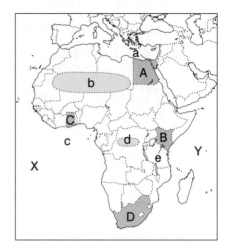

基礎問題

▶答え　別冊p.12

1 〈アフリカの自然と国々〉
右の地図を見て，次の各問いに答えなさい。

(1) 地図中の a〜e の地名をそれぞれ答えよ。

a [　　　　　　地峡(運河)]

b [　　　　　　砂漠]

c [　　　　　　湾]

d [　　　　　　盆地]

e [　　　　　　山]

(2) 地図中の X と Y の海洋の名を答えよ。

X [　　　　　　　]

Y [　　　　　　　]

⚠ミス注意 (3) 地図中の①A〜Dの国の名を答えよ。また，

②それぞれの国に関する文を，あとのア〜エから1つずつ選び，記号で答えよ。

A① [　　　　　] ② [　　] 　B① [　　　　　　] ② [　　]

C① [　　　　　] ② [　　] 　D① [　　　　　　] ② [　　]

ア 首都ナイロビは近代的な都市。高原地帯で，茶，コーヒー，花の栽培がさかん。

イ アフリカ最大の工業国。かつて人種隔離政策(アパルトヘイト)が行われていた。

ウ ナイル川の下流で古代文明がおこった観光国。綿花，米の栽培がさかん。

エ イギリスの旧植民地で，首都はアクラ。カカオや金の輸出に国の経済が依存している。

2 〈アフリカの歴史と社会〉
アフリカの歴史と社会に関する次の文中の空欄に，正しい語句を書きなさい。

16世紀以降，ヨーロッパ人が，① [　　　　　　　] として，多くの黒人を南北アメリカ州へ連れていき，さらに植民地政策による分割支配をすすめた。戦後，多くの国が独立をはたし，とくに17か国が独立した1960年は，「② [　　　　　　　]」とよばれる。

サハラ砂漠から北側は，③ [　　　　　] 教を信仰し，アラビア語を話すアラブ民族が多い。また，モロッコ，チュニジア，アルジェリアなどでは，旧宗主国の言語である④ [　　　　] 語も話されている。サハラより南側は，「⑤ [　　　　　　] アフリカ」とよばれ，黒人が多い。植民地支配の影響で⑥ [　　　　　　] の信者が多いが，民族独自の宗教も信仰されている。

3 〈アフリカの産業〉
次の各問いに答えなさい。

🔑重要 (1) 次の文中の空欄に正しい語句を答えよ。

①[　　　　　　　　　]岸のコートジボワールやガーナなどは，②[　　　　　　]の生産がさかんで，世界有数の生産量をほこっている。これらの国では，植民地時代につくられた③[　　　　　　　　]（大農園）で農業が行われ，[②]のほかに，綿花や，コーヒーなども栽培されている。乾燥帯の地域では，焼畑農業のほか，やぎや羊を飼育しながら移動する④[　　　　　　]が行われている。しかし，干ばつや砂漠化の影響で農地が減っている地域もある。

(2015年) 　　　　　　　（「Mineral Year book」より作成）

(2) ケニアやマラウイなどの内陸の高いところで栽培されている農作物を，次から選び，記号で答えよ。　　　　　　　　　　　　　　　　　　[　　　　]

ア とうもろこし　　イ 米　　ウ 茶　　エ バナナ

(3) グラフ中の鉱産資源は，20世紀半ばから注目されるようになり，携帯電話などの電子機器の部品に使われる。これらの鉱産資源の総称を，カタカナで答えよ。

[　　　　　　　　　]

(4) ナイジェリアや北アフリカの国々で多く産出される鉱産資源を，次から選び，記号で答えよ。　　　　　　　　　　　　　　　　　　　　　　[　　　　]

ア 石油　　イ 石炭　　ウ 鉄鉱石　　エ 銅

4 〈アフリカの課題〉
次の各問いに答えなさい。

🔑重要 (1) 右のグラフのように，輸出品目が少ない種類の農作物や鉱産資源に依存している経済を何というか。

[　　　　　　　　]

(2) 輸出した品目が適正な価格で取り引きされる貿易の名を，カタカナで答えよ。

[　　　　　　　　]

ボツワナ 59億ドル（2017年）

コートジボワール 118億ドル（2015年）

（国連資料より作成）

 ヒント

1 (3) Cは隣国のコートジボワール（旧フランス領，首都はヤムスクロ）と混同しないこと。
　　Dはアフリカ大陸の最南端の国。金，ダイヤモンドやレアメタルの産出量も多い。
4 (1) 1次産品に依存している国が陥りやすい。

1 〈アフリカの自然と社会〉
右の地図と資料を見て，次の各問いに答えなさい。

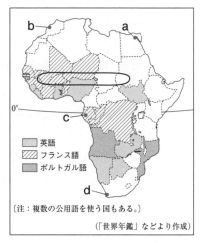

〔注：複数の公用語を使う国もある。〕
（「世界年鑑」などより作成）

⚠ミス注意 (1) 地図中の――の線は赤道を示している。赤道が通過している国を次から2つ選び，記号で答えよ。

[　　　][　　　]

ア　ザンビア　　　イ　コートジボワール
ウ　ケニア　　　　エ　エジプト
オ　コンゴ民主共和国

差がつく (2) 地図中のa〜dの都市の雨温図を，右のア〜エから1つずつ選び，記号で答えよ。

a[　　　] b[　　　] c[　　　] d[　　　]

🔑重要 (3) 地図中の⬭の地域について，次の各問いに答えよ。
① この地域は，サハラ砂漠の南ふちにあたる。この地域をアラビア語で何というか。　[　　　　　]
② この地域で深刻になっている環境問題は何か。

[　　　　　]

差がつく (4) 地図の色分けの分布は，アフリカ大陸において，英語，フランス語などのヨーロッパの言語が公用語として使われている国を示したものである。多くの国で，ヨーロッパの言語が公用語として使われているおもな理由として，考えられる歴史的な背景を簡潔に答えよ。

[　　　　　　　　　　　　　　　　　　　　　]

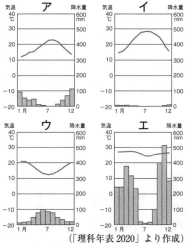

（「理科年表2020」より作成）

2 〈アフリカの産業〉
右の地図は，アフリカ大陸のサハラ砂漠，サハラ砂漠の南に広がるサヘルの地域を示している。乾燥帯に属するサヘルの地域におもに行われている焼畑農業とは，どのような農業か，「樹木」という語を使って答えなさい。

[　　　　　　　　　　　　　　　　　]

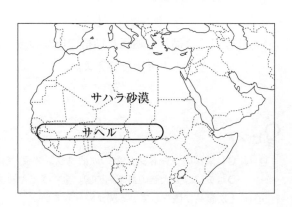

3 〈アフリカの経済〉

右のグラフⅠは，アフリカ州にあるザンビアの輸出品目割合を示している。また，下のグラフⅡは銅の価格の推移を，グラフⅢはザンビアの経済成長率の推移を示している。グラフⅠ～Ⅲをもとにまとめた，次の文中の[　　]にあてはまる内容を簡潔に答えなさい。

ザンビアの輸出は銅にたよったものであるため，[　　　　]という弱点がある。

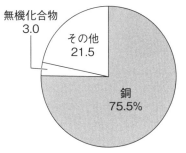

グラフⅠ

無機化合物 3.0

その他 21.5

銅 75.5%

（「世界国勢図会2019/20年版」より作成）

[　　　　　　　　　　　　　　　　　　　　　　　　　　]

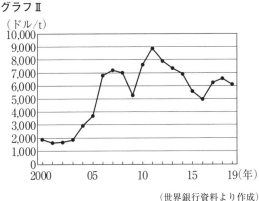

グラフⅡ

（世界銀行資料より作成）

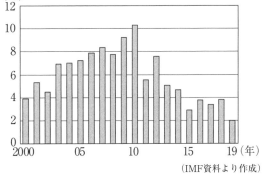

グラフⅢ

（IMF資料より作成）

4 〈アフリカの課題〉　差がつく

右のグラフは，アフリカの国々のおもな輸出品を示している。これを見て，アフリカの国々の産業の課題を「モノカルチャー経済」という語を使って答えなさい。

ナイジェリア　445億ドル

原油 81.1%	その他 18.9

コートジボワール　126億ドル

カカオ豆 27.9%	11.4	6.6	6.6	6.0	その他 41.5

野菜・果実
金（非貨幣用）
石油製品 6.0
天然ゴム 6.6

ザンビア　82億ドル　　無機化合物 3.0　金属製品 1.8

銅 75.5%	その他 19.7

（2017年版）　　　　（「世界国勢図会 2019/20年版」より作成）

[　　　　　　　　　　　　　　　　　　　　　　　　　　]

❾北アメリカ州

重要ポイント

①北アメリカ州の自然，社会

□ **気候**…カナダは冷帯。アメリカ合衆国(がっしゅうこく)は，南に向かうにつれて温暖。メキシコ湾岸(わんがん)，カリブ海は**ハリケーン**の被害(ひがい)が多い。
　　└→熱帯低気圧

□ **民族**…先住民は**ネイティブアメリカン**など。イギリス系**移民**が開拓(かいたく)。奴隷(どれい)として連れて来られた**黒人**や**アジア系移民**，**ヒスパ**
　　　　　　　└中南米のスペイン語を話す移民┘
ニックが増加。→「**人種のサラダボウル**」。

□ **文化**…**大量消費**社会，自動車社会。→大型の**ショッピングセンター**。ファストフード，音楽，映画，ファッション，英語，通貨の**ドル**は世界に広がる。

▲北アメリカ州の自然

②北アメリカ州の産業，貿易

□ **農牧業**…「世界の食料庫(こ)」。自然条件にあった**適地適作**(てきちてきさく)，大型機械を使った大規模農法による**企業**(きぎょう)**的な農業**。**穀物**(こくもつ)**メジャー**が**バイオテクノロジー**を活用。
　　└→遺伝子組み換え作物など

□ **工業**…五大湖(ごだいこ)の周辺に，**鉄鋼業**，**自動車工**
　　　　　　　　　ピッツバーグ┘　　デトロイト┘
業。**サンベルト**に，先端(せんたん)技術産業や，
　　　└北緯37度より南
宇宙産業，石油化学。**シリコンバレー**に，
　　　　　　　　　└サンフランシスコ郊外のサンノゼ
コンピューターや，情報通信技術（ICT）産業が集積。**多国籍**(たこくせき)**企業**が世界に進出。→世界経済をリード。

□ **貿易**…アメリカ合衆国，カナダ，メキシコの3か国は，関税(かんぜい)をなくし，活発な貿易が行えるように**米国・メキシコ・カナダ協定(USMCA)**＊を結ぶ。

＊旧北米自由貿易協定(NAFTA)
　ほくべいじゆうぼうえききょうてい　ナ フ タ

▲アメリカ合衆国の農業地域

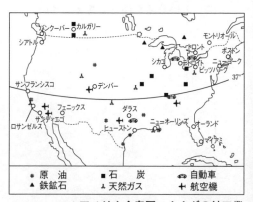
▲アメリカ合衆国・カナダの鉱工業

ポイント 一問一答

① 北アメリカ州の自然，社会

□ (1) 北アメリカの西部には，けわしい[　　　　]山脈が連なる。

□ (2) 北アメリカの中部から西部に広がる，長草の温帯草原を何というか。

□ (3) メキシコ湾岸に被害をもたらす暴風雨を何というか。

□ (4) アメリカ合衆国の中央部には，[　　　　]川が流れ，メキシコ湾に注いでいる。

□ (5) アメリカ合衆国で増えているスペイン語を話す移民を何というか。

□ (6) アメリカ合衆国から広がった文化を次から2つ選べ。

〔　背広　　ジャズ　　タンゴ　　ファストフード　〕

□ (7) 労働力不足を解消するために，アフリカの人々が[　　　　]として連れてこられた。

② 北アメリカ州の産業，貿易

□ (1) アメリカ合衆国の南東部では，[　　　　]の栽培がさかんである。

□ (2) アメリカ合衆国の東海岸や五大湖周辺では，冷涼な気候と大都市に近いことを生かして，[　　　　]がさかんである。

□ (3) アメリカ合衆国では，穀物メジャーが最新の[　　　　]を使って，遺伝子組み換え作物などを開発している。

□ (4) デトロイトでさかんな工業は何か。

□ (5) 新しい工業都市が多い北緯37度より南の地域を何というか。

□ (6) アメリカ合衆国の西海岸に位置する[　　　　]郊外のシリコンバレーには，多くの企業が集まっている。

□ (7) 世界中に支社を置き，活動している企業を何というか。

□ (8) アメリカ合衆国，[　　　　]，カナダは北米自由貿易協定（NAFTA）にかわる新しい協定として，USMCAを結んだ。

答

① (1) ロッキー　(2) プレーリー　(3) ハリケーン　(4) ミシシッピ　(5) ヒスパニック

(6) ジャズ，ファストフード　(7) 奴隷

② (1) 綿花　(2) 酪農　(3) バイオテクノロジー　(4) 自動車工業

(5) サンベルト　(6) サンフランシスコ　(7) 多国籍企業　(8) メキシコ

1 〈北アメリカの自然と社会〉
　　右の地図を見て，次の各問いに答えなさい。

(1) 地図中のa〜eの地名をそれぞれ答えよ。

　　a [　　　　　　山脈]
　　b [　　　　　　川]
　　c [　　　　　　半島]
　　d [　　　　　　山脈]
　　e [　　　　　　海]

重要 (2) 地図中のXとYに広がる草原・平原の名を答えよ。

　　　X [　　　　　　　]
　　　Y [　　　　　　　]

重要 (3) 右のグラフ中の「ヒスパニック」の多くが，①話す言語，②信仰する宗教の宗派をそれぞれ答えよ。

　　　① [　　　　　　] ② [　　　　　　　]

(4) 右のように，多くの民族や人種が共存しているアメリカ合衆国は，「人種（民族）の□□□」とよばれる。この□□□にあてはまる語句を答えよ。[　　　　　　　]

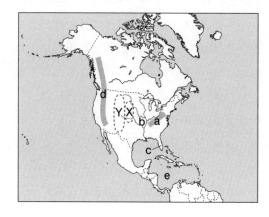

アメリカ合衆国の人種の割合

アジア系 5.7　ネイティブアメリカン 0.7　その他 2.4
アフリカ系 12.5
ヒスパニック 18.3
合計 3億2,717万人
ヨーロッパ系 60.4%
(2018年)
(アメリカ国勢調査局資料より作成)

2 〈北アメリカの民族〉
　　アメリカについて説明した次の文中の空欄に正しい語句を書きなさい。また，⑤にあたるものを，地図中のア〜エから選び，記号で答えなさい。

　アメリカには，ネイティブアメリカンなどの① [　　　　　　]が生活していたが，② [　　　　　　]からの移民が土地を開拓していき，のちに[②]からの独立を果たした。また，奴隷として③ [　　　　　　]から連れてこられた人々は，アメリカの南部でおもに綿花を栽培した。近年では，スペイン語を話し，比較的安い賃金で働く④ [　　　　　　]とよばれる移民が多くなっている。[④]の人々は，上の地図中の⑤ [　　　]の地域に多い。

(2015年)

ア　イ
ウ　エ
(アメリカ国勢調査局資料より作成)

3 〈アメリカ合衆国の農業〉
アメリカ合衆国の農業分布を示した右の地図を見て，次の各問いに答えなさい。

(1) 農業分布を大きく分ける，地図中の**X**の
経度を次から選び，記号で答えよ。

[　　]

ア 西経20度 　　**イ** 西経75度

ウ 西経100度 　**エ** 西経135度

●重要 (2) 次の農業地帯を地図中の**a〜i**から1つ
ずつ選び，記号で答えよ。

① 小麦 [　　] ② 綿花 [　　]

③ 酪農 [　　] ④ 放牧 [　　] ⑤ とうもろこし，だいず [　　]

●重要 (3) この地図のように，自然環境に合わせて作物を生産することを何というか。漢字4字
で答えよ。 [　　　　]

(4) (3)以外のアメリカ合衆国の農業の特色を次から選び，記号で答えよ。 [　　]

ア 客土や干拓などによって，耕地に適さない土地を農地に変えてきた。

イ 企業的な農業が広く行われ，遺伝子操作など最新の技術を取り入れている。

ウ 単位面積あたりの収穫量が多い集約的農業を積極的にすすめている。

4 〈アメリカ合衆国の産業〉
アメリカ合衆国の鉱工業地域を示した右の地図を見て，次の各問いに答えなさい。

(1) 地図中の**P**の緯度より南の地域はサンベ
ルトとよばれる先端技術産業などが発達
した地域が広がっている。**P**の緯度を次
から選び，記号で答えよ。

[　　]

ア 北緯22度 　　**イ** 北緯27度

ウ 北緯32度 　　**エ** 北緯37度

(2) 地図中の●と▲の地域で採掘される鉱産
資源を次の**ア〜エ**から1つずつ選び，記
号で答えよ。

●[　　] ▲[　　]

ア 鉄鉱石 　**イ** 石炭 　**ウ** 原油 　**エ** 銅

(3) シリコンバレーがある地域を，地図中の**A〜D**から選び，記号で答えよ。 [　　]

ヒント

① (3) ヒスパニックは，メキシコをはじめとする中・南アメリカからの移民である。

③ (1) この経線の西側は乾燥しており，放牧が中心。東側は雨が降るため，耕作が行われている。

1 〈アメリカ合衆国の国土〉

次の各問いに答えなさい。

(1) アメリカ合衆国の面積は約983万km²である。これは，日本の面積のおよそ何倍か。次から選び，記号で答えよ。　[　　　]

ア 6倍　　イ 16倍　　ウ 26倍　　エ 36倍

(2) 右のグラフは，アメリカ合衆国と日本の，国内貨物輸送量に占める輸送機関別輸送量の割合を示したものである。ここから読みとれる，アメリカ合衆国の貨物輸送の特徴について，「鉄道」と「水運」に着目し，国土の違いを比較しながら答えよ。

（2009年）

アメリカ合衆国	鉄道 38.5%	自動車 31.4	水運 15.0	その他 15.1

鉄道3.9%　　　　　　　　その他0.2

日本	自動車 63.9	水運 32.0

（「交通関連統計資料集」より作成）

[
　　　　　　　　　　　　　　　　　　　　　　　　　　　　　　]

2 〈アメリカ合衆国の都市と産業〉

右の地図を見て，次の各問いに答えなさい。

(1) 次の各都市の位置を地図中の**ア〜ク**から選び，記号で答えよ。また，各都市の代表的な産業をあとの**サ〜ソ**から選び，記号で答えよ。

① ニューヨーク [　　] [　　]

② ヒューストン [　　] [　　]

③ サンノゼ　　 [　　] [　　]

④ デトロイト　 [　　] [　　]

サ　情報通信技術（ICT）産業　　シ　宇宙産業

ス　金融，サービス業　　　　　　セ　映画産業

ソ　自動車工業

(2) 地図中の北緯37度線より南は，1970年代以降に発展した工業都市が多い。この地域を何というか。　[　　　　　　　]

(3) 右のグラフを見て，世界におけるアメリカ合衆国の農業の特徴を答えよ。

[
　　　　　　　　　　　　　　　　　　]

小麦・大豆の輸出量に占めるアメリカ合衆国の割合

ロシア連邦┐　　オーストラリア　　　1億8,365万t

小麦	13.8%	13.1	カナダ 10.7	10.0	8.8	その他 43.6

アメリカ合衆国　　フランス

1億3,489万t

大豆	アメリカ合衆国 42.8%	ブラジル 38.2	6.6	その他 12.4

アルゼンチン

アメリカ合衆国の小麦・大豆の生産量に占める輸出量の割合

生産量6,286万t

小麦	輸出 38.2%	

1億1,721万t

大豆	輸出 49.3%	

（2016年）

（「世界国勢図会2019/20年版」より作成）

3 〈北アメリカの自然と産業〉

直樹さんは，北アメリカ大陸について調べ，発表した。次の図や資料は，そのときに作成したものの一部である。これらを見て，あとの各問いに答えなさい。

【自然環境】
・南北に長く，さまざまな地形が見られ，地域によりa気温や降水量が大きく異なる。
・東西に長いため同じ緯度であっても異なる気候帯に属している地域が多い。
・大陸の西側にはロッキー山脈が南北に連なっている。

【産業・貿易】
・カナダには，アメリカ資本の企業が多く，b自動車生産が製造業の中心となっている。
・アメリカ合衆国には，おもに[c]を求めて，dメキシコなどから，ヒスパニックとよばれる人々が移り住んでいる。

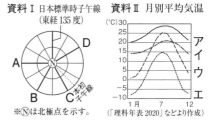

資料Ⅰ 日本標準時子午線（東経135度）　資料Ⅱ 月別平均気温

※Ⓝは北極点を示す。

（「理科年表 2020」などより作成）

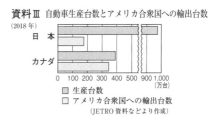

資料Ⅲ 自動車生産台数とアメリカ合衆国への輸出台数
（2018年）

□ 生産台数
□ アメリカ合衆国への輸出台数
（JETRO 資料などより作成）

⚠ ミス注意 (1) **資料Ⅰ**は，地球を北極点の真上から見た場合の模式図である。右上の地図を参考にして，カナダの首都に最も近い経線を，**資料ⅠのA〜D**から選び，記号で答えよ。　[　　　]

🔑重要 (2) 下線部aについて，**資料Ⅱのア〜エ**は，地図に示した都市のいずれかのものである。①マイアミにあたるものを，**ア〜エ**から選び，記号で答えよ。また，②選んだ理由を簡潔に答えよ。

① [　　　]

② [　　　　　　　　　　　　　　　　　　　　　　　　　　　　　　　　　]

(3) 下線部bについて，**資料Ⅲ**を参考に，カナダで生産された自動車の輸出の特徴を，日本と比較しながら，説明せよ。

[　　　　　　　　　　　　　　　　　　　　　　　　　　　　　　　　　　]

🏠 差がつく (4) 空欄cにあてはまる語句を答えよ。

[　　　　　　　　　]

🔑重要 (5) 下線部dに関して，メキシコの日本への輸出品の変化を，**資料Ⅳ**を参考にして，簡潔に答えよ。

[　　　　　　　　　　　　　　　　　　　　　　　]

資料Ⅳ

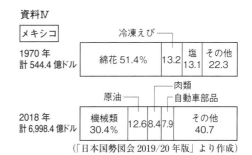

メキシコ					
			冷凍えび	塩	
1970年 計544.4億ドル	綿花 51.4%		13.2	13.1	その他 22.3

		原油	肉類	自動車部品	
2018年 計6,998.4億ドル	機械類 30.4%	12.6	8.4	7.9	その他 40.7

（「日本国勢図会 2019/20 年版」より作成）

⑩南アメリカ州, オセアニア州

重要ポイント

①南アメリカ州のようす

▲南アメリカ州の自然

☐ **気候**…アマゾン川流域は**熱帯**。アンデス山脈は同
　↳流域面積世界一
じ緯度でも, 標高が低い地域と比べ気温が低く
　↳いど
なる**高山気候**。アルゼンチンには**パンパ**がある。
　　　　　　　　　　　　　↳草原地帯
大陸の南端にあるパタゴニアでは氷河が見られ
　↳なんたん
る。

☐ **歴史と社会**…①歴史…先住民が**インカ帝国**のよ
　　　　　　　　　　　　　　　　　　↳ていこく
うな高度な文明を築く。16世紀にポルトガル人
やスペイン人によって植民地となる。先住民と

ヨーロッパ人の間の混血は**メスチソ**。②民族, 言語…ブラジルは**日系人**が多い。ブ
↳ラテン系
ラジルでは**ポルトガル語**, 他の多くの国では**スペイン語**が話されている。

☐ **産業と課題**…①ブラジル…プランテーションでコーヒーの栽培。さとうきびなどか
　　　　　　　　　　　　　　　　　　　　　　　　　　　　　　↳さいばい
ら**バイオエタノール(バイオ燃料)**をつくる。②**スラム**の形成…各都市の人口増加に
都市の整備が追いつかない。③**焼畑農業**や熱帯雨林の**伐採**による環境問題。
　　　　　　　　　　↳やきはた　　　　　　　　↳ばっさい

②オセアニア州のようす

▲オーストラリアの自然

☐ **気候**…大陸は**乾燥帯**。太平洋の島々(メラネ
　　　　　　↳人口密度が低い
シア, ミクロネシア, ポリネシア)は**熱帯**。

☐ **歴史と社会**…オーストラリアの先住民は**ア
ボリジニ**, ニュージーランドの先住民は
マオリ。18世紀以降, イギリス人が移住。
その後, **白豪主義**の政策。現在は, **多文
　　　　↳はくごう　　↳ヨーロッパ系以外の移民を制限
化社会**。**華人**, ベトナム人など, アジア
　　　　↳かじん
　　　　↳中国系
系移民が多い。

☐ **産業**…①**オーストラリア**…羊, 肉牛の放牧。**グレートアーテジアン盆地**でかんがい。
　　　　　　　　　　　　　　　　　　　↳大鑽井盆地　　　　　　　　掘り抜き井戸↲
石炭, 鉄鉱石, ボーキサイトが豊富で露天掘りで採掘される。貿易相手国はイギリ
↳東部　↳西部　↳アルミニウムの原料　　　↳ろてんぼ
スから**日本**や**中国**へ。②**ニュージーランド**…羊, 肉牛の放牧。③**太平洋の島々**…
農業, 観光。**地球温暖化**で水没の危機。
　　　　　　　　　　↳すいぼつ
↳タロいも, ココやしなど

●経済成長が著しいブラジルの産業の変化，輸出品の推移をおさえておく。
●アマゾン川流域に広がる熱帯雨林の減少などの環境問題を理解しておく。
●オーストラリアの移民政策の変化，貿易の変化はよく出題される。

ポイント 一問一答

① 南アメリカ州のようす

☐ (1) 世界一の流域面積をほこる［　　　　］流域には，熱帯雨林が広がっている。

☐ (2) 南アメリカ大陸の西部には，南北に［　　　　］が連なっている。

☐ (3) ブラジルなどをのぞく，多くの南アメリカの国々の公用語は何か。

☐ (4) かつて南アメリカには［　　　　］が栄えていたが，スペインによってほろぼされた。

☐ (5) アルゼンチンの［　　　　］とよばれる草原地帯では，肉牛の放牧と小麦の栽培がさかんである。

☐ (6) ブラジルには，20世紀初めに移り住んだ日本人の子孫である［　　　　］が多く暮らしている。

☐ (7) ブラジルでは，さとうきびなどを原料にした［　　　　］を使って走る自動車が普及している。

☐ (8) 都市の中で，農村部から都市部に仕事を求めて移り住んだ貧しい人々は［　　　　］に集まって生活している。

② オセアニア州のようす

☐ (1) 太平洋上の島々は，メラネシア，ミクロネシア，［　　　　］に分けられる。

☐ (2) オーストラリアの先住民を何というか。

☐ (3) オーストラリアは，かつてヨーロッパ系以外の移民を制限する［　　　　］による政策を行っていた。

☐ (4) オーストラリア中東部の［　　　　］盆地では，掘り抜き井戸によるかんがいが行われている。

☐ (5) オーストラリア東部で多く採掘されている資源は何か。

☐ (6) ニュージーランドでは，［　　　　］や肉牛の放牧がさかんである。

答

① (1) アマゾン川　(2) アンデス山脈　(3) スペイン語　(4) インカ帝国
　 (5) パンパ　(6) 日系人　(7) バイオエタノール(バイオ燃料)　(8) スラム
② (1) ポリネシア　(2) アボリジニ　(3) 白豪主義
　 (4) グレートアーテジアン(大鑽井)　(5) 石炭　(6) 羊

1 〈南アメリカの自然と社会〉

右の地図を見て，次の各問いに答えなさい。

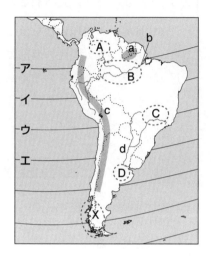

⚠️ミス注意 (1) 地図中の**ア〜エ**から赤道を選び，記号で答えよ。

[　　　]

(2) 地図中の**a〜d**の地名をそれぞれ答えよ。

a [　　　　　高地] 　b [　　　　　川]

c [　　　　　山脈] 　d [　　　　　川]

(3) 地図中の**A〜D**の草原，森林地帯を何というか。

次から1つずつ選び，記号で答えよ。

A [　　　] 　　B [　　　]

C [　　　] 　　D [　　　]

ア カンポ 　　**イ** パンパ

ウ セルバ 　　**エ** リャノ

(4) 地図中の**X**の地域で見られる，降り積もった雪によって形成された大きな氷の塊の名

を答えよ。　　　　　　　　　　　　　　　　　　[　　　　　　　　]

2 〈ブラジルの社会と産業〉

ブラジルについて説明した次の文中の空欄に，正しい語句を書きなさい。

ブラジルは，他の南アメリカ諸国と異なり，①[　　　　　　　]語を公用語としている。広い国土には，白人，先住民の②[　　　　　　　]，黒人，また白人と[②]の混血である③[　　　　　　　]らのほか，最大の都市サンパウロを中心におよそ200万人の④[　　　　　　　]も住んでいる。

農業は，長らく世界一の⑤[　　　　　　　]の産地として知られてきたが，この輸出に依存する⑥[　　　　　　　]経済からの脱却をめざし，小麦，大豆を栽培するなど，⑦[　　　　　　　]化をはかっている。また，最近は工業も発展しており，中国，ロシア，インド，南アフリカ共和国とともに⑧[　　　　　　　]とよばれている。とくに自動車工業がさかんで，⑨[　　　　　　　]から採ったバイオエタノール(バイオ燃料)で走る自動車も増えている。

3 〈オセアニアの自然と社会〉
右の各地図を見て，次の各問いに答えなさい。

(1) オセアニア州の島々は３つのグループに分けられる。次の各文を参考に，**地図ⅠのA〜C**の名を答えよ。

A 「小さい島々」という意味。パラオ，グアム島などがふくまれる。　　[　　　　　　　]

B 「黒い島々」という意味。パプアニューギニア，フィジー諸島などがふくまれる。
　　　　　　　　　　　　　　[　　　　　　　]

C 「多くの島々」という意味。ハワイ諸島やニュージーランドなどがふくまれる。
　　　　　　　　　　　　　　　　　　　　　[　　　　　　　]

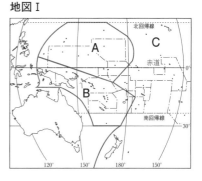

地図Ⅰ

(2) **地図Ⅱのa**のさんご礁地帯，**b**の盆地の名を答えよ。　　　a [　　　　　　　]
　　　　　　　　　　　　　　b [　　　　　　　]

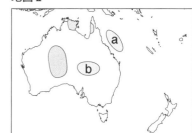

地図Ⅱ

重要 (3) **地図Ⅱの▨▨▨▨**は，オーストラリアの先住民の居留地域を示している。この先住民の名を答えよ。
　　　　　　　　　　　[　　　　　　　]

重要 (4) **地図Ⅱのオーストラリアとニュージーランドは，ある国の連邦に属している。この国の名を答えよ。**
　　　　　　　　　　　　　　　　[　　　　　　　]

4 〈オーストラリアの産業〉
右の地図を見て，次の各問いに答えなさい。

(1) 地図中の▨▨▨▨は，ある家畜の放牧がさかんな地域である。この家畜の名を答えよ。
　　　　　　　　　[　　　　　　　]

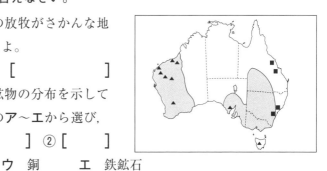

(2) 地図中の①▲と②■は，ある鉱物の分布を示している。それぞれの鉱物をあとの**ア〜エ**から選び，記号で答えよ。　　　① [　　　] ② [　　　]

ア 石炭　　イ すず　　ウ 銅　　エ 鉄鉱石

💡ヒント

[2] ① 他の南アメリカ諸国はスペイン語を公用語としている。

　　⑨ 飼料作物として栽培されてきたが，近年，バイオ燃料の原料として栽培されている。

[3] (3) ニュージーランドの先住民であるマオリとまちがえないこと。

　　(4) どちらの国の国旗にも，「ユニオンジャック」がデザインされている。

1 〈南アメリカ州の自然と社会〉
右の地図を見て，次の各問いに答えなさい。

(1) 地図中のPについて，次の各問いに答えよ。

① Pの河川を何というか。　[　　　　　川]

② Pの河川が世界一となっているものを次から選び，記号で答えよ。　　　　　[　　]

　ア　川の長さ　　　　イ　川の流れる速さ

　ウ　川が流れる国の数　エ　流域面積の広さ

⚠ミス注意 (2) 地図中のAの国の公用語は何か。

[　　　　　語]

(3) 地図中のQに位置する都市の雨温図を次のア〜エから選び，記号で答えよ。　　　[　　]

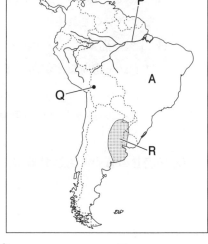

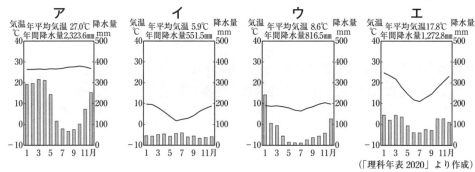

ア
気温　年平均気温 27.0℃　降水量
℃　年間降水量2,323.6mm　mm
40　　　　　　　　　　　500

イ
気温　年平均気温 5.9℃　降水量
℃　年間降水量551.5mm　mm
40　　　　　　　　　　　500

ウ
気温　年平均気温 8.6℃　降水量
℃　年間降水量816.5mm　mm
40　　　　　　　　　　　500

エ
気温　年平均気温17.8℃　降水量
℃　年間降水量1,272.8mm　mm
40　　　　　　　　　　　500

（「理科年表 2020」より作成）

🔑重要 (4) 地図中のRの地域について，次の各問いに答えよ。

① Rの地域に広がる平原を何というか。　　　　　　　　　　　　[　　　　　　　]

② Rの地域を中心に行われている農業を次から2つ選び，記号で答えよ。

[　　　][　　　]

ア　小麦の栽培　　　イ　牛の放牧　　　ウ　稲の栽培

エ　アルパカの放牧　　オ　バナナの栽培

2 〈南アメリカ州の産業〉 🏠差がつく
右のグラフは，さとうきびの生産量割合を示している。これを見て，ブラジルでさとうきびの生産量が近年増えている理由を「自動車」という語を使って答えなさい。

[

]

その他
26.9
ブラジル
41.2%
パキスタン
4.0
タイ
5.6
中国
5.7
インド
16.6
（「世界国勢図会 2019/20 年版」より作成）

3 〈オーストラリアの社会〉
右のグラフは，オーストラリアへの地域別の移民の推移を示している。これを見て，次の各問いに答えなさい。

重要 (1) 1961年までと，1981年以降では，大きな変化が見られる。どのように変わったのか，オーストラリア政府が20世紀の初頭から続けてきたある政策にふれながら，説明せよ。

[   ]

(2) 現在，オーストラリアは，多文化社会をめざしている。多文化社会とはどのような社会か。簡潔に答えよ。

[   ]

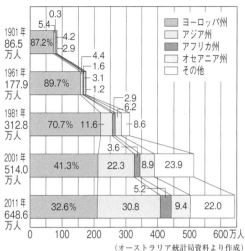
（オーストラリア統計局資料より作成）

4 〈オセアニア州の歴史〉
雄一君は，オセアニア州と世界の国々との関係を学習するにあたり，国旗や地図，資料をもとに調べた。これを見て，次の各問いに答えなさい。

(1) 資料Ⅰのように，オセアニア州の国の国旗の一部には，ある国の国旗が表されている。オセアニア州の国の国旗に別の国の国旗が表されている理由を，表されている国名を使って，簡潔に答えよ。

資料Ⅰ　オーストラリア　　フィジー

[   ]

重要 (2) 右の地図中の●は，シドニーなど，人口が100万人以上の大都市の位置を示している。大都市の多くが分布しているBの気候帯の名を書け。　　　　　[   ]

差がつく (3) 右の資料Ⅱは，さまざまな国の小麦の収穫期（しゅうかく）を示している。オーストラリアが日本に小麦を輸出する際の利点を簡潔に答えよ。

[   ]

地図　オーストラリアの気候
■A　■B　□C

資料Ⅱ	小麦の収穫期											
国　　月	1	2	3	4	5	6	7	8	9	10	11	12
日本						▬	▬	▬				
フランス							▬	▬				
アメリカ合衆国						▬	▬					
オーストラリア	▬											▬

実力アップ問題

◎制限時間 **40**分
◎合格点 **80**点
▶答え 別冊p.15

点

1 右の地図を見て，次の各問いに答えなさい。　〈1点×7〉

(1) 右下の**A**，**B**の雨温図は，それぞれどの気候帯のものか，地図中の①〜⑤の番号で答えよ。

(2) 地図中の③・⑤の気候帯の地域で見られるものを，次から選び，記号で答えよ。

 ア 針葉樹林（しんようじゅりん）　**イ** 熱帯雨林（ねったいうりん）

 ウ 砂漠（さばく）　**エ** 台風

(3) 地図中の②は，大きく3つの気候区に分けられる。次のそれぞれの気候区の名を答えよ。

 a 四季がはっきりしていて，梅雨（つゆ）もある。

 b 夏に乾燥（かんそう）し，冬に雨が降る。梅雨はない。

 c 暖流と偏西風（へんせいふう）の影響（えいきょう）で，高緯度（いど）のわりに温暖。

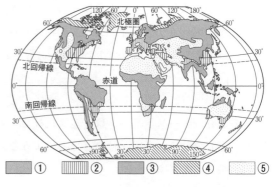

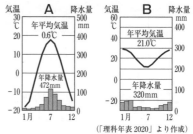

（「理科年表2020」より作成）

(1)	A		B		(2)	③		⑤		
(3)	a			b				c		

2 右の**A**〜**D**は，世界各地の住居の写真である。これを見て，次の各問いに答えなさい。　〈1点×6〉

(1) **A**〜**D**の住居が見られる国を次から選び，記号で答えよ。

 ア カンボジア　**イ** カナダ

 ウ モンゴル　**エ** オマーン

(2) **A**・**B**の住居が見られる国の気候帯の名をそれぞれ答えよ。

(1)	A		B		C		D	
(2)	A				B			

3 右の地図を見て，次の各問いに答えなさい。

(1) 地図中に示した**あ**・**い**の大陸に住む先住民の名を，それぞれカタカナで答えよ。

(2) 地図中の**A**～**D**の国について次の各問いに答えよ。

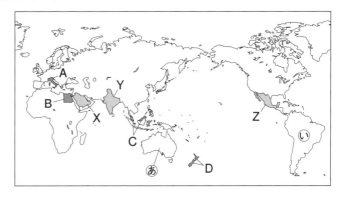

① **A**～**D**の国の社会や自然の特徴について説明した文を，次から選び，記号で答えよ。

ア イスラム教が国教だが，キリスト教の信者も1割ほどいる。公用語のアラビア語に加え，旧宗主国の英語も使われる。国土の大半は，砂漠が広がる。直線的な国境が見られる。

イ イギリス連邦に属するオセアニア州の国。公用語は英語と先住民の言語であるマオリ語である。島国で，火山や氷河地形も見られる。

ウ イスラム教が国教の多民族国家。公用語は，人口の7割を占めるマレー系民族が話すマレー語だが，中国語，タミル語，英語も使用されている。1年を通して高温多湿な熱帯にふくまれる。

エ ラテン系の民族で，キリスト教の一派であるカトリックを信仰する人が多い。北部の一部で高山気候が見られるが，中・南部は温帯にふくまれる。

② **A**～**D**の国の国旗を右の**ア**～**エ**から選び，記号で答えよ。

(3) 地図中の**X**～**Z**の国について，次の各問いに答えよ。

① **X**の国は，イスラム教国である。イスラム教徒の飲食のタブー(禁じられていること)を簡潔に答えよ。

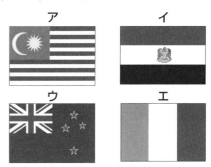

② **Y**の国で，最も多くの人々に信仰されている宗教の名を答えよ。

③ **Z**の国の主食を次から選び，記号で答えよ。

ア マニオク **イ** パスタ **ウ** トルティーヤ **エ** チャパティ

(1)	あ		い					
(2)	① A	B	C	D	② A	B	C	D
(3)	①				②			③

4 右の地図で示した中国のA〜Dの地域について説明した次の各文を読み，あとの各問いに答え
なさい。

〈(1)・(2)・(4)〜(7)1点×6，(3)5点〉

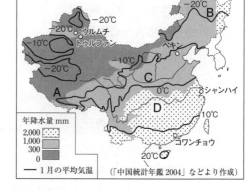

A 広大な①高原地帯が広がっており，人口密
度が低い。雨が極端に少なく，②遊牧が行わ
れている。

B 広大な平野が広がっており，冬の寒さが厳
しい。③石炭や鉄鉱石などの資源の開発が早
くから行われてきた。

C 雨が少なく，[④]の栽培がさかんな地域
で，[④]を使ったメンやマントウなどが食
べられている。⑤古代王朝の中心でもあった。

D 日本と同じく四季がはっきりしており，雨
が多いので，⑥米の栽培がさかんである。この地域を流れる川の中流には，⑦世界最大級の
ダムが建設された。

(1) 下線部①「高原地帯」には，チベット民族が多く住んでいるが，中国の約9割はある民族が
占めている。この民族の名を答えよ。

(2) 下線部②「遊牧」について，この高原地帯で多く遊牧されている家畜を次から2つ選び，記
号で答えよ。

 ア アルパカ **イ** らくだ **ウ** 羊

 エ リャマ **オ** ヤク

(3) 下線部③「石炭や鉄鉱石などの資源」について，中国は資源が豊富だが，近年，資源の輸入
量が増えている。その理由を答えよ。

(4) 空欄④にあてはまる穀物を答えよ。

(5) 下線部⑤「古代王朝」は，ある大河の流域で栄えた。この大河の名を答えよ。

(6) 下線部⑥「米の栽培」について，Dの地域の南部沿岸地域では，一年に2回，米が栽培され
ている。このような栽培方法の名を答えよ。

(7) 下線部⑦「世界最大級のダム」の名を答えよ。

(1)		(2)	
(3)			
(4)		(5)	(6)	(7)

5 右の東南アジアの地図を見て，次の各問いに答えなさい。

〈(1)・(2)・(4)・(5) 2点×4，(3)完答5点〉

(1) 地図中の**ア～エ**から赤道(せきどう)を示しているものを選び，記号で答えよ。

(2) 地図中の矢印は，この地域にふく風(→は7月，‥➤は1月の向き)である。この風を何というか。

(3) 右下の**ア～ウ**のグラフは，地図中のバンコクと神戸(こうべ)，そしてローマのいずれかの気温と降水量を示している。バンコクにあたるものを選び，記号で答えよ。また，そう判断した理由を3つのグラフを比較(ひかく)して，気温と降水量の特徴(とくちょう)から説明せよ。

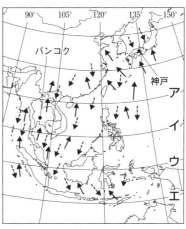

(緯線は10度間隔で描かれている)

(4) バンコクでは，毎朝，人々のある光景が見られる。その光景を次から選び，記号で答えよ。

ア じゅうたんの上にひざまずき，メッカの方角に向け，何度も頭をさげている。

イ 食事の前に「聖書」の一節を読み，胸(むね)の前で十字を切っている。

ウ 黄色い衣を着た僧(そう)が，食べものなどを乞(こ)い願いながら，歩いている。

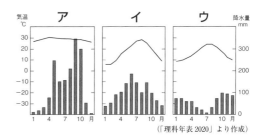

(「理科年表2020」より作成)

(5) バンコクは，タイの首都である。タイをふくむ東南アジアの国々が結成している地域協力機構の名を答えよ。

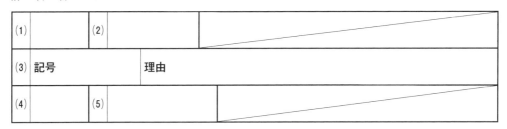

(1)		(2)	
(3) 記号		理由	
(4)		(5)	

---

6 ＥＵの成立と課題について説明した，次の文中の空欄にあてはまる語句をそれぞれ答えなさい。

〈2点×4〉

1993年，ＥＵ(ヨーロッパ連合)が成立した。本部は，[①]の首都ブリュッセルにある。ＥＵでは，輸入品にかかる[②]を撤廃(てっぱい)するなど，人だけでなく，モノ，資本の移動の自由化をすすめている。1999年には，共通通貨の[③]を導入したが，すべての国が採用しているわけではない。また，2020年にイギリスが離脱(りだつ)して加盟国が27か国になった。加盟国間の[④]の解消が大きな課題になっている。

①		②		③		④	

7 右の地図を見て，次の各問いに答えなさい。

〈(1)・(2)・(4)・(5)2点×4，(3)6点〉

(1) 地図中の→の風の名を答えよ。

(2) 地図中aは，条約によって各国の船の航行が自由な国際河川である。この川の名を答えよ。

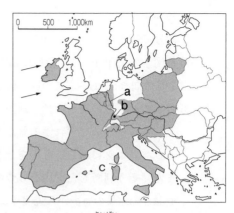

(3) 地図中bのフライブルク市では，自動車を郊外（こうがい）に駐車させ，市内では路面電車などを利用させるパークアンドライド方式を採用している。この目的を簡潔に答えよ。

(4) 地図中の▨▨▨の国々で信者の多い，キリスト教の宗派の名を答えよ。

(5) 地図中cの海の名を答えよ。また，この海を取り囲む地域でおもに栽培（さいばい）されている作物を次から選び，記号で答えよ。

ア オリーブ・小麦 **イ** 大豆・とうもろこし

ウ ライ麦・じゃがいも **エ** 綿花（めんか）・茶

(1)		(2)		(3)		
(4)		(5)				

8 右の地図を見て，次の各問いに答えなさい。

〈(1)・(2)・(3)①1点×5，(3)②5点×2〉

(1) 地図中のa，bの地域でさかんな農業を次から選び，記号で答えよ。

ア 混合農業 **イ** 酪農（らくのう）

ウ 果樹栽培 **エ** 放牧

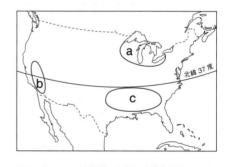

(2) 地図中のcの地域には，黒人が多い。その歴史的な理由をまとめた次の文中の空欄（らん）にあてはまる語句を答えよ。

「[①]栽培の労働力として，[②]大陸から連れてきた人々の子孫が多いから。」

(3) 地図中の北緯（ほくい）37度線より南の地域は，1970年代以降発展した工業地域が集まっている。①この地域を何というか。また，②この地域に工業が発達した理由を2つ答えよ。

(1)	a	b	(2)	①	②	
(3)	①					
	②					

9 右のさまざまな国の地図を見て，あとの各問いに答えなさい。ただし，地図の縮尺<ruby>縮尺<rt>しゅくしゃく</rt></ruby>はそれぞれ異なる。

〈(1)・(2)・(4)・(5)1点×7，(3)4点〉

(1) A〜Dの国の説明文を次から1つずつ選び，記号で答えよ。

ア この国の首都は，サファリツアーの拠点<ruby>拠点<rt>きょてん</rt></ruby>になっている。高原地帯のプランテーションでは，茶，コーヒー，花の栽培<ruby>栽培<rt>さいばい</rt></ruby>が行われている。

イ この国には，毎年多くの観光客が訪れるカーニバルで有名な都市がある。日本から最も遠い国の1つだが，多くの日系人が住んでいる。

ウ この国は，人口抑制<ruby>抑制<rt>よくせい</rt></ruby>政策を実施<ruby>実施<rt>じっし</rt></ruby>していた。沿海部には外国企業<ruby>企業<rt>きぎょう</rt></ruby>が多数進出し，内陸部との間に経済格差が見られる。

エ この国の女性は，長い1枚の布をからだに巻<ruby>巻<rt>ま</rt></ruby>く伝統的な衣装<ruby>衣装<rt>いしょう</rt></ruby>を身につけている。人々は，数十種類のスパイスを混ぜた料理を手を使って食べる。

オ この国は，かつて白豪主義<ruby>白豪<rt>はくごう</rt></ruby>による政策を行っていた。鉄鉱石，石炭，ボーキサイトなど天然資源が豊富で，日本との貿易もさかんである。

(2) A〜Dの国を通過している緯線<ruby>緯線<rt>いせん</rt></ruby>のうち，赤道を示しているものを2つ選び，A〜Dの記号で答えよ。

(3) A〜Dの国のうち，ラテン系の言語を話す人が多い国を1つ選び，記号で答えよ。また，その言語の名を答えよ。

(2011年)
キリスト教 2.3
その他 3.7
イスラム教 14.2
Y 79.8%
（外務省ホームページなどより作成）

(4) 右の円グラフは，Aの国の宗教別人口を示したものである。この空欄Yにあてはまる宗教の名を答えよ。

(5) 右の地図は，Bの国の気候帯を示したものである。その正しい組み合わせを次から選び，記号で答えよ。

ア □─乾燥帯<ruby>乾燥帯<rt>かんそうたい</rt></ruby> ■─温帯 ▨─寒帯
イ □─乾燥帯 ■─熱帯 ▨─温帯
ウ □─熱帯 ■─乾燥帯 ▨─温帯
エ □─熱帯 ■─乾燥帯 ▨─寒帯

（「中学校社会科地図」などより作成）

(1)	A	B	C	D	(2)	
(3)				(4)		(5)

⓫身近な地域の調査

重要ポイント

① 地域調査の方法

□ **調査の順序**…調査テーマを決める。→仮説を立て，調査計画を立てる。→実際に調査する。→調査結果から疑問点を解明する。→調査結果をまとめ，発表する。

□ **テーマの決め方**…関心のあること，疑問に思ったことをカードに書き出す。→ウェ
ビングマップを作成し，イメージを拡大する。関連することがらを分類する。
（連想を広げるための図）

□ **さまざまな調査方法**…①**野外観察**…実地での調査。**ルートマップ**やフィールドノー
（→フィールドワーク）（→歩く道順を示す）
トなどを用意する。②**文献調査**…図書館，郷土資料館，役所，インターネットなど
（ぶんけん）（きょうど）
で，文献，統計資料，地形図などを入手し，調べる。③**新旧比較**…新旧の地形図や
（ひかく）
統計を比べ，昔と現在のちがいや変化のようすを調べる。④**聞き取り調査**…対象者
や関係団体にインタビューする。⑤**アンケート調査**…人々の考えや意見を調べる。

□ **調査結果のまとめ方**…文章だけでなく，図表（編集図やグラフ），写真，イラスト
などを使い，レポートを作成する。編集図→**ドットマップ**，図形表現図，階級区分
（→分布図）
図，流線図など。グラフ→**棒グラフ**，**折れ線グラフ**，**円グラフ**，**帯グラフ**など。
（ぼう）（→数量の変化）（→数量の割合）

② 地形図の読みとり方

□ **地形図**…**国土地理院**が発行する**2万5千分の1**
（こくどちりいん）
（→国土交通省の付属機関）
地形図が基本。**5万分の1地形図**は編集図。

□ **地形図のきまり**…①**方位**…地形図の上が，北
になる。②**標高**…**等高線**で示す。等高線の間
（ひょうこう）（とうこうせん）（かん）
（→標高の等しい地点を結ぶ線）
隔が**せまい→傾斜が急**。間隔が**広い→傾斜が**
（かく）（けいしゃ）
ゆるやか。等高線が低いほうへつき出る→**尾**
（お）
根。高いほうへくいこむ→**谷**。③**地図記号**…
（ね）
境界線，建造物，植生，土地利用などを示す。
（しょくせい）

土地利用		建 物 ・ 施 設			
田	◎	市 役 所 東京都の区役所	介	老人ホーム	
畑	○	町・村役場（指定都市の区役所）	卍	神 社	
果樹園	⌂	官 公 署		寺 院	
くわ畑	⊗	警 察 署	⎢⎥	図 書 館	
茶 畑	Y	消 防 署	血	博 物 館	
広葉樹林	⊕	郵 便 局	凸	城 跡	
針葉樹林	☼	工 場	∴	史跡・名勝 天然記念物	
竹 林	⚡	発 電 所 等	�🏠	自然災害伝承碑	
荒 地	文	小・中学校	△	三 角 点	
	⊗	高 等 学 校	□	水 準 点	
	⊞	病 院	☆	灯 台	
			⚓	漁 港	

▲おもな地図記号

□ **縮尺**…実際の距離を縮めた割合。**実際の距離＝地図上の長さ×縮尺の分母**。
（しゅくしゃく）（きょり）（ちぢ）

〔例〕 5万分の1地形図で，地図上の長さが2cmの場合

実際の距離：2cm×50000＝100000cm＝1000m＝1km

分母の数字が小さいほど，縮尺が大きい→「**大縮尺の地図**」という。
（だい）

ポイント 一問一答

① 地域調査の方法

☐ (1) 野外観察には, 歩く道すじを記入した[　　　]を使うとよい。

☐ (2) イメージをふくらませるために, 調べたいことがらや思いついた語句などを線で
つないだ図を[　　　]という。

☐ (3) 統計資料や地形図などを入手し, 調べる方法を[　　　]という。

☐ (4) 昔と現在の地形図や統計資料を比べることによって, 変化のようすを調べる調査
方法を[　　　]という。

☐ (5) 人々の考えや意見を調べたいときには, [　　　]を行うとよい。

☐ (6) ある都市の1年間の月ごとの気温の変化を表すのに適したグラフは, 次のどちらか。

〔　 円グラフ　　折れ線グラフ　〕

② 地形図の読みとり方

☐ (1) 日本の地形図を発行している行政機関は, どこか。

☐ (2) 地形図の上は, どの方位をさしているか。

☐ (3) 標高の等しい地点を結んだ線を何というか。

☐ (4) (3)の線の間隔がせまいほど, 傾斜は次のどちらになるか。

〔　 急になる　　ゆるやかになる　〕

☐ (5) 地図記号の△は, 何を表しているか。

☐ (6) 地図記号の卍は, 何を表しているか。

☐ (7) 地図記号の⊞は, 何を表しているか。

☐ (8) 地形図で, 実際の距離を縮めた割合を, [　　　]という。

☐ (9) 2万5千分の1の地形図は, 5万分の1の地形図より, 縮尺が[　　　]。

答	① (1) ルートマップ　(2) ウェビングマップ　(3) 文献調査 (4) 新旧比較　(5) 聞き取り調査(アンケート調査)　(6) 折れ線グラフ ② (1) 国土地理院　(2) 北　(3) 等高線　(4) 急になる　(5) 針葉樹林 (6) 寺院　(7) 図書館　(8) 縮尺　(9) 大きい

1 〈地域調査の方法〉

たかし君のクラスでは，自分たちが暮らす地域について，調査をすることになった。これについて，次の各問いに答えなさい。

(1) たかし君たちは，調査テーマを決めるために，野外観察（フィールドワーク）を行うことにした。このとき，調査する地点や対象を書き入れた右の地図を作成した。この地図を何というか。

[　　　　　　　　　　]

●重要 (2) たかし君のクラスは，班に分かれて，次の事項（じこう）を調べることにした。それぞれ調べるのに，最も適切な方法をあとのア〜オから選び，記号で答えよ。

① 地域で使われてきた道具や伝統行事の移り変わり　　　　[　　　]

② 自分たちの地域からはなれた地域の行事や都市計画　　　[　　　]

③ 地域が属する市の1980年から現在までの平均気温の変化　[　　　]

④ 新しいごみ処理（しょり）施設や下水施設の建設計画　　　[　　　]

⑤ ファーマーズ・マーケット（農産物直売所（ちょくばいしょ））の運営方針　[　　　]

ア　インターネットで検索（けんさく）する。　　　イ　理科年表などの統計資料で調べる。

ウ　ＪＡ（農業協同組合）で話を聞く。　　　エ　郷土資料館で資料を集める。

オ　役所の事業担当部署で話を聞く。

2 〈グラフのまとめ方〉

右の表について，次のＡ，Ｂの内容をわかりやすく示すとき，最も適切なグラフの種類を答えなさい。

Ａ　表中の4種類の発電の1980年から2017年までの発電量の変化。

[　　　　　　　]

Ｂ　表中の4種類の発電とその他の発電の2017年の発電量の割合。

[　　　　　　　]

発電源別総発電量の推移（億kwh）

	1980年	1990年	2000年	2010年	2017年
水力	921	958	968	907	901
火力	4,020	5,574	6,692	7,713	8,615
原子力	826	2,023	3,221	2,882	313
地熱	9	17	33	26	21
合計	5,775	8,573	10,915	11,569	10,074

（「日本国勢図会2019/20年版」より作成）

3 〈地図のきまり〉
次の各問いに答えなさい。

(重要)(1) 次の地図記号が表すものをあとのア〜ソから選び，記号で答えよ。

① [""] [　　　] ② [⚁] [　　　] ③ [∴] [　　　] ④ [⊖] [　　　]

⑤ [Y] [　　　] ⑥ [⌂] [　　　] ⑦ [⚘] [　　　] ⑧ [开] [　　　]

⑨ [血] [　　　] ⑩ [⌓] [　　　]

ア	広葉樹林	**イ**	水田	**ウ**	畑	**エ**	茶畑
オ	自然災害伝承碑	**カ**	保健所	**キ**	消防署	**ク**	学校
ケ	温泉	**コ**	風車	**サ**	郵便局	**シ**	神社
ス	寺院	**セ**	博物館	**ソ**	老人ホーム		

(ミス注意)(2) 自宅から500mはなれた学校までの道路や建物のようすを調査するときに，最も適切な地図を次から選び，記号で答えよ。　　　　　　　　　　　　　　　　[　　　]

ア 20万分の1地勢図　　　**イ** 5万分の1地形図　　　**ウ** 1万分の1地形図

4 〈地形図の読みとり〉
右の2万5千分の1地形図（略図）を見て，次の各問いに答えなさい。

(重要)(1) C村の北端からみると，Dの寺院はどの方位にあるか。次から選び，記号で答えよ。　　[　　　]

ア 北西　　　**イ** 北東
ウ 南東　　　**エ** 南西

(2) この地形図の等高線は，何mごとに引かれているか。
[　　　　　m]

(重要)(3) この地形図のB村の南端から，C村の北端までは，地形図上では約1cmである。実際の距離は，約何mか。　　　　　[約　　　　　m]

(ミス注意)(4) 次の文中の空欄に適切な語句を書け。

「A川は，①[　　　　　　　]が生える山のふもとに，②[　　　　　　]とよばれる地形をつくっている。この地形の中央部分は，③[　　　　　　]と畑に利用されている。」

💡**ヒント**

1(2) ②直接聞き取り調査や文献調査をすることができない場合に利用するとよい。
　　④ごみ処理施設や下水施設の建設，運営などは，行政機関の仕事である。
3(1) 果樹園と広葉樹林，神社と寺院のちがいに注意すること。
4(3) 地形図上の距離に縮尺の分母（25,000）をかけるとよい。

1 〈地域調査の方法〉
次の各問いに答えなさい。

⚠ミス注意 (1) 身近な地域の調査をするにあたり，新旧の地形図を用いて調べることが最も適切なテーマを次から選び，記号で答えよ。　　　　　　　　　　　　　　　　　　　　　　　　　[　　　]

　　ア　工場の就業者数の変化について　　　イ　農家の栽培技術の変化について
　　ウ　土地の利用状況の変化について　　　エ　商店街の売上額の変化について

🏠差がつく (2) 調査の方法やまとめ方として適切なものを次から2つ選び，記号で答えよ。

　　　　　　　　　　　　　　　　　　　　　　　　　　　　　　[　　　][　　　]

　　ア　自分の住む町の商業を調べるために，商店街の人にインタビューを行った結果を表にまとめたり，野外調査をもとに分布図をつくった。
　　イ　沖縄県の気候を調べるために，新聞の天気予報欄をもとに月別平均気温を棒グラフで，月別平均降水量を折れ線グラフにして1つにまとめた。
　　ウ　青森県の農業の特徴を調べるために，図書館の資料を使って作物別の生産量の割合を円グラフにした。
　　エ　インドで信仰されている宗教を調べるために，インターネットのプロフィールサイト（個人の自己紹介ページ）を調べ，その宗教別信者数を折れ線グラフにした。
　　オ　地域の農業の将来を調べるため，農業協同組合の担当者に話を聞くことにしたが，本音を聞き出すため，事前に連絡をせずに組合の事務所をたずねた。

2 〈グラフの作り方〉🏠差がつく
みさきさんは，「農業就業人口に占める65歳以上の農業就業人口の割合」について，2004年から2019年までの5年ごとの推移を，折れ線グラフに表すことにした。下の表を参考にして，右のグラフに正しい折れ線を書き入れ，グラフを完成させなさい。

日本の農業就業人口

単位（万人）

	農業就業人口	65歳以上の農業就業人口
2004年	362	206
2009年	290	178
2014年	227	144
2019年	168	118

（農林水産省資料より作成）

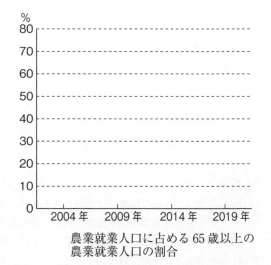

農業就業人口に占める65歳以上の
農業就業人口の割合

3 〈地形図の読みとり〉
優太さんは，長野県岡谷市にある祖父の家を訪ねた際，地域調査を行った。優太さんが入手した次の岡谷市西部の地形図を見て，あとの各問いに答えなさい。

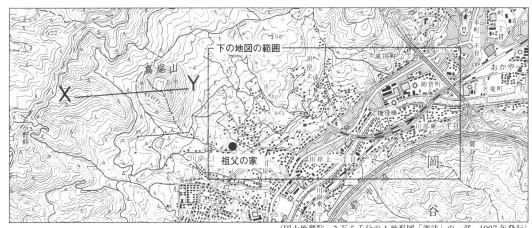

（国土地理院　2万5千分の1地形図「諏訪」の一部　1997年発行）

(1) 地図中の鉄道沿いにある郵便局から北の方角へ進んだとき，最初にある建造物を次から1つ選び，記号で答えよ。　　　　　　　　　　　　　　　　　　　　[　　　]

ア　博物館　　　イ　学校　　　ウ　神社

エ　寺院　　　オ　市役所　　　カ　警察署

(2) (1)の文中に出てくる川の名を，この地図の表す地域や地図上の地名を参考にして答えよ。
[　　　　　　川]

●重要 (3) 地図中の「おかや」駅から祖父の家まで地図上では約8cmである。実際の距離はおよそ何km になるか，答えよ。　　　　　　　　　[　　　　　km]

(4) 地図中の「祖父の家」から見える「高尾山」の山頂の方位を答えよ。ただし，漢字2字(8方位)で答えること。　　　　　　　　　[　　　　　]

(5) (4)の「高尾山」の山頂から見て，南西の方角のふもとに見られる建造物を答えよ。
[　　　　　]

⚠ミス注意 (6) 地図中のX－Yに沿って切った断面の模式図を，右のア～エから選び，記号で答えよ。[　　]

(7) 岡谷市では，かつて製糸業がさかんだったが，今は少なくなった。優太さんは，このことにともなう土地利用の変化を調べようと，右の古い地形図を入手した。上の地形図と右の地形図から読みとれる，岡谷市の土地利用の変化を具体的に書け。

（国土地理院　2万5千分の1地形図「諏訪」の一部　1935年発行）

[　　　　　　　　　　　　　　　　　　　　]

79

⑫自然環境と人口の特色

重要ポイント

① 地形の特色

- **造山帯**…高く険しい山脈が連なる。**環太平洋造山帯**→**ロッキー山脈**，**アンデス山脈**，**日本列島**。アルプス・ヒマラヤ造山帯→**アルプス山脈**，**ヒマラヤ山脈**。

- **日本の国土**…①**山地**…国土の**4分の3**をしめる。中央部に「**日本アルプス**」が連なる。
  └飛騨，木曽，赤石山脈
  フォッサマグナで，東西に区分。②**海岸**
  └大地溝帯
  …岩石海岸，砂浜海岸，出入りの激しい**リアス海岸**など。③**海洋**…**親潮**や**黒潮**が流
  └千島海流 └日本海流
  れ，**大陸棚**，海溝も発達。④**河川**…**短く，流れが急**。流域面積がせまい。⑤**平地**…海岸部に**平野**。**盆地**の周辺に**扇状地**，河口付近に**三角州**。台地も各地に発達。
  └山に囲まれた平地

▲日本の自然

② 日本の気候と自然災害

- **日本の気候の特徴**…日本の大部分は，**温暖湿潤気候**に属する。**季節風(モンスーン)**の影響を受け，**四季**がはっきりしている。梅雨や台風による降水量も多い。

- **各地の気候**…①**北海道**…冬の寒さが厳しい**冷帯**。梅雨はない。②**太平洋側**…夏に多雨，冬は乾燥。③**日本海側**…冬に降雪が多い。④**瀬戸内**…温暖で降水量は少ない。⑤**中央高地(内陸)**…昼夜の気温差が大きい。⑥**南西諸島**…冬も温暖，年中多雨。

- **自然災害**…地震，津波，火山の噴火による**火砕流**，台風による**洪水**や**高潮**，**冷害**や**干害**。→堤防や調節池，**ハザードマップ**の作成，警報の迅速化。
  └ひでりの被害 └防災マップ

③ 人口の特色

- **世界の人口**…約77億人(2019年)。アジア，アフリカなど**発展途上国**の人口増加率が高い(人口爆発の国も)。先進国は**少子化**，**高齢化**による人口減少が問題。

- **日本の人口**…①**少子高齢社会**…人口は約1億2,600万人(2019年)で減少傾向。**人口ピラミッド**は，**つぼ型**。②**過密**…**三大都市圏**や**地方中枢都市**。**ドーナツ化現象**から
  └富士山型，つりがね型，つぼ型 └東京，大阪，名古屋 └札幌，仙台，広島，福岡など
  都心回帰へ。③**過疎**…山間地や離島。**限界集落**で地域社会の崩壊。→**町(村)おこし**。

●日本の地形の特色，とくに扇状地とリアス海岸の特徴はよく出題される。
●日本の地域による気候の特色を整理しておく。
●日本の人口構成をおさえ，過密・過疎地域の問題点をまとめておく。

ポイント 一問一答

① 地形の特色

□(1) ロッキー山脈や日本列島をふくむ造山帯を，何というか。

□(2) 日本の国土の約4分の3は，[　　　]が占めている。

□(3) 飛騨，木曽，赤石の3つの山脈は，まとめて「[　　　]」とよばれる。

□(4) 三陸海岸や志摩半島などで見られる，山地が沈んでできた出入りの激しい海岸地形を，何というか。

□(5) 日本近海の太平洋を北上する暖流は，何か。

□(6) 内陸にある，山に周りを囲まれた平地を何というか。

□(7) 河川が運んだ土砂が河口に積もってできた地形は，何か。

② 日本の気候と自然災害

□(1) 日本の大部分は，温帯の[　　　]気候に属している。

□(2) 日本は季節風の影響を受け，[　　　]がはっきりしている。

□(3) 全般に雨が少なく，冬も温和な気候は，次のどれか。
〔 日本海側　瀬戸内　南西諸島 〕

□(4) 台風や大雨によって川の水があふれる災害は，何か。

□(5) 災害の予測や避難場所などを記した地図を，何というか。

③ 人口の特色

□(1) 世界の人口が急激に増加している現象を[　　　]という。

□(2) 先進国のなかでも，日本は典型的な[　　　]社会である。

□(3) 日本の人口ピラミッドは，[　　　]型である。

□(4) 人口が極端に少なくなる状態を，何というか。

□(5) (4)のなかでも，65歳以上の高齢者が過半数をこえ，地域社会が成り立たなくなっている集落を何というか。

答

① (1) 環太平洋造山帯　(2) 山地　(3) 日本アルプス(日本の屋根)　(4) リアス海岸
　　(5) 黒潮(日本海流)　(6) 盆地　(7) 三角州

② (1) 温暖湿潤　(2) 四季　(3) 瀬戸内　(4) 洪水
　　(5) ハザードマップ(防災マップ)

③ (1) 人口爆発　(2) 少子高齢　(3) つぼ　(4) 過疎　(5) 限界集落

基 礎 問 題

▶答え　別冊p.18

1 〈造山帯〉
右の地図を見て，次の各問いに答えなさい。

重要（1）日本列島をふくむ，地図中の①の造山帯
の名を答えよ。また，①の造山帯に属し
ているa，bの山脈の名を答えよ。

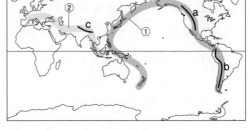

① [　　　　　　　　造山帯]

a [　　　　　　　　山脈]

b [　　　　　　　　山脈]

（2）ヨーロッパからインドネシア東部まで広

がる，地図中の②の造山帯の名を答えよ。また，②の造山帯に属しているcの山脈の
名を答えよ。　　　　　　　② [　　　　　　造山帯]　c [　　　　　山脈]

ミス注意（3）地図中の造山帯のようすを次から選び，記号で答えよ。　　　　　[　　　　]

　ア　地盤の変動が少なく，土地の侵食がすすんでいる。

　イ　地震は多いが，土地の隆起や沈降は見られない。

　ウ　地盤が不安定で，地震や火山の噴火がしばしばおこる。

2 〈日本の地形〉
右の地図を見て，次の各問いに答えなさい。

（1）地図中のa〜hの地名を答えよ。

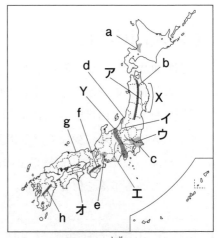

a [　　　　　平野] b [　　　　　山脈]

c [　　　　　平野] d [　　　　　平野]

e [　　　　　平野] f [　　　　　山地]

g [　　　　　砂丘] h [　　　　　山地]

（2）次の河川の名を答えよ。また，その位置を地
図中の**ア**〜**オ**から選び，記号で答えよ。

　「流域面積は日本一。大水上山付近に源を
発し，太平洋に注ぐ。」

　　　河川名 [　　　　　　] 記号 [　　　　]

重要（3）地図中の**X**には，入り江と岬の多い地形が続いている。山地が海に沈んでできた，こ
の海岸地形を何というか。　　　　　　　　　　　　　　　　　[　　　　　　　　　]

（4）地図中の**Y**は，日本を東西に分ける帯状の地域を示している。この地域を何というか。
カタカナで答えよ。　　　　　　　　　　　　　　　　　　　[　　　　　　　　　]

3 〈日本の気候〉
右の地図を見て，次の各問いに答えなさい。

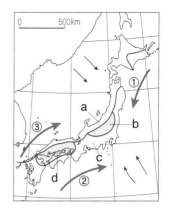

●重要(1) 地図中 a～d の気候の特色をあとのア～オから選び，記号で答えよ。　　a [　　　] b [　　　]
　　　　　　　　　　　　　　　　　　　　c [　　　] d [　　　]

　ア　1年中晴れた日が多く，降水量が少ない。

　イ　夏は少雨だが，冬は雪が多く，くもりの日が続く。

　ウ　夏に雨が多く，冬は乾燥している。

　エ　1年中気温が低く，梅雨や台風の影響を受けない。

　オ　降水量が少なめで，夏と冬の気温の差が大きい。

(2) 日本の気候に大きな影響をあたえる地図中①～③の海流の名を答えよ。

　　① [　　　　　　　] ② [　　　　　　　] ③ [　　　　　　　]

●重要(3) 地図中の——→は，夏と冬にふく風を示している。このような風を何というか。

　　　　　　　　　　　　　　　　　　　　　　　　　[　　　　　　　]

4 〈人口の特色〉
次の各問いに答えなさい。

●重要(1) 右のア～エは，日本，アメリカ，インド，ブラジルのいずれかの人口ピラミッドである。①日本と②インドにあてはまるものを選び，記号で答えよ。　　① [　　　] ② [　　　]

⚠ミス注意(2) 日本の人口について説明した次の文中の空欄にあてはまる語句を答えよ。

　　「日本の人口は，三大都市圏と札幌，仙台，広島，福岡などの① [　　　　　　]都市に集中している。これらの都心では，② [　　　　　　]による交通渋滞，住宅難，ごみ問題などがおこり，郊外へ人口が移る③ [　　　　　　]現象がおこったが，最近は地価が下がり，④ [　　　　　　]現象が見られる。」

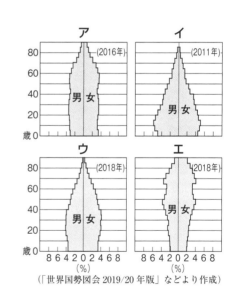

（「世界国勢図会 2019/20 年版」などより作成）

ヒント

1 (3) 地図中の2つの造山帯は新期造山帯とよばれ，地震・火山活動が活発である。
2 (2) 関東平野を北西から南東に流れ，千葉県の銚子市で太平洋に注ぐ。
3 (1) a は日本海側，b は中央高地(内陸)，c は太平洋側，d は瀬戸内の地域。
4 (1) 先進国の日本はつぼ型，発展途上国のインドは富士山型。

1 〈日本の地形〉
右の地図と資料を見て，次の各問いに答えなさい。

⚠ミス注意 (1) 地図中の**a〜c**は，日本アルプスとよばれる。それぞれ
の山脈の正しい組み合わせを次から選び，記号で答えよ。　　[　　　]

ア　a 木曽　b 飛驒　c 赤石
イ　a 木曽　b 赤石　c 飛驒
ウ　a 飛驒　b 木曽　c 赤石
エ　a 飛驒　b 赤石　c 木曽

(2) 右の写真は，地図中の「甲州市」の上空から撮った空中
写真である。これについて，次の問いに答えよ。

① 写真に見られるような，川が山地から平地へと流れ出
るところにできる地形を，何というか。

[　　　　　　]

② この地形での土地利用として正しい説明を次から選び，
記号で答えよ。　　　　　　　　　　[　　　]

ア　水を得やすいので，水田として利用される。
イ　水はけがよいので，果樹園として利用される。
ウ　土地が肥えているので，茶畑として利用される。
エ　土地がやせているので，牧草地として利用される。

•◉重要 (3) 右の図は，地図中の「常願寺川」と「信
濃川」の長さや傾斜を，ナイル川やアマ
ゾン川と比べて示したものである。常願
寺川や信濃川は，ナイル川やアマゾン川
と比べてどのような特色があるか。簡潔
に説明せよ。

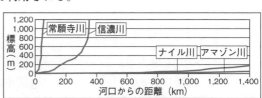

(注) 標高は1,200mまで，河口からの距離は1,400kmまでの範囲で作成
（「日本の川〈日本の自然3〉」などより作成）

[　　　　　　　　　　　　　　　　　　　　　　　　　　　　　　　　　]

(4) 地図中の「若狭湾」「伊勢湾」には，入り江の多いリアス海岸が続いている。リアス海岸につ
いて，次の問いに答えよ。

⚠ミス注意 ① リアス海岸の成り立ちを次から選び，記号で答えよ。　　　　　　　　　　[　　　]
ア　陸地が氷河にけずられてできた。　　イ　階段状の海底が隆起してできた。
ウ　陸地が波にけずられてできた。　　エ　山地が海に沈降してできた。

② リアス海岸では，海底の地震や海底火山の爆発などによって発生する自然災害が大きくな
りやすい。この自然災害の名を漢字2字で答えよ。　　　　　　　　　　[　　　]

2 〈日本の気候と海域〉
右の地図を見て，次の各問いに答えなさい。

(1) 地図中の **a ～ d** の雨温図を次の**ア～エ**から選び，記号で答えよ。　a [　　] b [　　]
　　　　　　　　　　　　　　　　　　　　　　　　c [　　] d [　　]

(2) 地図中の ━━ は，季節風の向きを示している。①夏の風向きと②冬の風向きを，**ア～エ**から選び，記号で答えよ。

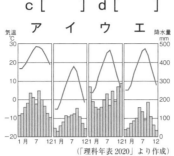

「理科年表2020」より作成

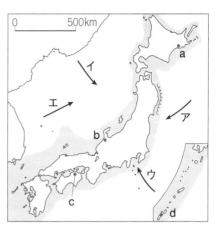

① [　　　] ② [　　　]

(3) 地図中の ▨ には，水深200mよりも浅く平らな海底が続いている。①このような海底を，何というか。また，この海域においては，日本固有の領土である尖閣諸島に対し，中国，台湾が領有権を主張している。②その最大の理由を簡潔に答えよ。

① [　　　　　　　]

② [　　　　　　　　　　　　　　　　　　　　　　　　　　　　　　　　]

3 〈日本の人口〉
せいじ君は，「日本における人口問題」というテーマで，発表資料を作成することにした。これについて，次の各問いに答えなさい。

(1) せいじ君は，現在との比較のため，第二次世界大戦前の日本の人口ピラミッドを作成しようと考えた。**資料Ⅰ**のグラフを完成させるのに正しいものを次から選び，記号で答えよ。　　　　　　　　　　　　　　　　　　[　　　]

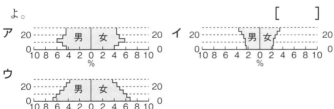

資料Ⅰ　作成中の人口ピラミッド

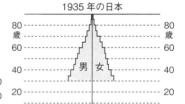

(2) せいじ君は，右の**資料Ⅱ**を使って，将来の日本の人口構成について説明しようと考えた。次の説明文の空欄にあてはまる説明を，「割合」と「総人口」という語を使って書け。

「今後，日本の総人口は減少し続け，2050年ごろには，1億人ほどになると予想されている。一方で，□□□□。これは，医療技術の進歩が1つの要因だと考えられている。」

[　　　　　　　　　　　　　　　　　　　　　　　　　　　　　　　　]

資料Ⅱ　日本の将来人口の動き

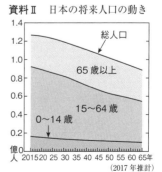

(2017年推計)

「日本国勢図会 2019/20年版」などより作成

⓭日本の資源と産業①

重要ポイント

① 資源とエネルギーの特色

□ **鉱産資源**…①**世界の資源**…石炭は広く分布。石油は**ペルシア湾**，カスピ海などに偏在。近年，**レアメタ**
→西アジア　　　　　　　　　　　クロム，マンガンなどの希少金属
ルが注目を浴びる。②**日本の資源**…輸入に依存。石
油は西アジア，石炭や鉄鉱石はオーストラリア，天
然ガスは東南アジアから輸入。
→マレーシア，インドネシアなど

□ **日本の電力**…主力は**水力発電**から**火力発電**へ。1970
→約8割
年代から**原子力発電**が増加。→化石燃料を燃焼する
→一時，約3割。東日本大震災以降は，原発の見直しが進む
火力は，地球温暖化の原因。放射性廃棄物の処理な
ど原子力は，安全性に不安。→**風力**，**地熱**，**バイオマス**などの再生可能エネルギー。
生物資源を利用

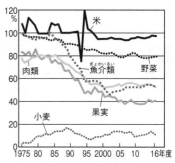

・水力発電所
・火力発電所
★原子力発電所
◆風力発電所
■地熱発電所

泊
東通
柏崎刈羽
敦賀　女川
美浜
大飯　志賀
高浜　福島第一
島根　福島第二
玄海　東海第二
浜岡
伊方
川内

(2020年現在)
※原子力発電所の一部は
廃炉が決まっている。
0　　400km

▲日本の発電所の分布

② 日本の農林水産業

□ **産業の変化**…かつては**第1次産業**(農林水産業)が中
心。1960年代から**第2次産業**(鉱工業，建設業)が
発展，その後，**第3次産業**(商業，サービス業)が成長。
→金融，医療，福祉，教育など

□ **農業**…①**特色**…単位面積あたりの収穫量は多い。
→集約農業

② **農業地域**…東北，北陸の平野→稲作。台地や傾
斜地→果樹栽培。りんごは東日本，みかんは西日本。
青森県，長野県←　　和歌山県，愛媛県など
大都市周辺→**近郊農業**。温暖な高知県，宮崎県→
施設園芸農業，野菜の**促成栽培**。高冷地→**高原野**
→温室やビニールハウスを利用　　　レタス，白菜，キャベツ
菜の**抑制栽培**。北海道，九州南部→大規模な**畜産**。
→よくせい

③ **課題**…貿易の**自由化**による**食料自給率**の低下。
高齢化と後継者不足。

□ **林業**…安い**輸入木材**が増加。価格低下，後継者不足。
→カナダ，アメリカ，ロシアなど

□ **水産業**…**大陸棚**が広がる東シナ海，寒流と暖流の出
→しおめ
合う**潮目**がある三陸沖がおもな漁場。**排他的経済水域**の設定で漁獲量減少。→**養殖**
→潮境　　　　　　　　　　　　　　　　　→200海里

(漁業)，栽培漁業。

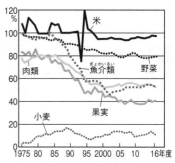

米
肉類　　魚介類　　野菜
小麦　　　果実

▲日本の食料自給率の変化

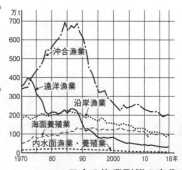

万t
700
600　沖合漁業
500
400　遠洋漁業
300　　　　沿岸漁業
200　海面養殖業
100　内水面漁業・養殖業
1970　80　90　2000　10　18年

▲日本の漁業形態の変化

ポイント 一問一答

① 資源とエネルギーの特色

□(1) ペルシア湾沿岸やカリブ海沿岸に多く埋蔵されているエネルギー資源は，何か。

□(2) 産出量が少なく，電子機器の部品などに使われるため，世界じゅうで需要がのびている金属をまとめて何というか。

□(3) 日本の石炭と鉄鉱石の最大の輸入相手国は，どこか。

□(4) 日本の発電の主力は，第二次世界大戦後，水力発電から[　　　]発電に変わった。

□(5) 日本では，1970年代からウランを燃料とする[　　　]発電の割合が増えた。

□(6) 近年，太陽光，風力，地熱，バイオマスなどの[　　　]エネルギーの開発，利用がすすめられている。

② 日本の農林水産業

□(1) 日本で最も従事者が多いのは，第何次産業か。

□(2) 日本の農業は，単位面積あたりの収穫量が[　　　]。

□(3) 青森県や長野県でさかんに栽培されている果物は，何か。

□(4) 大都市の周辺で都市向けの出荷を目的に行われる農業を，何というか。

□(5) 温室やビニールハウスを利用した農業を，何というか。

□(6) (5)の農業の一種で，他の地域より出荷の時期を早める栽培方法を，何というか。

□(7) 日本の[　　　]率は，約40％にすぎない。

□(8) 東日本大震災による津波の被害を受けた[　　　]海岸は，沖合に潮目（潮境）があり，好漁場である。

□(9) 人工のいけすなどで，稚魚や稚貝を育て，成長させてからとる漁業を，[　　　]という。

答

① (1) 石油　(2) レアメタル（希少金属）　(3) オーストラリア　(4) 火力　(5) 原子力
　(6) 再生可能（クリーン，自然，新）
② (1) 第3次産業　(2) 多い　(3) りんご　(4) 近郊農業　(5) 施設園芸農業
　(6) 促成栽培　(7) 食料自給　(8) 三陸　(9) 養殖（漁業）

1 〈資源の特色〉
次のエネルギー資源の名をそれぞれ答えなさい。また，それぞれの資源の日本の最大の輸入相手国(2018年)をあとのア～エから選び，記号で答えなさい。

(1) 世界に広く分布している。日本では，1950年代までは，北海道や九州北部で採掘されていたが，エネルギー革命によって，採掘量，消費量ともに減った。

資源名 [　　　　　] 記号 [　　　]

(2) 埋蔵量の大半は，ペルシア湾沿岸やカスピ海沿岸，カリブ海沿岸地域に集中している。日本はほぼ100%を輸入に依存している。　資源名 [　　　　　] 記号 [　　　]

ア　マレーシア　　イ　ロシア　　ウ　サウジアラビア　　エ　オーストラリア

2 〈発電の特色〉
次の各問いに答えなさい。

(1) 日本の主要な発電所である①水力発電所，②火力発電所，③原子力発電所のおもな立地場所を次から選び，記号で答えよ。　　①[　　　] ②[　　　] ③[　　　]
　ア　人家が少なく海水を得やすい臨海部　　イ　内陸部や人口の少ない離島
　ウ　大都市に近く燃料の輸入に便利な臨海部　　エ　水量の豊富な川の上流の山間部

⚠️ミス注意(2) 右のグラフは，日本，中国，カナダ，フランスのいずれかの国の総発電量の内訳を示している。①日本と②フランスにあてはまるものをア～エから選び，記号で答えよ。

①[　　　] ②[　　　]

水力 19.2%　　　　　　　　　　　　原子力 3.4
ア　[////| 火力 72.4 |]
6兆2,179億kwh　　　　　　　地熱・新エネルギー 5.0
　　　　　8.5%
イ　[/| 87.9 |]　1.9
9,979億kwh　　　　　　　　　　　　　1.7
ウ　[//////| 58.0% | 21.7 | 15.2 |]5.1
6,674億kwh
　　11.7%
エ　[/|10.3| 72.5 |]5.5
5,562億kwh
(2016年)　(「日本国勢図会2019/20年版」より作成)

⊕重要(3) 原子力発電について説明した次の文中の空欄にあてはまる語句をあとのア～クから選び，記号で答えよ。

「原子力発電には，火力発電とちがい，①[　　　]の原因となる二酸化炭素を排出しないという利点がある。しかし，危険な②[　　　]の処分方法が確立されておらず，また，1979年にアメリカの③[　　　]原子力発電所，1986年に旧ソ連の④[　　　]原子力発電所，2011年には日本の⑤[　　　]原子力発電所で事故がおこったことなどから，安全面に大きな不安がある。」

ア　オゾン層破壊　　イ　地球温暖化　　ウ　放射性廃棄物　　エ　ダイオキシン
オ　チェルノブイリ　　カ　福島第一　　キ　東海村　　　　ク　スリーマイル島

3 〈日本の農業〉
右の地図を見て，次の各問いに答えなさい。

(1) 地図中の①▨▨▨の県と②▨▨▨の県は，ある果物の生産量上位3県(2018年)を示している。それぞれの果物の名を次から選び，記号で答えよ。　①[　　　] ②[　　　]

　ア　りんご　　　イ　もも

　ウ　ぶどう　　　エ　みかん

(2) 地図中の**a**，**b**の平野で共通してさかんな農業を次から選び，記号で答えよ。[　　　]

　ア　米と麦の二毛作

　イ　夏野菜の促成栽培

　ウ　大規模な畜産

　エ　高原野菜の抑制栽培

⚠ミス注意(3) 近年，地元で栽培された農作物を，その地域に住む消費者に販売する動きが広がっている。これを何というか。次から選び，記号で答えよ。　　　　　　[　　　]

　ア　請負農業　　　イ　近郊農業　　　ウ　地産地消　　　エ　適地適作

4 〈日本の水産業，林業〉
次の文中の空欄にあてはまる語句を答えなさい。

◎重要(1) 1970年代，世界各国が漁業資源を守るため，①[　　　　　　　]を設けて，漁業制限を行ったため，日本の漁業は大きな打撃を受けた。そこで，日本は稚魚や稚貝をいけすなどで人工的に育てる②[　　　　　　]漁業や，稚魚を河川や海に放流して成長してからとる③[　　　　　　]漁業への転換をすすめている。日本のおもな漁場は，北海道の沖合，寒流と暖流がぶつかる④[　　　　　　]にあたる三陸海岸の沖合，水深の浅い⑤[　　　　　　]が広がる東シナ海などである。

(2) 国土の4分の3を山地が占める日本は，古くから林業がさかんで，針葉樹が建築用に使われてきた。青森の①[　　　　　　]，秋田や吉野の②[　　　　　　]，木曽のひのきは，美林としても知られている。しかし1960年代以降，輸入木材が増え，林業の従事者は大きく減った。農業や水産業と同じく，従事者の③[　　　　　　]と後継者不足が深刻な問題になっている。

 ヒント

2(2) 消去法で考えてもよい。中国は石炭，石油が豊富で，カナダは水力資源が豊富である。
　(3) ③④⑤は，炉心にまでおよんだ事故によって，大量の放射性物質が放出された。
3(1) ①冷涼な東北地方や内陸で栽培されている。②温暖な太平洋側，瀬戸内で栽培されている。
　(3) 地元で生産し，地元で消費すること。

標 準 問 題

▶答え　別冊p.20

1 〈鉱産資源〉

世界の主要な鉱産資源の分布を示した右の地図を見て，次の各問いに答えなさい。

⚠ ミス注意 (1) 地図中のA〜Cの鉱産資源を

あとのア〜オから選び，記号

で答えよ。

A [　　　] B [　　　]

C [　　　]

ア　鉄鉱石　　イ　石炭

ウ　金　　　　エ　銅鉱

オ　すず

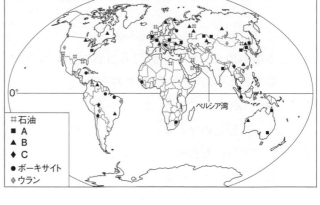

ペルシア湾

凡例：
♯石油
■A
▲B
♦C
●ボーキサイト
◇ウラン

(2) 日本が石炭や鉄鉱石，天然ガ

スを最も多く輸入している国を答えよ。　　　　　　　　　　　　　[　　　　　　　]

🏯差がつく (3) 地図中の「ボーキサイト」を利用した工業を次から選び，記号で答えよ。　　　[　　　]

ア　セラミック工業　　　イ　アルミニウム工業　　　ウ　電子工業　　　エ　繊維工業

(4) 地図中の「ウラン」を主要な燃料とする発電の名を答えよ。　　　　　　　[　　　　　　　]

2 〈日本の発電〉

日本の主要な発電所の分布を示した右の地図を見

て，次の各問いに答えなさい。

⚠ ミス注意 (1) 地図中のア〜ウは，水力，原子力，地熱発電のい

ずれかを示している。このうち，①水力と②地熱

にあてはまるものを選び，記号で答えよ。

①[　　　] ②[　　　]

凡例：
★ ア
● イ
■ ウ

(2020 年現在)

0 ——— 400km

→重要 (2) ①「火力発電」と②「原子力発電」の欠点を，ど

ちらも排出物に注目して答えよ。

①[　　　　　　　　　　　　]

②[　　　　　　　　　　　　]

(3) 近年，地図中の発電以外のクリーンエネルギーを

使った発電が注目されている。次の発電の名を答えよ。

① ソーラーパネルなどを用いて発電する。住宅やビルの屋根など，さまざまな場所に設置す

ることができる。　　　　　　　　　　　　　　　　　　　　　　　　[　　　　　　発電]

② とうもろこしやさとうきびなどの農作物，木くず，生ごみなどの有機物から得られるエネ

ルギーを利用する。　　　　　　　　　　　　　　　　　　　　　　　[　　　　　　発電]

3 〈日本の食料自給率と農業〉

ひろこさんは「日本の食料事情」というテーマで発表をすることになった。右の資料Ⅰ，Ⅱは，米，果実，牛乳・乳製品，肉類の消費量と自給率の推移についてまとめたものである。これらの資料を見て，次の各問いに答えなさい。

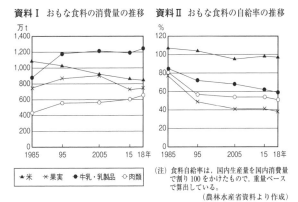

資料Ⅰ　おもな食料の消費量の推移

資料Ⅱ　おもな食料の自給率の推移

▲ 米　× 果実　● 牛乳・乳製品　○ 肉類

(注) 食料自給率は，国内生産量を国内消費量で割り100をかけたもので，重量ベースで算出している。

(農林水産省資料より作成)

(1) ひろこさんが，**資料Ⅰ，Ⅱ**から読みとったことや考察した内容として最も適当なものを次から選び，記号で答えよ。　[　　　]

　ア　果実の自給率は，1985年から1995年にかけて最も下がっており，その期間に消費量が最ものびていることから，果実の輸入量は増加したと考えられる。

　イ　1985年と2018年を比較すると，米の消費量は300万t以上減っており，自給率が大きく変わらないことから，米の国内生産量は減少したと考えられる。

　ウ　肉類の自給率は，1995年から2015年にかけてあまり変わらず，消費量もほとんど変化がないことから，肉類の国内生産量は増加したと考えられる。

　エ　1985年と2018年を比較すると，牛乳・乳製品の消費量は3倍以上となっており，自給率はその差が20%近くあることから，牛乳・乳製品の輸入量は減少したと考えられる。

(2) 資料Ⅰ，Ⅱ中の「牛乳・乳製品」について，乳牛を飼い，牛乳や乳製品をつくる畜産を何というか。　[　　　　　]

差がつく (3) 資料Ⅰ，Ⅱの農作物は，比較的，自給率が高いものである。醤油，味噌など，日本の伝統的な調味料の原料でありながら，現在，自給率が5〜6%ほどしかない農作物の名を答えよ。

[　　　　　]

4 〈日本の水産業〉

日本の漁業形態別の漁獲量の推移を示した右のグラフを見て，次の各問いに答えなさい。

差がつく (1) グラフ中のa〜cは，沿岸漁業，遠洋漁業，沖合漁業のいずれかの漁業形態を示している。cの漁獲量にはどのような変化が見られるか。cが示す漁業形態の名称を明らかにし，「200海里」という語を用いて，簡潔に書け。

[　　　　　　　　　　　　　　　　　　　　　　　]

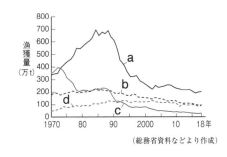

(総務省資料などより作成)

(2) グラフ中のdは，海面養殖業を示している。養殖の①まだい，②かき，③こんぶの収穫量が最も多い県を次から選び，記号で答えよ。　①[　　] ②[　　] ③[　　]

　ア　北海道　　イ　愛知県　　ウ　広島県　　エ　愛媛県　　オ　鹿児島県

⑭日本の資源と産業②

重要ポイント

① 日本の工業

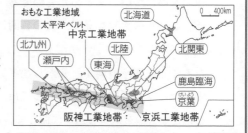
おもな工業地域
太平洋ベルト
北海道
北九州
中京工業地帯
北陸
北関東
瀬戸内
東海
鹿島臨海
京葉
阪神工業地帯
京浜工業地帯
0 400km

□ **工業地域**…①**臨海部**…京浜，中京，阪神，北九州の四大工業地帯で発達。**太平洋ベ**
（きたきゅうしゅう）　└現在は北九州を除き，三大工業地帯とされる
ルトの臨海部に**京葉，東海，瀬戸内**など
（けいよう）（とうかい）（せとうち）
の工業地域。②**内陸部**…1970年代以降，
（いこう）
内陸部に拡大。空港や高速道路の近くに，自動車工場や電子部品工場などの**工業団**
└インターチェンジなど　　　　　　　　　　　　└ I C（集積回路）工場など
地が進出。③**全国各地**…大企業の**下請け**の**中小工場**，伝統的工芸品をつくる工場など。
（きぎょう）（したうけ）

□ **工業の変化**…①**1950～60年代**→高度経済成長期，**軽工業**から**重化学工業**へ。**加工貿**
原材料を輸入し，工業製品を輸出┘
易が中心。②**1970年代**→電子機器など**ハイテク産業**が発展。③**1980年代**→**貿易摩**
（ま）
擦が激化。生産拠点を海外へ。**アジア諸国**が成長。④**1990年代以降**→輸出の減少
（さつ）（きょてん）　　　　　　└アジアNIES，ASEAN諸国
で産業の**空洞化**。⑤**今世紀**→長期低迷。**多国籍企業**が国内に進出。**ＢＲＩＣＳ**諸国
（くうどうか）　　　　　　　　　　（たこくせき）　　　　　　ブラジル，ロシア，インド，中国，南アフリカ共和国┘
も成長。

② 日本の商業，サービス業

□ **第３次産業**…商業，サービス業など第３次産業の割合が大きい。→**宅配便**，医療・
（たくはいびん）（いりょう）
介護，ＩＴによる**情報コンテンツ産業**などが成長。
（かいご）└情報技術　└アニメ，ゲームなど

□ **商業の変化**…商店街は低迷し，「**シャッター通り**」に。**コンビニエンスストア**，郊外
└空き店舗が並ぶ　　　　　　　　　　　　　　　　　（こうがい）
に大型スーパーや**ショッピングセンター**，**インターネットショッピング**や通信販売。

③ 国際貿易と日本の交通，通信

□ **国際貿易**…①**貿易の変化**…国際的分業がすすみ，発展途上国から先進工業国への工
（とじょうこく）
業製品の輸出が増加。加工貿易で発展してきた日本も，工業製品の輸入が増加。
②**世界貿易機関（ＷＴＯ）**…貿易摩擦を解決し，世界貿易の自由化をすすめる。

□ **日本の輸送**…①**航空輸送**…国際間の貨物輸送が増加。②**海上輸送**…**タンカー**や**コン**
└IC，精密機械，生鮮食料品など　　　　　└石油などを輸送
テナ船など，貨物輸送が中心。③**陸上輸送**…トラックによる自動車輸送が増加。地
方の鉄道は**廃線**が増加。**新幹線**，高速道路，**航空路線網**は全国にのびる。
（はいせん）　　　　　　　　　　　　　　　　　　　　　└東京中心　（もう）

□ **情報通信**…通信衛星の開発，通信ケーブルの整備で，**インターネット**が普及。
（ふきゅう）

テストでは **ココ**が ねらわれる
- 日本の三大工業地帯とおもな工業地域の位置と特色をおさえておく。
- 「貿易摩擦」「産業の空洞化」の意味を説明できるようにしておく。
- 3つの輸送（航空，海上，陸上）の特徴を整理しておく。

ポイント 一問一答

① 日本の工業

- □(1) 八幡製鉄所をもとに発展した工業地帯（地域）は，どこか。
- □(2) 印刷業がさかんな工業地帯は，どこか。
- □(3) 浜松市，富士市などをふくむ工業地域は，どこか。
- □(4) 1970年代以降，内陸部に機械工場などが集まる[　　　]が進出している。
- □(5) 日本の工場の多くは，下請けの[　　　]工場である。
- □(6) 日本は，原材料を輸入して製品を輸出する[　　　]で発展してきた。
- □(7) 製造業が生産拠点を海外に移し，国内の産業がおとろえることを，「産業の[　　　]」という。
- □(8) 近年，経済発展が著しいブラジル，ロシア連邦，インド，中国，南アフリカ共和国をまとめて何というか。

② 日本の商業，サービス業

- □(1) 商業やサービス業は，[　　　]産業にふくまれる。
- □(2) 古くからの商店にかわり，深夜まで営業する[　　　]が全国に普及している。
- □(3) 戸口から戸口に商品を輸送する[　　　]が主流となっている。

③ 国際貿易と日本の交通，通信

- □(1) 世界貿易の自由化をすすめる国際機関を，何というか。
- □(2) 電子部品，精密機械，冷凍食品などの取り扱い量が多い輸送手段を，何というか。
- □(3) 国際的に大きさが決められている輸送容器を，何というか。
- □(4) 近年，大容量化，高速化がすすみ，利便性が高まっている通信網を，何というか。

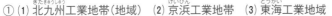

答

① (1) 北九州工業地帯（地域）　(2) 京浜工業地帯　(3) 東海工業地域
(4) 工業団地　(5) 中小　(6) 加工貿易　(7) 空洞化　(8) BRICS（諸国）
② (1) 第3次　(2) コンビニエンスストア　(3) 宅配便
③ (1) 世界貿易機関（WTO）　(2) 航空輸送　(3) コンテナ　(4) インターネット

1 〈日本の工業の変化〉
日本の工業の変化を説明した次の文中の空欄にあてはまる語句を答えなさい。

1950〜60年代，日本は繊維などの①[　　　　　　　　]から，鉄鋼，造船，機械などの重化学工業へと移行し，原料を輸入して工業製品を輸出する②[　　　　　　　]によって，経済を発展させた。1970年代以降は，電子機器など③[　　　　　　　]産業が成長したが，1980年代には欧米諸国との間で④[　　　　　　]が激化し，生産拠点を海外へ移す企業が増えた。1990年代以降は，工業製品の輸出が減少し，国内では「産業の⑤[　　　　　　]」がすすんだ。近年は，急速な経済成長で「世界の工場」とよばれるようになった⑥[　　　　　　]との競争も激しくなっている。

2 〈日本の工業地帯〉
右の地図を見て，次の各問いに答えなさい。

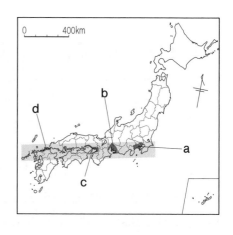

重要 (1) 地図中 ▨▨▨▨ には，主要な工業地帯，地域が集まっている。この帯状の地域を何というか。

[　　　　　　　]

(2) 地図中a〜dは，かつて四大工業地帯とよばれた。それぞれの工業地帯の名を答えよ。また，その特色をあとのア〜エから選び，記号で答えよ。

a [　　　　　工業地帯] [　　　]
b [　　　　　工業地帯] [　　　]
c [　　　　　工業地帯] [　　　]
d [　　　　　工業地帯(地域)] [　　　]

ア　戦前は繊維工業，戦中に鉄鋼・金属工業が発達した。内陸部には機械部品などの中小工場が多い。近年は，湾岸部に液晶パネルや太陽電池の生産工場が進出した。

イ　戦後，埋め立て地に発電所や大工場が建設され，重工業から軽工業までの総合工業地帯となった。印刷業が多いのも特色の1つである。

ウ　明治時代に建設された八幡製鉄所を中心に発展してきたが，現在，出荷額はほかの工業地帯に差をつけられている。近年は，自動車やIC工場が進出している。

エ　出荷額日本一の工業地帯である。自動車工業を中心とする機械工業や鉄鋼業のほか，ファインセラミックスなどの新しい陶磁器工業も成長している。

3 〈日本の商業，サービス業〉
次の各問いに答えなさい。

●重要 (1) ①第2次産業と②第3次産業にふくまれる産業を次から2つずつ選び，記号で答えよ。

① [　　] [　　]　② [　　] [　　]

ア　建設業　　　イ　林業　　　　ウ　運輸業　　　エ　製造業

オ　農業　　　　カ　畜産業　　　キ　保険業　　　ク　水産業

(2) 右のグラフは，百貨店，大型スーパー，コンビニエンスス
トアの店舗数の変化を示している。グラフa〜cの正しい
組み合わせを次から選び，記号で答えよ。　[　　　]

ア　a百貨店　　b コンビニエンスストア　c大型スーパー

イ　a コンビニエンスストア　b百貨店　　c大型スーパー

ウ　a コンビニエンスストア　b大型スーパー　c百貨店

エ　a大型スーパー　b コンビニエンスストア　c百貨店

オ　a大型スーパー　b百貨店　c コンビニエンスストア

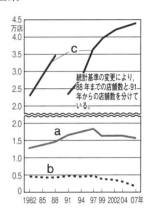

4 〈日本の貿易，輸送〉
右の資料Ⅰは日本の航空輸送貨物，資料
Ⅱは海上輸送貨物のそれぞれの貿易額の
割合を示している。これを見て，次の各
問いに答えなさい。

●重要 (1) 資料Ⅰ，Ⅱのa〜cにあてはまる品目を
次から選び，記号で答えよ。

a[　　] b[　　] c[　　]

ア　自動車　　イ　石炭　　ウ　衣類

エ　肉類　　　オ　半導体

(2) 資料Ⅰの航空輸送で，最も輸送量が多い
空港の名を答えよ。[　　　　　　]

(3) 資料Ⅱの「原油」や「液化ガス」を輸送
する専門船を何というか。カタカナで答
えよ。　　　　　[　　　　　　]

資料Ⅰ
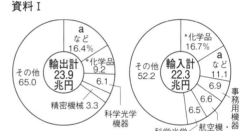
＊医薬品など

資料Ⅱ
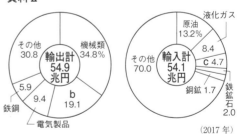
（2017年）
（「日本国勢図会 2019/20年版」より作成）

ヒント

1 (4) 貿易をめぐる問題。自動車や電気製品など工業製品の輸出が増大し，日本は欧米諸国から，輸出の
削減や市場開放（農産物の輸入の自由化）を求められた。

3 (1) 第3次産業は，ものの生産に直接かかわらない産業をいう。

4 (2) 千葉県にある国際空港で，首都圏と海外との「空の玄関」。

1 〈日本の工業〉
次の文章を読み，あとの各問いに答えなさい。

> 日本の重工業は，戦後，太平洋ベルトのa臨海部（りんかい）を中心に発展したが，1970年代以降，内陸部に拡大しており，b空港や高速道路のインターチェンジ付近に工業団地が進出している。一方，全国各地には，大企業の下請け（きぎょう・したう）をする中小工場やc伝統的工芸品をつくる工場も多い。

重要 (1) 下線部aについて，次の工業都市をふくむ工業地帯，地域の名を答えよ。

① 四日市（よっかいち），豊田（とよた），瀬戸（せと），豊橋（とよはし） …… [　　　　　工業地帯]

② 倉敷（くらしき），福山（ふくやま），岩国（いわくに），周南（しゅうなん） …… [　　　　　工業地域]

③ 船橋（ふなばし），千葉，市原（いちはら），君津（きみつ） …… [　　　　　工業地域]

差がつく (2) 下線部bについて，右の資料は北関東工業地域（きたかんとう）にある工業団地への企業誘致活動（ゆうち）用のパンフレットの一部である。この工業団地への進出に最も適していないと考えられる工業をあとのア〜エから選び，記号で答えよ。また，そのように判断した理由を書け。

工業 [　　　]

> ○○工業団地　ご案内
> 東京都心から90km
> 　　インターチェンジ直結
> ・抜群の交通ネットワーク
> ・近隣工業団地へスピーディーに移動
> ・北関東最大級の内陸型工業団地

理由 [　　　　　　　　　　　　　　　　　　　　　　　　　　　　　　　　　]

ア　精密機械　　イ　食料品　　ウ　製鉄　　エ　自動車

(3) 下線部cについて，次の伝統的工芸品の生産地をあとのア〜オから選び，記号で答えよ。

① 西陣織（にしじんおり） [　　] 　② 土佐和紙（とさ） [　　] 　③ 南部鉄器（なんぶ） [　　]

ア　岩手県　　イ　新潟県　　ウ　京都府　　エ　高知県　　オ　福岡県

2 〈日本の貿易〉
右のグラフは，日本の貿易品目の割合の変化を示している。これを見て，次の各問いに答えなさい。

重要 (1) 1970年ごろさかんに行われていた，日本の貿易の形態を簡潔に説明せよ。

[　　　　　　　　　　　　　　　　　　　　　　　　　　　　　　　　　]

輸出

1934〜36年
| 繊維品（せんい）57.6% | | | その他 31.5 |

魚と貝 2.9　機械類 3.1　鉄鋼 2.6　金属製品 2.3

1970年
| 機械類 22.7% | 鉄鋼 14.7 | 繊維品 12.5 | 7.0 | 6.9 | その他 28.9 |

自動車　船舶　精密機械 3.5　プラスチック 2.2

2018年
| 機械類 37.6% | 自動車 15.1 | | その他 32.1 |

鉄鋼 4.2　自動車部品 4.9　精密機械 3.0

輸入

1934〜36年
| 繊維原料 39.8% | 6.2 | 8.3 | 大豆 2.1 | その他 32.6 |

鉄くず 3.1　肥料 4.1　鉄鋼 4.5　機械類 3.0　生ゴム 2.4　パルプ 2.2　石炭

1970年
| 石油 14.8% | 機械類 9.1 | 木材 8.3 | 鉄くず 1.8 | その他 39.9 |

石炭 5.3　鉄鉱石 6.4　繊維原料 5.1　銅鉱 2.6　銅 2.6

2018年
| 機械類 24.5 | 石油 13.3 | 精密機械 | その他 42.0 |

衣類 4.0　液化ガス 6.6　大豆 1.9　とうもろこし 2.2　医薬品 3.6　石炭 3.4

（「日本国勢図会 2019/20年版」などより作成）

⚠ミス注意(2)1970年から2018年にかけて，日本の貿易相手地域は大きく変化した。どの地域からどの地域に変わったのか。次から選び，記号で答えよ。　　　　　　　　　　　　　　　［　　　　］

　ア　ヨーロッパからオセアニア　　　イ　オセアニアからヨーロッパ
　ウ　アジアから北アメリカ　　　　　エ　北アメリカからアジア

3 〈自動車工業と日本の産業〉
太郎君は，「自動車の普及と課題」というテーマで調査に取り組み，右の調査結果にまとめた。これを見て，次の各問いに答えなさい。

(1)下線部 a について調べたところ，日本の環境基本法では，7つの問題を典型的な公害としていることがわかった。環境基本法の中で，自動車の普及にともない深刻化した公害の名を漢字で答えよ。
　　　　　　　　　　　　［　　　　　　　　］

> 「自動車の課題」
> ◎公害と交通事故
> 　自動車の普及とともに，a 公害の発生や交通事故が多発するようになった。近年は，エアバッグなどの安全装置の導入が進んでいる。
> ◎環境対策
> 　日本では，2005年1月に b 自動車＿＿＿＿法を施行し，部品の再利用を促進している。また，2007年から，植物由来の原料を混合した燃料が販売されている。

●重要(2)下線部 b の空欄にあてはまる語をカタカナで答えよ。
　　　　　　　　［自動車　　　　　　　　法］

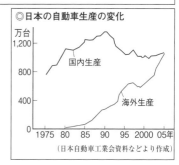

◎日本の自動車生産の変化

万台
1,200

国内生産

800

400

海外生産

0
1975　80　85　90　95　2000　05年
（日本自動車工業会資料などより作成）

差がつく(3)太郎君は，日本の自動車生産の変化についても調査し，右のグラフにまとめた。これについて，次の各問いに答えよ。

　①1980年代から，日本の自動車の海外生産が増えた理由を簡潔に答えよ。
　　［　　　　　　　　　　　　　　　　　　　　　　　　　　　　　　　　　　　　　　］

　②海外生産の増加によって，国内の産業はどのように変化したのか。「空洞化」という語を使い，説明せよ。
　　［　　　　　　　　　　　　　　　　　　　　　　　　　　　　　　　　　　　　　　］

(4)太郎君は，さらに日本の道路建設と社会の変化についても，地図帳や資料集を活用して調査した。次から正しいものを選び，記号で答えよ。　　　　　　　　　　　　　　　　［　　　　］

　ア　国道は全国のすべての都道府県に建設されているが，高速自動車道は沖縄県には建設されていない。

　イ　本州四国連絡橋により，本州と四国は道路で結ばれるようになったが，本州と九州は道路で結ばれていない。

　ウ　東京や大阪の都心部に職場のある人は，通勤に自家用車を使用する人の割合が，鉄道を利用する人の割合よりも高い。

　エ　自動車の普及にともない，古くからの商店街で買い物をするよりも，広い駐車場のあるショッピングセンターで買い物をする傾向が強まっている。

実力アップ問題

◎制限時間**40**分
◎合格点**80**点
▶答え　別冊p.22

点

1 右の図Ⅰ, Ⅱは, ある町の昔と現在の2万5千分の1地形図(略図)である。これを見て, 次の各問いに答えなさい。　〈(1)6点, (2)3点×6〉

(1) 図Ⅰ, Ⅱを見ると, 昔も現在も, 役場と郵便局は同じ場所にある。2つの距離(きょり)は地図上では3cmだが, 実際の距離は, 何mか。

(2) 昔から現在の町の変化について説明した次の文中の空欄(らん)にあてはまる語句を答えよ。

・昔はＡ山のふもとに[①]が広がっていたが, 現在は[②]に変わっている。

・市街地の南では, [③]が伐(ばっ)採(さい)され, 水田も減って, [④]が建てられている。

・市街地の西端に, 新しく[⑤]と[⑥]が建てられている。(せいたん)

図Ⅰ 昔の町のようす

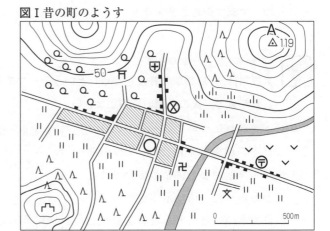

図Ⅱ 現在の町のようす

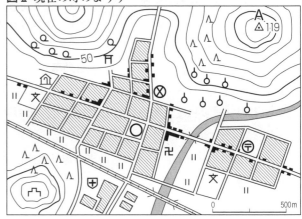

(1)		m	(2)	①		②		③	
(2)	④			⑤		⑥			

2 右の地図を見て, 次の各問いに答えなさい。　〈(1)・(2)3点×3, (3)5点〉

(1) 地図中の日本列島や山地, 山脈は, 大地の動きが活発で地震や火山活動が多い造山帯(ぞうざんたい)に属している。この造山帯名を答えよ。(じしん)

(2) ①地図中のＡの半島の名を次から選び, 記号で答えよ。また, ②Ａの半島に見られる複雑な地形の海岸を何というか。

ア　能登半島(のと)　　イ　志摩半島(しま)

ウ　大隅半島(おおすみ)　　エ　伊豆半島(いず)

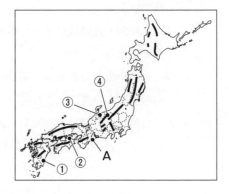

(3) 右の I ～IV のグラフは，地図中の
①～④のいずれかの都市の，気温
と降水量を示している。このグラ
フの正しい説明を次から選び，記
号で答えよ。

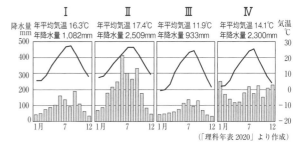

（「理科年表 2020」より作成）

ア　I とⅡはいずれもⅢやIV に比べて年平均気温が高く，I はⅡに比べて年降水量が少ない
ので，I は①の都市のグラフである。

イ　ⅢとIV はいずれも I やⅡに比べて年平均気温が低く，IV はⅢに比べて年降水量が多いの
で，IV は②の都市のグラフである。

ウ　ⅡとIV はいずれも I やⅢに比べて年降水量が多く，ⅡはIV に比べて 6 月から 9 月にかけ
ての降水量が多いので，Ⅱは③の都市のグラフである。

エ　I とⅢはいずれもⅡやIV に比べて年降水量が少なく，Ⅲは I に比べて 1 月の平均気温が
低いので，Ⅲは④の都市のグラフである。

(1)		(2)	①		②		(3)	

---

3 世界と日本の人口について，次の各問いに答えなさい。　　　　　　　　〈(1) 4 点，(2) 8 点〉

(1) 日本の農山村や離島では，人口が減少し，地域社会の維持がむずかしくなっている地域があ
る。このような状態を，何というか。

(2) 右のグラフは，ある先進工業国 A とある発
展途上国 B の年齢別人口構成を表している。
この 2 国の年齢別人口構成の違いを，「年
少人口」と「老年人口」の 2 つの語句を用
い，「発展途上国 B は先進工業国 A に比
べ，」の書き出しに続けて，書け。

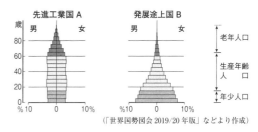

（「世界国勢図会 2019/20 年版」などより作成）

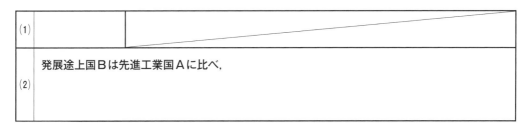

(1)	
(2)	発展途上国 B は先進工業国 A に比べ，

4 右のグラフは，日本の主要輸入品の相手国の割合を示している。これを見て，次の各問いに答えなさい。

〈(1)・(2)3点×3，(3)8点〉

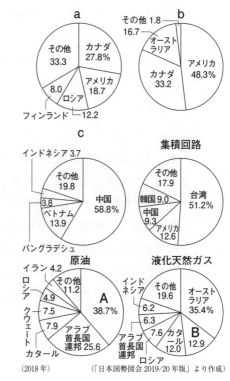

(1) 右の a ～ c の品目の正しい組み合わせを次から選び，記号で答えよ。

　ア　a 小麦　b 木材　c 衣類

　イ　a 小麦　b 衣類　c 木材

　ウ　a 木材　b 衣類　c 小麦

　エ　a 木材　b 小麦　c 衣類

(2) 右の「原油」と「液化天然ガス」の A・B にあてはまる国名を次から選び，記号で答えよ。

　ア　オーストラリア　　イ　サウジアラビア

　ウ　マレーシア　　　　エ　ブラジル

(3) 右の「集積回路」の取り扱い量は，成田国際空港，中部国際空港，関西国際空港が多い。その理由を簡潔に答えよ。

(2018年)　　（「日本国勢図会 2019/20 年版」より作成）

(1)		(2)	A	B	
(3)					

---

5 右の地図を見て，次の各問いに答えなさい。

〈3点×11〉

(1) 地図中の▲は，原子力発電所の分布を示している。東日本大震災発生前の2010年で，日本の全発電量のうち原子力発電が占めていた割合を次から選び，記号で答えよ。

　ア　約1割　　イ　約3割

　ウ　約5割　　エ　約7割

(2) 地図中の秋田県の大潟村では，かつて海岸の水面を堤防で仕切り，なかの水を排出して陸地にかえた。これを何というか。次から選び，記号で答えよ。

　ア　埋め立て　　イ　客土

　ウ　干拓　　　　エ　耕地整理

(3) 地図中の静岡県について，次の各問いに答えよ。

　① 静岡県が生産量全国一(2018年)の農作物を次から選び，記号で答えよ。

　　ア　茶　　イ　たばこ　　ウ　そば　　エ　い草

　② 右の図は，地図中の静岡県の海岸部に設置されている標識であり，地震が引きおこす自然災害から避難するための場所を示している。この自然災害の名を答えよ。

（総務省資料による）

(4) 地図中の愛媛県について，次の各問いに答えよ。

　① 愛媛県西部の海岸に見られる，奥行きのある湾と岬が連続する海岸の名を答えよ。

　② 愛媛県の沿岸部がふくまれる工業地域の名を答えよ。

　③ 四国地方には，愛媛県松山市のように，県名と県庁所在地名が異なる県がもう1つある。その県名と県庁所在地の都市名を答えよ。

(5) 地図中の宮崎県について，次の文は宮崎県の農業の特色について調べた内容の一部である。これを読んで，あとの各問いに答えよ。

　「宮崎県では，暖かい気候や温室・ビニールハウスなどの施設を利用した　a　がさかんです。この栽培は，右の資料のように，作物の出荷時期を[b]ことで，市場に出回る作物の量が[c]ときに出荷できるようにくふうしたものです。」

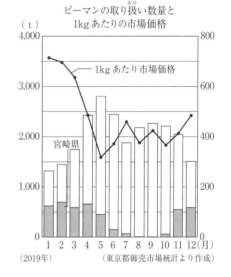

ピーマンの取り扱い数量と
1kgあたりの市場価格

（東京都御売市場統計より作成）

(2019年)

　① 　a　にあてはまる栽培方法の名を答えよ。

　② 空欄b・cにあてはまる語の正しい組み合わせを次から選び，記号で答えよ。

　　ア　b　遅らせる　　c　多い

　　イ　b　遅らせる　　c　少ない

　　ウ　b　早める　　　c　多い

　　エ　b　早める　　　c　少ない

　③ これと同じ農業がさかんな地域を地図中の**ア〜オ**から選び，記号で答えよ。

(1)		(2)		(3) ①		②		
(4) ①			②			③	県	市
(5) ①			②		③			

⑮九州地方

重要ポイント

① 九州地方の社会と自然

□ **位置と交通**…朝鮮半島に近く，福岡空港はアジア便が多い。福岡市は**地方中枢都市**で，鹿児島市まで九州新幹線で結ばれる。

□ **地形の特色**…①**多くの島々**…九州島，対馬，五島列島，南西諸島など。②**山地と火山**…北部に**筑紫山地**，中央に**九州山地**。**カルデラをもつ阿蘇山，雲仙岳**，霧島山，**桜島(御岳)**などの火山。③**平地と海**…北部に**筑紫平野**。筑後川が注ぐ**有明海に干潟**。南部に**宮崎平野**，**シラス台地**。
→円形の凹地　普賢岳が1991年に噴火←
→けわしい
→沿岸部は干拓地
→火山灰土

□ **温暖な気候**…冬も温暖。梅雨と台風の影響。**南西諸島は亜熱帯**の気候，**さんご礁**。

□ **防災の取り組み**…洪水→貯水施設。**ハザードマップ**の作成。土砂くずれ→砂防ダム。桜島では防災訓練，避難場所の設置。台風→石垣。沖縄の水不足→給水タンク。
→防災マップ
→大きな川がないから

▲九州地方の自然と産業

② 九州地方の産業と環境保全

□ **農業**…筑紫平野→九州一の**稲作**地帯。小麦との**二毛作**，いちごなどの園芸農業も。**八代平野→い草**。宮崎平野→きゅうりやピーマンなどの**促成栽培**。**シラス台地**→**畑作**。大規模な**畜産**。**黒豚**はブランド。**南西諸島→さとうきび**，パイナップル，マンゴー，花。
→たたみ表の材料
→さつまいも，大根，茶，飼料作物

□ **工業の変化**…筑豊炭田の石炭を燃料に**八幡製鉄所の鉄鋼**で，**北九州工業地帯(地域)**が成長。→**エネルギー革命**により地位が低下。→**IC(集積回路)**工場や**自動車**工場が進出。
1901年操業の旧官営製鉄所
→石炭から石油へ　空港，高速道路のインターチェンジ周辺←
→福岡県苅田町，宮若市

□ **沖縄のくらし**…沖縄島の約15％が**アメリカ軍基地**。基地関連産業，観光業。
→第3次産業がさかん

□ **環境対策**…四大公害病の**水俣病**が発生。北九州市は洞海湾で水質悪化。→水質浄化，**ゼロエミッション**，リサイクルの促進，「**もやい直し**」による環境改善。→環境モデル都市へ。
→化学工場から排出されたメチル(有機)水銀が原因
→廃棄物をゼロにする取り組み。エコタウン
→地域のきずなによる

▲沖縄の土地利用

市街地など
農用地
森林・公園など
アメリカ軍用地
(2019年)　(沖縄県資料などより作成)

那覇市

ポイント **一問一答**

① 九州地方の社会と自然

- □ (1) 福岡空港の国際線は[　　　]各地への便が多い。
- □ (2) [　　　]新幹線は，福岡市と鹿児島市を結ぶ。
- □ (3) 九州北部には，[　　　]山地が連なる。
- □ (4) 九州中部の[　　　]は，巨大なカルデラをもつ。
- □ (5) 筑後川などが注ぐ[　　　]では，古くから干拓が行われてきた。
- □ (6) 九州南部には，火山灰が積もった[　　　]が広がる。
- □ (7) 南西諸島は，[　　　]の気候に属する。
- □ (8) 鹿児島市では，[　　　]の噴火に備えて，防災訓練を行ったり，避難場所を設置したりしている。

② 九州地方の産業と環境保全

- □ (1) 九州一の稲作地帯が広がる平野は，どこか。
- □ (2) 野菜の促成栽培がさかんな九州地方の平野は，どこか。
- □ (3) 豚の飼育が最もさかんな県は，どこか。
- □ (4) 南西諸島では，古くから[　　　]とパイナップルの栽培がさかんである。
- □ (5) 北九州工業地帯は，官営の[　　　]から発展した。
- □ (6) [　　　]工場が多い九州地方は，「シリコンアイランド」とよばれることもある。
- □ (7) 福岡県苅田町や宮若市には，[　　　]工場が進出している。
- □ (8) 沖縄島の面積の約15%を占めているのは，何か。
- □ (9) 沖縄県では，第何次産業がさかんか。
- □ (10) 洞海湾の水質改善やリサイクルの促進で，環境モデル都市に認定された都市はどこか。

---

 ① (1) アジア　(2) 九州　(3) 筑紫　(4) 阿蘇山　(5) 有明海
(6) シラス台地　(7) 亜熱帯　(8) 桜島(御岳)
② (1) 筑紫平野　(2) 宮崎平野　(3) 鹿児島県　(4) さとうきび　(5) 八幡製鉄所
(6) ＩＣ(集積回路)　(7) 自動車　(8) アメリカ軍基地　(9) 第３次産業　(10) 北九州市

1 〈九州地方の自然〉

右の地図を見て，次の各問いに答えなさい。

(1) 地図中のa～hの地名をそれぞれ答えよ。

a [　　　　　　　平野]

b [　　　　　　　川]

c [　　　　　　　半島]

d [　　　　　　　(火山)]

e [　　　　　　　山地]

f [　　　　　　　平野]

g [　　　　　　　(火山)]

h [　　　　　　　島]

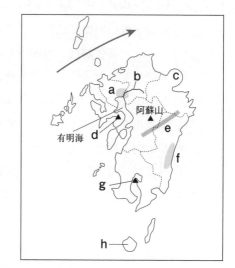

(2) 地図中の──→は，ある暖流の流れを示している。この暖流の名を答えよ。[　　　　　　　]

⚠ミス注意 (3) 地図中の「有明海」は遠浅で，引き潮になると泥と砂の湿地があらわれる。この湿地を何というか。次から選び，記号で答えよ。[　　　]

ア 砂州　　イ 干潟　　ウ 干拓地　　エ 三角州

重要 (4) 地図中の「阿蘇山」の周辺には，噴火によって形成された広大なくぼ地が広がっている。この地形を何というか。カタカナで答えよ。[　　　　　　　]

2 〈九州地方の自然災害〉

次の各問いに答えなさい。

重要 (1) 鹿児島県は，豪雨による土砂くずれの被害が多い。その理由をまとめた次の文中の空欄にあてはまる適切な語句を答えよ。

「水を通しやすい [　　　　　　　] とよばれる火山灰の台地が広がっているから。」

(2) 熊本県などの山間部には，多くの砂防ダムが建造されている。この目的を次から選び，記号で答えよ。[　　　]

ア 土砂をふくんだ水が落ちるエネルギーを使って，電気をおこすため。

イ 大雨で河川に流れこんだ水が周囲に一度にあふれださないよう，少しずつ下流に流すため。

ウ 雨による山くずれなどで出た土砂や木が下流に流れるのを防ぐため。

3 〈九州地方の農業〉

次のA～Dの文章と右の地図を見て，あとの各問いに答えなさい。

A　さつまいも，茶，飼料作物を栽培している。大規模な畜産もさかんで，人気の黒豚はブランド登録されている。

B　大型のビニールハウスや温室を使って，<u>きゅうりやピーマンなどの成長を早め，他の地域と時期をずらして出荷している</u>。

C　さとうきび，パイナップルに加え，最近はマンゴーや花の栽培が増えている。とくに菊の電照栽培がさかんになっている。

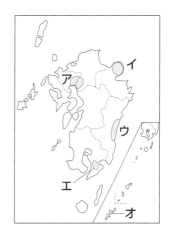

D　九州一の稲作地帯だが，[　　　]や果樹栽培もさかんで，いちごの「あまおう」は高級品として海外にも輸出されている。

重要 (1) A～Dの農業が行われている地域を地図中のア～オから選び，記号で答えよ。

A [　　　] B [　　　] C [　　　] D [　　　]

(2) Bの下線部のような栽培方法を何というか。　　　　　　　　　　[　　　　　　]

(3) Dの空欄にあてはまる，夏に米，冬に小麦など，年に同じ耕地で2種類の作物を栽培する農作の方法を漢字3字で答えよ。　　　　　　　　[　　　　　　]

4 〈九州地方の工業〉

次の文中の空欄にあてはまる語句を答えなさい。

北九州工業地帯（地域）は，①[　　　　　　　]市を中心とする工業地帯で，京浜，中京，阪神とともに四大工業地帯の1つといわれてきた。明治時代の1901年に操業を開始した官営の②[　　　　　　　]がそのはじまりで，③[　　　　　]炭田の石炭と中国から輸入した鉄鉱石をもとに，鉄鋼業で発達してきた。

しかし，1950～60年代の④[　　　　　　]革命によって石炭の生産が減少し，瀬戸内など新しい工業地域が成長したため，その地位は低下した。また，このころ，熊本県の沿岸部で⑤[　　　　　]が発生し，大きな社会問題になった。

1970年代からは，福岡県に⑥[　　　　　　]の組み立て工場が進出し，また，内陸部でも，空港周辺や高速道路沿いに，多くの⑦[　　　　　]工場が進出した。こうして，九州の工業は機械工業が中心になった。

💡**ヒント**

3 (1) h…縄文杉など豊かな自然が多く，世界自然遺産に登録されている。

2 (2) ダムにはさまざまな種類があるが，砂防ダムは水害の拡大を防ぐことが目的。

4 ④ 主要なエネルギー資源が，石炭から石油へかわったことをいう。

1 〈九州地方の自然とその利用〉
次の文章を読み，あとの各問いに答えなさい。

九州地方には，カルデラで有名な［ａ］，1991年の大爆発（ばくはつ）で火砕流（かさいりゅう）による被害（ひがい）を出した［ｂ］，大正時代（たいしょう）の噴火（ふんか）で大隅半島（おおすみ）と陸続きになった［ｃ］など，活動のさかんな火山が多くあります。火山は時として大きな災害（さいがい）を引きおこす反面，景観の美しさや温泉は重要な観光資源となっています。また，そのエネルギーは，［ｄ］にも利用されています。

差がつく (1) 空欄（らん）ａ〜ｃにあてはまる火山名を答えよ。

ａ［　　　　　］ ｂ［　　　　　］ ｃ［　　　　　］

(2) 別府温泉（べっぷ）や由布院温泉（ゆふいん）をはじめ，多くの温泉がある県名を答えよ。　　［　　　　　］

(3) 空欄ｄにあてはまる発電の種類を答えよ。　　［　　　　　］

2 〈九州地方の工業〉
右の地図を見て，次の各問いに答えなさい。

(1) 地図中の「北九州市（きたきゅうしゅう）」と「水俣市（みなまた）」は，国から［　　］に認定されている。［　　］にあてはまる語を次から選び，記号で答えよ。　　［　　　］

ア　学術文化研究都市　　イ　新産業都市
ウ　政令指定都市（せいれいしてい）　　エ　環境モデル都市（かんきょう）

(2) 地図中の「苅田町（かんだ）」と「宮若市（みやわか）」には，神奈川県や愛知県に本社がある工業製品の組み立て工場が進出している。この製品の名を答えよ。

［　　　　　］

(3) 地図中の●で示しているおもな「ＩＣ工場」について，次の問いに答えよ。

① ＩＣの材料となるものから名づけられた九州地方のよび名をカタカナで答えよ。

［　　　　　　　　　］

② 九州地方にＩＣ工場がたくさん進出している理由を次から２つ選び，記号で答えよ。

［　　　］［　　　］

ア　埋蔵量（まいぞうりょう）の多い炭田があるから。　　イ　安い労働力と土地が豊富だから。

ウ　近代的な港湾（こうわん）が多いから。　　エ　原料の鉱産資源（こうさん）が多いから。

オ　空港が整備されているから。

3 〈九州地方の都市〉
次の各問いに答えなさい。

(1) 福岡県福岡市について，次の問いに答えよ。

① 福岡市は九州地方の政治，経済，文化の中心である。このような役割をもつ都市を何というか。　　　　　[　　　　　　]

② 福岡市と九州新幹線で結ばれている南のターミナル駅がある都市名を答えよ。

[　　　　　　]

(2) 九州地方には，県名と県庁所在地の都市名が異なる県が1つある。その県名と都市名をそれぞれ答えよ。　　　　　[　　　県][　　　市]

(3) 次の①～④の都市名をあとのア～カから選び，記号で答えよ。

① 大浦天主堂，出島，平和公園など，観光名所が多い。造船業もさかん。[　　]
② 古くから絣の生産地として知られてきた。また，世界有数のタイヤ工場もある。[　　]
③ 大規模な干拓事業によって，広大な干潟が失われ，伝統的な漁業もおとろえた。[　　]
④ 山地のふもとで林業，木工業がさかん。バイオマス発電の施設もある。[　　]

ア　熊本市　イ　日田市　ウ　長崎市　エ　久留米市　オ　名護市　カ　諫早市

4 〈沖縄県の産業と防災〉
次の各問いに答えなさい。

(1) さとうきびやパイナップルに加え，近年，沖縄県で栽培が増えている農作物を次から2つ選び，記号で答えよ。　　　　　[　　][　　]

ア　大根　イ　マンゴー　ウ　メロン　エ　い草　オ　電照菊

(重要)(2) 右のグラフは，全国と沖縄県の産業別生産額の割合を示している。沖縄県で第3次産業の割合が高い理由を2つ答えよ。

[　　　　　　　　　　　]
[　　　　　　　　　　　]

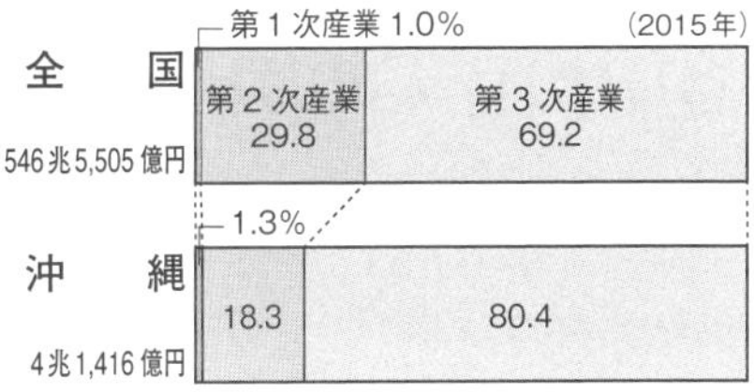

第1次産業 1.0%　(2015年)
全国
第2次産業 29.8　第3次産業 69.2
546兆5,505億円

-1.3%
沖縄
18.3　80.4
4兆1,416億円
(「データでみる県勢2020年版」より作成)

(3) 右の写真Ⅰ，Ⅱを見て，次の問いに答えよ。

① 写真Ⅰの石垣は，沖縄県の島々の周辺によく見られる[　　]からできている。この[　　]にあてはまる語句を答えよ。　　　　　[　　　　　]

(差がつく)② 写真Ⅰの石垣は，何のためにつくられているのか。簡潔に答えよ。

[　　　　　　　　　　]

写真Ⅰ

(差がつく)③ 写真Ⅱの家々は，何の災害に備えて，何を設置しているのか。簡潔に答えよ。

[　　　　　　　　　　]

写真Ⅱ

⑯中国・四国地方

重要ポイント

① 中国・四国地方の自然と社会

▲中国・四国地方の自然

□ **山陰**…中国山地の北側。北西の季節風の影響で冬は雪が多い。鳥取平野，出雲平野など。

□ **瀬戸内**…2つの山地にはさまれた瀬戸内海沿岸。└中国山地，四国山地 広島平野，岡山平野など。温暖で降水量が少ない。→**讃岐平野**はため池が多い。└香川県 └水不足に備える

□ **南四国**…四国山地の南側。**黒潮(日本海流)**の影響で，**温暖多雨**。南東の季節風と台風の影響を受ける。

□ **広島市**…三角州上に発展。→原子爆弾投下。└河川が運んだ土砂が堆積(たいせき) →戦後地方中枢都市，平和記念都市へ。

□ **過疎と対策**…山間地や離島で過疎化。**地域おこし**。→徳島県上勝町では，草花を「つまもの」として，高知県馬路村では，ゆずを販売。└町おこし，村おこし

▲季節風

② 中国・四国地方の産業と交通

□ **農業，水産業**…①農業…鳥取平野→日本なし。鳥取砂丘では，**かんがいで**，**らっきょう**，メロン，すいかを栽培。└スプリンクラー，防砂林 **岡山平野**→ぶどう，もも，稲作。**高知平野**→野菜の促成栽培。瀬戸内の島々→みかん。②水産業…広島湾で**かき**，宇和海で**まだい**，真珠の養殖。**下関市**→ふぐ，水産加工。**境港市**→沖合，沿岸漁業の拠点。└愛媛県 └鳥取県 └きょてん

□ **瀬戸内工業地域**…塩田のあと地など，臨海部に工場が進出。海上交通の便がよく，1960年代に鉄鋼業，石油化学工業などの重工業が発展。**倉敷，周南，岩国，新居浜**→石油化学コンビナート。広島市→自動車。**今治市**→タオル。└愛媛県

□ **観光業**…出雲大社，原爆ドーム，厳島神社，石見銀山，尾道，鞆の浦など。└島根県 └世界遺産 └広島県，港町

□ **交通網の整備**…①中国自動車道の開通…中国山地の山間部に，工業団地が進出。②**本州四国連絡橋**の開通…鉄道，高速バスなどで移動時間が短縮。大都市へ人が吸└3つのルート いよせられる**ストロー現象**がおこる。→地方経済が衰退。フェリー便の減少，廃止。

ポイント 一問一答

① 中国・四国地方の自然と社会

☐ (1) 山陰地方は，北西の[　　　　]の影響で，冬に雪が多い。

☐ (2) 瀬戸内地方は，1年を通して，温暖で降水量が[　　　　]。

☐ (3) 讃岐平野には，[　　　　]がたくさんつくられている。

☐ (4) 高知平野は，沖合を流れる[　　　　]の影響で，1年を通して，温暖で降水量が多い。

☐ (5) 広島市は土砂が積もってできた[　　　　]の上に発展した。

☐ (6) 広島市には，歴史上初めて[　　　　]が投下された。

☐ (7) 中国・四国地方の山間地や離島は，[　　　　]が深刻な問題になっている。

☐ (8) 徳島県上勝町は「つまもの」，高知県馬路村はゆずの栽培で，それぞれ[　　　　]を
すすめている。

② 中国・四国地方の産業と交通

☐ (1) かんがいによって，らっきょう，メロンなどが栽培されるようになった中国地方
の砂丘は，どこか。

☐ (2) 高知平野では，時期を早めて野菜をつくっているが，これを何というか。

☐ (3) 愛媛県の山の斜面で栽培がさかんな果物は，何か。

☐ (4) 広島湾でさかんに養殖されている魚介類は，何か。

☐ (5) 倉敷，周南などには，[　　　　]が形成されている。

☐ (6) 広島市では，[　　　　]工業がさかんである。

☐ (7) 島根県の[　　　　]のあと地は世界遺産に登録されている。

☐ (8) 中国自動車道の開通によって，山間部に[　　　　]や流通センターが進出した。

☐ (9) 本州四国連絡橋の開通によって，大都市へ人が吸いよせられる[　　　　]現象がお
こった。

答
① (1) 季節風　(2) 少ない　(3) ため池　(4) 黒潮(日本海流)　(5) 三角州
(6) 原子爆弾　(7) 過疎(化)　(8) 地域おこし(町おこし，村おこし)
② (1) 鳥取砂丘　(2) 促成栽培　(3) みかん　(4) かき　(5) 石油化学コンビナート
(6) 自動車　(7) 石見銀山　(8) 工業団地　(9) ストロー

▶答え　別冊p.24

1 〈中国・四国地方の自然〉
右の地図を見て，次の各問いに答えなさい。

(1) 地図中の**a〜g**の地名をそれぞれ答えよ。

a [　　　　　　平野]

b [　　　　　　山地]

c [　　　　　　平野]

d [　　　　　　山地]

e [　　　　　　川]

f [　　　　　　川]

g [　　　　　　平野]

重要 (2) 地図中の──▶で示した暖流の名を答えよ。

[　　　　　　　]

重要 (3) 地図中**A〜C**の都市の雨温図を右
から1つずつ選び，記号で答えよ。

A [　　] B [　　]
C [　　]

(4) 地図中の「広島平野」は，三角州
の上に発達した平野である。三角
州は，どのようにして形成された
のか。次の空欄に適切な語句を書け。

「①[　　　　　　　]が運んできた②[　　　　　　　]が，河口付近に積もって形
成された。」

ア　年平均気温 17.0℃　年降水量 2,547.5mm

イ　年平均気温 14.9℃　年降水量 1,914.0mm

ウ　年平均気温 8.9℃　年降水量 1,106.5mm

エ　年平均気温 16.3℃　年降水量 1,082.3mm

（「理科年表2020」より作成）

2 〈平和記念都市・広島〉
右の写真を見て，次の各問いに答えなさい。

重要 (1) この写真は，広島市の平和記念公園にある建物である。
この建物の名称を答えよ。　　　　[　　　　　　　]

(2) この写真の建物は，世界文化遺産に登録されている。こ
れ以外の中国地方の世界文化遺産の登録地を次から2つ
選び，記号で答えよ。　　　　[　　] [　　]

ア　厳島神社　　　イ　出雲大社　　　ウ　石見銀山

エ　岡山城　　　オ　秋芳洞

3 〈さまざまな過疎対策〉
次の文中の空欄にあてはまる語句をあとの語群から選び，答えなさい。

　　中国地方の山間地と離島（りとう）では，①[　　　　　　　　]化が進行しており，農村では作物の栽培（さいばい）が行われていない②[　　　　　　　　]が拡大している。これに対して，徳島県の上勝町（かみかつ）では，自然の草花を「③[　　　　　　　　]」として販売（はんばい）し，大きな注目を集めている。また，高知県の馬路村（うまじ）では，④[　　　　　　　　]を使ってゆずを販売し，大きな利益を上げている。このような動きを⑤[　　　　　　　　]という。

　　また，公共交通の廃止（はいし）も深刻（しんこく）で，[①]地のなかには，地方自治体と民間企業との共同出資で⑥[　　　　　　　　]を設立し，鉄道やバスを走らせているところもある。

〔語群〕　過密　　過疎　　休耕田（きゅうこうでん）　　耕作放棄地（ほうきち）　　つまもの　　ジュース　　カタログ
　　　　　インターネット　　もやい直し　　地域おこし　　財団法人（ざいだんほうじん）　　第三セクター

4 〈中国・四国地方の産業〉
右の地図を見て，次の各問いに答えなさい。

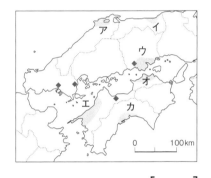

重要(1) 次の各文の地域を地図中の**ア〜カ**から選び，記号で答えよ。

　①　この地域では，日当たりのよい山の斜面（しゃめん）を利用して，みかんの栽培がさかんである。

　　　　　　　　　　　　　　　　　　　　[　　　]

　②　この地域に広がる砂丘（さきゅう）では，かんがいで，らっきょう，メロンなどが栽培されるようになった。　　　　　　　[　　　]

　③　この地域の平野では，ビニールハウスや温室を使って，なす，きゅうり，ピーマンなどの夏野菜の促成栽培（そくせい）がさかんである。　　　　[　　　]

　④　この地域は雨が少ないため，古くからため池をつくって干害（かんがい）に備えてきた。

　　　　　　　　　　　　　　　　　　　　　　　　　　　[　　　]

(2) 地図中の◆について，次の各問いに答えよ。

　①　地図中の◆の都市には，石油精製（せいせい）工場を中心に，さまざまな化学工場が[a]で結びついた石油化学[b]が発達している。このa・bにあてはまる語句を，それぞれカタカナで答えよ。　　　　a [　　　　　] b [　　　　　]

　②　地図中の◆の都市をふくむ工業地域の名を答えよ。　　[　　　　　　　]

💡**ヒント**

1 (3) A…日本海側の鳥取市，B…瀬戸内地方（せとうち）の高松市（たかまつ），C…太平洋側の高知市。

2 (1) 1945年8月6日，歴史上初めての原子爆弾（げんしばくだん）投下によって，鉄骨がむきだしになった建物。広島市は平和記念都市（国際平和都市）として，平和の大切さを世界にアピールしている。

4 (1) ①愛媛県や瀬戸内の島々，②鳥取砂丘，③高知平野，④讃岐平野（さぬき）。

1 〈瀬戸内の自然と都市〉
右の香川県丸亀市の地形図を見て，次の各問いに答えなさい。

(1) 丸亀市には，大きな川がなく，年間を通して降水量が
少ない。この市で，水不足に備えて，多くつくられた
ものは何か。右の地形図を参考に答えよ。

[　　　　　　　　]

●重要 (2) 丸亀市がある瀬戸内地域が年間を通して降水量が少な
い理由を，「季節風」という語句を使って答えよ。

[　　　　　　　　　　　　　　　　　　　]

（国土地理院発行2万5千分の1地形図による）

(3) 丸亀市がある香川県は，県名と県庁所在地の都市名
（高松市）が異なる。四国地方には，もう1つ，県名と
県庁所在地の都市名が異なる県がある。その県名と都市名をそれぞれ答えよ。

[　　　　　　県] [　　　　　　市]

(4) 丸亀市の沿岸部には，1960年代から，化学工場や機械工場が進出している。工場の多くは，
ある場所のあと地に建てられた。何のあと地か，次から1つ選び，記号で答えよ。　[　　　]

ア　水田　　　イ　炭田　　　ウ　油田　　　エ　塩田

2 〈中国・四国地方の農業〉
次の文章を読み，あとの各問いに答えなさい。

> 　中国・四国地方では，さまざまな農業が行われている。日本海側の鳥取砂丘では，砂の移
> 動をくい止める防砂林をつくったり，水を散布する[a]を設置して，作物の育つ土地に変
> えてきた。こうした技術は，[b]が進行している海外でも活用されている。
> 　瀬戸内地方では，c みかんの栽培がさかんである。しかし，外国産オレンジとの競争が激
> しく，利益が出なくなっている。太平洋側の高知平野では，d 温暖な気候を利用して，e 稲
> 作が行われていたが，現在は，f なす，きゅうり，ピーマンなどの野菜の栽培がさかんである。

(1) 空欄aにあてはまるかんがい設備をカタカナ7字で答えよ。　　　[　　　　　　　]

差がつく (2) 空欄bには，中国内陸部やアフリカ北部などで深刻になっている環境問題があてはまる。こ
の環境問題の名称を答えよ。　　　　　　　　　　　　　　[　　　　　　　]

(3) 下線部c「みかんの栽培」がさかんな場所を次から選び，記号で答えよ。　　[　　　]

ア　沿岸部の平野　　　イ　山の南斜面
ウ　高地の平原　　　　エ　盆地の扇状地

（4）下線部d「温暖な気候」とあるが，高知平野が温暖な理由を，「沖合（おきあい）」という語句を使って，簡潔に答えよ。

[   ]

（5）下線部e「稲作」とあるが，高知平野では，かつて1年に米を2回栽培していた。このような農作を，何というか。　　　　　　　　[   ]

（6）下線部f「なす」とあるが，右のグラフは，東京都中央卸売（おろしうり）市場における，2019年の高知県産とその他の都道府県産なすの入荷量（にゅうか）の変化を，月別に示したものである。このグラフから読みとれる，高知県のなすの出荷（しゅっか）の特徴（とくちょう）について，「促成栽培（そくせい）」という語句を使って書け。

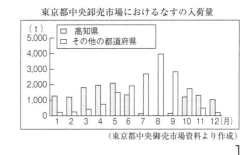

東京都中央卸売市場におけるなすの入荷量

（東京都中央御売市場資料より作成）

[

3 〈本州四国連絡橋（ほんしゅう し こくれんらくきょう）と人口問題〉
右の地図を見て，次の各問いに答えなさい。

（1）地図中の本州四国連絡橋の3つのルートにあてはまるa〜cの都市名を次から選び，記号で答えよ。

a [   ] b [   ] c [   ]

ア　下関市（しものせき）　　イ　尾道市（おのみち）
ウ　土佐市（とさ）　　　　　エ　鳴門市（なると）
オ　坂出市（さかいで）

（2019年）

今治市（いまばり）

■ 人口30万人以上
□ 人口10〜30万人未満
□ 人口1〜10万人未満
■ 人口1万人未満

0　　50km

（「データでみる県勢2020年版」より作成）

（2）地図中の「今治市（いまばり）」の代表的な工業製品を次から選び，記号で答えよ。[   ]

ア　タオル　　　　　　　イ　眼鏡（めがね）フレーム
ウ　液晶（えきしょう）テレビ　　　エ　学生服

（3）本州四国連絡橋の開通は，地域にどのような変化をもたらしたか。適切なものを次から2つ選び，記号で答えよ。　　　　　　　　　[   ] [   ]

ア　四国地方から，近畿（きんき）地方の大都市に買い物や観光で出かける人が増えた。
イ　中国地方や近畿地方の農産物が，四国地方にたくさん出荷されるようになった。
ウ　バスや自動車を利用する人が減り，交通渋滞（じゅうたい）や騒音（そうおん）・振動（しんどう）などの公害が減った。
エ　瀬戸内海（せとないかい）を走るフェリー便が減少して，一部の地域では移動が不便になった。
オ　四国地方の都市の古い商店街がにぎわいを取りもどし，商業が活発になった。

（4）地図中の市町村別人口を見て，中国・四国地方の人口分布の特徴を答えよ。

[   ]

⑰ 近畿地方

重要ポイント

① 近畿地方の自然と環境保全

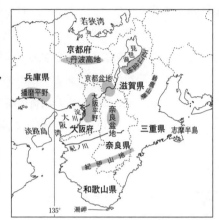
▲近畿地方の自然

□ **歴史**…古代から日本の政治の中心。奈良に**平城京**（奈良時代），京都に**平安京**（平安時代）がおかれた。江戸時代には，大阪が「**天下の台所**」とよばれ商業の中心。

□ **自然の特色**…①北部…高地が広がる。**若狭湾**（丹波高地）に**リアス海岸**。冬に雪が多い。②中部…京都**盆地**，奈良盆地，**琵琶湖**，大阪平野。③南部…**黒潮**（日本海流）と季節風の影響で温暖，**多雨地帯**。

□ **自然災害**…大被害を出した**阪神・淡路大震災**。（1995年，兵庫県南部地震）

□ **環境保全**…①琵琶湖…**富栄養化**がすすむ。（工場廃水，生活排水が原因）→**赤潮，アオコ**の発生。（プランクトンの異常発生）→工場廃水の制限，**りんをふくむ合成洗剤**の使用禁止。**ラムサール条約**に登録。（特に水鳥の生息地として国際的に重要な湿地に関する条約）②**古都の町並み**…京都の歴史的な景観や町並み，**町家**などを保存。→「**京都市新景観条例**」の制定。

② 近畿地方の産業と都市

□ **農林水産業**…大都市周辺→**近郊農業**。九条ねぎ，賀茂なすなどの**京野菜**。和歌山県→**みかん，梅，柿**の栽培。紀伊山地→吉野すぎ，尾鷲ひのきの**林業**。志摩半島→（英虞（あご）湾）**真珠の養殖**。

			食料品	せんい	
1960年 3.2兆円	金属 26.6%	機械 26.7	化学 9.1	9.8	12.0	その他 15.8
2016年 31.4兆円	20.0%	36.2	17.2	11.6	13.6

1.4
（「日本国勢図会 2019/20年版」より作成）
▲阪神工業地帯の工業生産の変化

□ **阪神工業地帯**…戦前から繊維，金属工業で成長。→戦後，地盤沈下，大気汚染，アジアとの競争で低迷。西に**播磨工業地域**（姫路市（鉄鋼，電気機械）が中心），南に**堺・泉北臨海工業地域**が拡大。→湾岸の埋め立て地に，**液晶パネル，太陽電池**などの工場。（「パネルベイ」「グリーンベイ」とよばれた）

□ **小規模な工業**…東大阪市→**人工衛星**（「まいど1号」）をつくるほどの高い技術をもつ**中小工場**が多い。泉州→**タオル，毛布**（大阪府南西部）。堺市→**刃物，自転車**。京都市→**伝統的工芸品**（西陣織，京友禅，京焼・清水焼）。

□ **大阪の商業**…**卸売業**が発展。東京への一極集中がすすみ，大阪の地位は低下。

□ **大阪大都市圏**…京阪神に人口が集中，私鉄の路線が充実。郊外に**千里・泉北・西神**などの**ニュータウン**（住宅団地）。在日韓国・朝鮮人の町（大阪市生野（いくの）区），神戸の中華街など国際色豊か。

テストでは **ココ**が ねらわれる

●琵琶湖の水質改善に向けてのさまざまな取り組みをおさえておく。
●ベイエリア(湾岸地域)を中心とする阪神工業地帯の特徴と変化をおさえておく。
●特色がある3つの都市(京都，大阪，神戸)の歴史と産業を整理しておく。

ポイント 一問一答

① 近畿地方の自然と環境保全

☐ (1) 江戸時代，大阪は「天下の[　　　]」とよばれた。

☐ (2) 若狭湾と志摩半島には，[　　　]海岸が続いている。

☐ (3) 近畿地方の北部は，[　　　]の季節風の影響で，冬に雪が多い。

☐ (4) 近畿地方の中部は，山に囲まれた京都盆地，[　　　]盆地，大阪平野が広がる。

☐ (5) 紀伊半島の南部は，日本有数の[　　　]地帯である。

☐ (6) 1995年，多くの犠牲者を出した地震は，何か。

☐ (7) 水質改善がすすめられている日本最大の湖は，何か。

☐ (8) かつて平安京がおかれ，歴史的な景観と町並みを保存する条例を制定した国際観光都市は，どこか。

② 近畿地方の産業と都市

☐ (1) 大都市の周辺で行われる農業を，何というか。

☐ (2) みかん，梅の生産量が全国一(2018年)の県は，どこか。

☐ (3) 真珠の養殖がさかんな近畿地方の半島は，どこか。

☐ (4) 戦前から，大阪湾を中心に発展した工業地帯は，何か。

☐ (5) (4)の工業地帯の南部湾岸に拡大した工業地域は，何か。

☐ (6) 人工衛星をつくるなど，高い技術をもつ中小工場が多い近畿地方の都市は，どこか。

☐ (7) 刃物や自転車の製造がさかんな都市は，どこか。

☐ (8) これまで大阪の商業は，生産者から商品を仕入れて小売店に売る[　　　]で発展してきた。

☐ (9) 大阪大都市圏は，[　　　]の沿線に拡大してきた。

☐ (10) 大阪市や神戸市の郊外には，千里・泉北・西神などの大規模な[　　　]が形成されている。

答

① (1) 台所　(2) リアス　(3) 北西　(4) 奈良　(5) 多雨(豪雨)
　(6) 阪神・淡路大震災(兵庫県南部地震)　(7) 琵琶湖　(8) 京都市
② (1) 近郊農業　(2) 和歌山県　(3) 志摩半島　(4) 阪神工業地帯　(5) 堺・泉北臨海工業地域
　(6) 東大阪市　(7) 堺市　(8) 卸売業　(9) 私鉄(鉄道)　(10) ニュータウン

1 〈近畿地方の自然〉
右の地図を見て，次の各問いに答えなさい。

(1) 地図中のa～hの地名をそれぞれ答えよ。

a [　　　　　湾]
b [　　　　　湖]
c [　　　　盆地]
d [　　　　盆地]
e [　　　　　川]
f [　　　　平野]
g [　　　　半島]
h [　　　　山地]

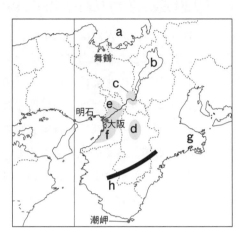

重要 (2) 地図中のaとgには，海岸線が複雑に入り組んだ地形が見られる。この地形を何というか。　[　　　　　　　]

(3) 地図中の──線は，経度を示している。この経度を答えよ。　[　　　　　　　]

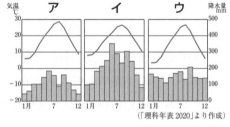

（「理科年表2020」より作成）

(4) 右の雨温図は，地図中の「舞鶴」「大阪」「潮岬」のいずれかを示している。「潮岬」の雨温図をア～ウから選び，記号で答えよ。
　　　　　　　　　　　　　　　　　　[　　　　]

2 〈琵琶湖と京都の環境保全〉
次の文中の空欄にあてはまる語句をあとの語群から選び，答えなさい。

重要 (1) 琵琶湖は「近畿の水がめ」とよばれ，近畿地方の約①[　　　　　　　]万人の人々に，生活用水，工業用水を供給している。しかし，1970年代以降，周辺に工場や住宅が進出したため，湖水の②[　　　　　　　]がすすみ，③[　　　　　　　]やアオコがたびたび発生するようになった。これに対して，滋賀県では，下水処理場を建設し，さらに④[　　　　　　　]をふくむ合成洗剤の使用を禁じる条例を制定した。また，⑤[　　　　　　　]の群落を復元させ，県全体で水質改善につとめた。その結果，1993年には，⑥[　　　　　　]条約にも登録されるようになった。

〔語群〕　600　　1,400　　温暖化　　富栄養化　　ヘドロ　　赤潮
　　　　　りん　　天然油脂　　ヨシ　　スギ　　ワシントン　　ラムサール

(2) 京都市は，8世紀の終わりに①[　　　　　　　]がおかれて以来，長い間，日本の政治，文化の中心であった。碁盤の目のように区切られた②[　　　　　　　]の町並みが，その当時のおもかげを残している。京都市には，歴史的価値が高い寺社や文化財が多く，奈良市の寺社，文化財とともに，その多くが③[　　　　　　　]に登録されている。また，歴史的な町並みや，伝統的な住居の④[　　　　　　　]も数多く残っており，京都市では，これらを保存するため，建物の高さ，デザイン，広告物などを規制する「京都市⑤[　　　　　　　]条例」を定めている。

〔語群〕　平城京　　平安京　　条坊制　　条里制　　世界文化遺産

　　　　　レッドリスト　　長屋　　町家　　新景観　　公害防止

---

3 〈近畿地方の産業〉

次の各問いに答えなさい。

●重要 (1) 次の都市の代表的な工業製品をあとのア～オから選び，記号で答えよ。

① 京都市 [　　　]　　② 堺市 [　　　]　　③ 東大阪市 [　　　]

④ 泉南市 [　　　]　　⑤ 姫路市 [　　　]

　　ア　タオル，毛布　　　イ　金物，機械部品　　　ウ　織物，ハイテク機器

　　エ　鉄鋼，電気機械　　オ　刃物，自転車

⚠ミス注意 (2) 右のグラフは，阪神工業地帯の変化を示している。a～cの工業の正しい組み合わせを次から選び，記号で答えよ。

	食料品		c	
1960年 3.2兆円	a 26.6%	b 26.7	化学 9.1　9.8　12.0	その他 15.8
2016年 31.4兆円	20.0%	36.2	17.2　11.6	13.6 └1.4

（「日本国勢図会 2019/20年版」より作成）

　　ア　a 機械　b 金属　c 繊維　[　　　]

　　イ　a 機械　b 繊維　c 金属

　　ウ　a 金属　b 機械　c 繊維

　　エ　a 金属　b 繊維　c 機械

(3) 和歌山県が生産量全国1位(2018年)の果実を次から3つ選び，記号で答えよ。

　　　　　　　　　　　　　　　　　　　　[　　　][　　　][　　　]

　　ア　梅　　　　イ　もも　　　ウ　みかん　　　エ　なし

　　オ　りんご　　カ　びわ　　　キ　柿　　　　　ク　くり

(4) 三重県の志摩半島にある英虞湾で，御木本幸吉が世界で初めて養殖に成功した貝がある。この貝から生成される，宝石を何というか。　[　　　　　　　]

💡ヒント

1 (3) 兵庫県の明石市を通っていることに注目する。日本の標準時子午線である。

2 (1) ⑥イランの都市名にちなむ。「国際湿地条約」「水鳥湿地保全条約」などともいう。

(2) ②条坊制と条里制のちがいに注意。条坊制は都市の区画，条里制は耕地の区画である。

3 (2) 戦前は繊維，戦中から戦後は金属，近年は機械，化学工業が成長した。

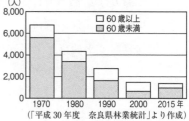
資料　奈良県の林業労働者数の変化

（人）

標準問題

▶答え　別冊p.25

1 〈奈良県と紀伊山地〉

けいこさんは，奈良県の林業について調べた。その資料とメモを見て，次の各問いに答えなさい。

(1) メモの空欄**a**にあてはまる内容を簡潔に答えよ。

[　　　　　　　　　　　　　　　　]

⚠️ミス注意 (2) メモの空欄**b**にあてはまる文章を次から選び，記号で答えよ。　　　　　　　　　　　　[　　]

ア　木材の国内での需要が減った

イ　森林を保護する動きが高まった

ウ　安い外国木材の輸入が増えた

(3) けいこさんがさらに調査をすすめると，奈良県の南部の紀伊山地は，古くから信仰の対象になっており，参詣道は世界遺産にも登録されていることがわかった。この参詣道を何というか次から選び，記号で答えよ。

[　　　　　　　]

ア　三国街道　　イ　伊勢街道　　ウ　中山道　　エ　熊野古道

メモ

　奈良県では，1970年から2000年の間に林業労働者数が約4分の1に減少し，[　a　]が増加していることがわかる。1970年代以降，[　b　]結果，奈良県でも林業で生計をたてるのが難しくなり，林業が衰退して人口が減少している地域がある。

2 〈兵庫県の産業と社会〉

次の各問いに答えなさい。

(1) 右のグラフは，兵庫県のズワイガニの漁獲量の変化を示している。漁獲量が大きく減少したあとに，増加し始めたのはなぜか。その理由を次から選び，記号で答えよ。　　　[　　]

ア　漁獲するカニの大きさや量，漁獲する時期を制限したから。

イ　排他的経済水域の設定で，外国船が漁獲できなくなったから。

ウ　魚群探知機を使い，大量に漁獲できるようになったから。

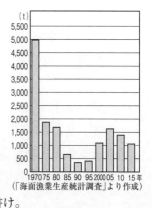
（「海面漁業生産統計調査」より作成）

(2) 兵庫県では，淡路島などで近郊農業が行われている。近郊農業とはどのような農業か。「都市」「出荷」の2語を使って，簡潔に書け。

[　　　　　　　　　　　　　　　　　　　　　　　　　　　　]

🏠がっく (3) 県庁所在地の神戸市は，1970年代以降，西神ニュータウンやポートアイランドをつくった。その理由を，「土地」「人口」の2語を使って，簡潔に書け。

[　　　　　　　　　　　　　　　　　　　　　　　　　　　　]

3 〈近畿地方の自然，産業，社会〉
　　右の地図を見て，次の各問いに答えなさい。

(1) 地図中の**a〜d**の府県について，次の問いに答えよ。

ミス注意 ① 右下の**資料**は，**a〜d**の府県の産業と府県庁所在地人
　　口についてまとめたものである。**a**と**d**の県にあては
　　まるものを**資料**中の**ア〜エ**から選び，記号で答えよ。

　　　　　　　　　　a [　　　] d [　　　]

② 地図中**b**の府で栽培されている伝統野菜を次から2つ
　　選び，記号で答えよ。　　　　　[　　　][　　　]
　　ア 天王寺かぶら　**イ** 賀茂なす　　**ウ** 毛馬きゅうり
　　エ 九条ねぎ　　　**オ** 下仁田ねぎ

重要 ③ 地図中**c**の府の沿岸部には，ある製品の工
　　場が進出しており，「パネルベイ」などとよ
　　ばれる。何の生産工場か。次から2つ選び，
　　記号で答えよ。　　　　　[　　　][　　　]
　　ア ハイブリッドカー
　　イ 宇宙ステーション
　　ウ 液晶ディスプレイ
　　エ 太陽電池
　　オ ファインセラミックス

資料　a〜dの産業と府県庁所在地人口

	農業生産額（十億円）（2017年）	工業出荷額（十億円）（2017年）	小売販売額（十億円）（2015年）	府県庁所在地人口（千人）（2019年1月1日）
ア	74	5,822	2,976	1,413
イ	36	17,349	10,325	2,714
ウ	163	15,799	5,726	1,538
エ	43	2,118	1,248	357

（「データでみる県勢2020年版」などより作成）

④ 地図中の**b，c，d**の府県にまたがる丘陵地帯を開き，1990年代に建設されたものを，次
　　から選び，記号で答えよ。　　　　　　　　　　　　　　　　　　　　　[　　　]
　　ア 関西文化学術研究都市　　　**イ** アジア・太平洋トレードセンター
　　ウ 関西国際空港　　　　　　　**エ** 泉北ニュータウン

(2) 地図中の**X〜Z**の県について，次の問いに答えよ。

差がつく ① 地図中の**X**の県の面積の約6分の1を占める湖は，人口の増加とともに水質汚濁がすすみ，
　　アオコや赤潮が発生するようになった。人口の増加とともに水質汚濁がすすんだ理由を書け。
　　[　　　　　　　　　　　　　　　　　　　　　　　　　　　　　　　　　　　　　　]

② 地図中の**Y**の県は，北部が中部地方の隣県と関係が深いことから，中部地方のいくつかの
　　県とあわせて区分されることがある。その地域区分を次から選び，記号で答えよ。[　　　]
　　ア 北陸　　　**イ** 山陽　　　**ウ** 甲信越　　　**エ** 東海

③ 地図中の**X**と**Y**の県の県庁所在地の都市は，どちらも港町として発展した。それぞれの都
　　市名を答えよ。　　　　　　　　　　　X [　　　　　　　] Y [　　　　　　　]

重要 ④ 地図中の**Z**の県の南の沿岸部は，日本有数の多雨地帯である。その理由をまとめた次の文
　　中の空欄にあてはまる適切な語句を答えよ（ただし，⑩は方位）。
　　　　「南の沖合に⑥ [　　　　　　　] が流れ，⑩ [　　　　　　　] からの季節風の影響を受
　　けやすいから。」

⑱中部地方

重要ポイント

① 中部地方の自然と都市

□ **北陸**…**日本海側の気候**。北西の季節風の影響で，世
界有数の**豪雪地帯**。**信濃川**，**神通川**など。
↳日本最長の川 ↳イタイイタイ病

□ **中央高地**…**内陸性の気候**。**日本アルプス**が連なり，
↳寒冷 ↳飛驒，木曽，赤石山脈
火山も多い。**盆地に都市**を形成。
↳富士山，浅間山など

□ **東海**…温暖な**太平洋側の気候**。夏に雨が多い。濃尾
平野に**輪中地帯**。**木曽川**，**天竜川**など。
↳堤防で囲んだ集落

□ **世界との窓口**…①**名古屋大都市圏**…名古屋市を中
心に人口が集中。**名古屋港**，**中部国際空港**。②**環日本海経済圏構想**…新潟市を中心
↳自動車の輸出 ↳伊勢湾の人工島 ↳政令指定都市
に北陸4県などが，ロシア連邦，中国，韓国と交流。
↳れんぽう

▲中部地方の自然

② 中部地方の産業

□ **農業と水産業**…①**北陸**…米の単作地帯で，
↳はやまい
早場米の産地。品種改良で**銘柄米**を栽培。
↳ブランド米

②**中央高地**…高原野菜の**抑制栽培**。扇状
↳キャベツ，レタス
地で果実栽培。長野県→**りんご**。山梨県
→**ぶどう，もも**。③**東海**…渥美半島→**温室メロン**，**電照菊**。**牧ノ原**，**三方原**→**茶**。
↳甲府盆地 ↳施設園芸農業 ↳静岡県
焼津→**まぐろ，かつお**を水揚げ。
↳静岡県

(2018年)　　(「データでみる県勢2020年版」より作成)

▲茶の収穫(左)と輸送用機械の出荷額(右)

□ **中京工業地帯**…**全国一の出荷額**。豊田市の自動車。**四日市市**→**石油化学コンビナー**
ト。**東海市**→製鉄。**瀬戸市**，多治見市→**陶磁器**，**ファインセラミックス**。
↳ニューセラミックス

□ **さまざまな工業**…①**北陸**…**地場産業**が発達。**小千谷ちぢみ**，**加賀友禅**，**輪島塗**。**燕**
↳石川県 ↳新潟県
市の洋食器，**高岡市の銅器**，**鯖江市の眼鏡フレーム**など。北陸工業地域ではアルミ
↳富山県 ↳福井県
ニウムと化学工業。**若狭湾岸**に**原子力発電所**が集中。②**中央高地**…戦前は**諏訪盆地**
↳「原発銀座」 ↳長野県
で**製糸工業**。→戦後，**精密機械工業**。→近年，電気機械工業。③**東海**…静岡県の沿
↳時計，カメラ
岸部に**東海工業地域**を形成。**浜松市**→**オートバイ，楽器**。**富士市**→**パルプ・製紙工**
↳はままつ ↳ふじ
業。

ポイント 一問一答

① 中部地方の自然と都市

- □ (1) 中部地方の３地方のうち，[　　　　]地方は世界有数の豪雪地帯である。
- □ (2) 越後平野には，日本で最も長い[　　　　]が流れる。
- □ (3) 飛騨，木曽，赤石の山脈をあわせて，[　　　　]という。
- □ (4) 山梨県と静岡県の県境には，日本一高い山である[　　　　]がそびえる。
- □ (5) 木曽川，揖斐川，長良川はすべて[　　　　]湾に注ぐ。
- □ (6) 濃尾平野の北西部(岐阜県南部)には，(5)の３つの川に囲まれた[　　　　]地帯が見られる。
- □ (7) 東京大都市圏，大阪大都市圏に続く大都市圏は，何か。

② 中部地方の産業

- □ (1) 北陸地方では，[　　　　]によって，銘柄米を開発している。
- □ (2) 中央高地では，キャベツ，レタスなどの[　　　　]栽培がさかんである。
- □ (3) 山梨県が全国一の生産量をほこる果実は，次のどれか。２つ選べ。

  〔　ぶどう　　なし　　りんご　　もも　〕
- □ (4) 牧ノ原，三方原では，[　　　　]の栽培がさかんである。
- □ (5) 中部地方にある，出荷額全国一の工業地帯は，何か。
- □ (6) (5)の中心で，自動車工業のさかんな都市は，どこか。
- □ (7) 四日市市の湾岸部には，何が形成されているか。
- □ (8) 石川県輪島市の代表的な伝統的工芸品は，何か。
- □ (9) 福井県の若狭湾岸に集中して立地している施設は，何か。
- □ (10) 静岡県の沿岸部に形成されている工業地域は，何か。
- □ (11) オートバイ，楽器の生産がさかんな都市は，どこか。

答

① (1) 北陸　(2) 信濃川　(3) 日本アルプス(日本の屋根)　(4) 富士山
(5) 伊勢　(6) 輪中　(7) 名古屋大都市圏

② (1) 品種改良　(2) 抑制　(3) ぶどう，もも　(4) 茶　(5) 中京工業地帯　(6) 豊田市
(7) 石油化学コンビナート　(8) 漆器(輪島塗)　(9) 原子力発電所　(10) 東海工業地域　(11) 浜松市

基礎問題

▶答え　別冊p.26

1 〈中部地方の自然〉

右の地図を見て，次の各問いに答えなさい。

(1) 地図中の a ～ k の地名をそれぞれ答えよ。

a [　　平野] b [　　　川]

c [　　半島] d [　　　湖]

e [　盆地] f [　　山脈]

g [　　山脈] h [　　山脈]

i [　　平野] j [　　湾]

k [　　　山]

●重要 (2) 地図中の f ～ h の山脈は，あわせて何とよばれるか。　[　　　　　　　　]

⚠ミス注意 (3) 地図中 A ～ C の都市をふくむ気候区の名を答えよ。また，それぞれの都市の雨温図を右のア～エから選び，記号で答えよ。

A [　　　　][　　]

B [　　　　][　　]

C [　　　　][　　]

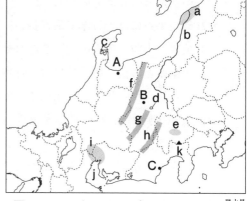

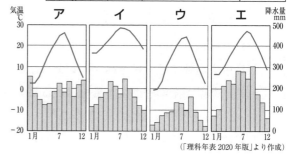

（「理科年表 2020 年版」より作成）

(4) 地図中の i の平野の西部には，3 つの川の洪水から集落を守るため，堤防で囲まれている地帯がある。この地帯を何というか。　[　　　　　　　　]

2 〈中部地方の都市〉

次の文中の空欄にあてはまる語句をあとの語群から選び，答えなさい。

　中部地方で最も人口が多いのは，①[　　　　　　　]大都市圏の中心都市である[①]市である。商業施設や企業の事務所が集まり，②[　　　　　　　]の人口の割合が高い。伊勢湾の人工島に開港した③[　　　　　　　]は，中部地方の海外との窓口になっている。北陸地方の 4 県も，1980 年代後半に④[　　　　　　　]経済圏構想が生まれ，ロシア連邦，中国，韓国との結びつきを強めている。その中心都市は，北陸地方で最初の政令指定都市となった⑤[　　　　　　　]市である。

〔語群〕 金沢　　名古屋　　新潟　　中部国際空港　　名古屋空港

　　　　第 1 次産業　　第 3 次産業　　環日本海　　環太平洋

3 〈中部地方の農業と水産業〉
右の地図を見て，次の各問いに答えなさい。

(1) 右の a 〜 c の平野は，米の単作地帯である。これに
ついて，次の問いに答えよ。

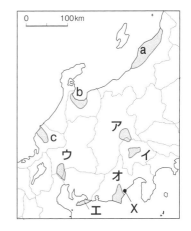

① この地帯では，他の産地より時期を早めて米を出
荷している。このような米を何というか。

[　　　　]

② この地帯では，コシヒカリや華越前という名の米
が栽培されている。このような米を何というか。

[　　　　]

●重要(2) 次の農業が行われている場所を地図中の**ア〜オ**から
選び，記号で答えよ。

① 高地の冷涼な気候を利用し，レタスなどの高原野菜を栽培している。 [　]

② 温暖で水はけのよい台地や山の斜面で，茶が栽培されている。 [　]

③ 水はけがよく日当たりのよい扇状地で，ぶどうの栽培がさかんである。 [　]

④ 豊川用水の水を利用し，電照菊や温室メロンなどの栽培がさかんである。 [　]

(3) 地図中の**X**の焼津港で，水揚げ量の多い魚の正しい組み合わせを次から選び，記号で
答えよ。 [　]

ア いわし，あじ 　　**イ** たい，はまち

ウ たら，ます 　　**エ** かつお，まぐろ

4 〈中部地方の工業〉
次の各問いに答えなさい。

●重要(1) 次の各都市の代表的な工業製品をあとの**ア〜ク**から選び，記号で答えよ。

① 東海市 [　] 　② 豊田市 [　] 　③ 瀬戸市 [　]

④ 富山市 [　] 　⑤ 諏訪市 [　] 　⑥ 鯖江市 [　]

ア アルミニウム 　**イ** 鉄鋼 　　**ウ** 自動車 　　**エ** 航空機

オ 眼鏡フレーム 　**カ** プリンター 　**キ** タオル 　　**ク** 陶磁器

(2) 楽器，オートバイ工業のさかんな浜松市，パルプ・製紙工業のさかんな富士市などが
ある中部地方の工業地域を何というか。 [　　　　]

💡**ヒント**

1 (3) A…冬の降雪量が多い富山市。B…内陸の盆地にある松本市。C…太平洋側の温暖な静岡市。
2 ③ 愛称は「セントレア」。④日本海に面する国々との交易をすすめる構想。
3 (2) ①野辺山原，②牧ノ原，③甲府盆地，④渥美半島。
4 (1) ②企業名が都市の名になっている。③「せともの」の産地。

標準問題

▶答え　別冊p.26

1〈中部地方の自然〉

中部地方の3つの地域の都市，新潟県上越市，長野県松本市，愛知県名古屋市について，次の各問いに答えなさい。

(1) 3つの都市の地形について，次の各問いに答えよ。

① a…上越市とb…名古屋市がある平野の正しい組み合わせを次から選び，記号で答えよ。

ア a 高田平野，b 濃尾平野　　　**イ** a 越後平野，b 濃尾平野　　　［　　　　］

ウ a 砺波平野，b 伊勢平野　　　**エ** a 庄内平野，b 伊勢平野

●重要 ② 上越市と名古屋市は平野にあるが，松本市は周りを山に囲まれた平地にある。このような平地を何というか。　　［　　　　　　　　　］

差がつく (2) 右の表は，3つの都市の12月から2月までの月ごとの日照時間，降水量および積雪が10cm以上の日数の30年間の平均値を示している。上越市が属する気候区において，冬季の降水量の合計が他の2つの都市と異なり，右のような特色を示す理由を，「山地」「日本海」「季節風」という3語を使って答えよ。

［
　　　　　　　　　　　　　　　　　　　　
］

上越市

	12月	1月	2月
日照時間(時間)	80	65	80
降水量(mm)	423	419	262
積雪が10 cm以上の日数(日)	7.6	22.2	24.6

松本市

	12月	1月	2月
日照時間(時間)	166	171	164
降水量(mm)	28	36	44
積雪が10 cm以上の日数(日)	0.5	3.2	4.0

名古屋市

	12月	1月	2月
日照時間(時間)	172	170	170
降水量(mm)	45	48	66
積雪が10 cm以上の日数(日)	0.1	0.2	0.5

(注)積雪とは，降った雪がとけないで地表に積もって残っている状態のことである。

（「理科年表2020」より作成）

2〈中部地方の自然と産業〉

次の文は，かなさんとお父さんが，夏休みに自家用車で東京から愛知県の名古屋市へ旅行に出かけたときの会話である。これを読み，あとの各問いに答えなさい。

かな：今日は高速道路でドライブね。

父　：中央自動車道を通るよ。地図を見てごらん。

かな：中央自動車道は，**a**山梨県，**b**長野県，［　**c**　］県を通って，愛知県とつながっているわね。

父　：そのあたりには**d**標高3,000m前後の高い山々が集まっていて，車から見る景色もきれいだよ。

かな：じゃあ，次は，東京から飛行機に乗って，その高い山を空から見たいわ。

父　：愛知県には**e**大きな空港があるけど，**f**東京との間に定期便は設けにくいと聞いているよ。

(1) 下線部aについて，右のグラフは，北海道，千葉県，新潟県，山梨県のいずれかの農業産出額の品目別の割合を示している。山梨県にあたるものをア〜エから選び，記号で答えよ。 [　　　]

(2017年)　（「データでみる県勢2020年版」より作成）

凡例：米／野菜／果実／畜産／その他

ア 57.0　14.1　20.8（3.2）（4.9）
イ 15.6　38.9（3.8）30.5　11.2
ウ（6.7）13.6　63.3　8.6　7.8
エ 10.0　16.6（0.5）57.0　15.9

0　20　40　60　80　100(%)

●重要(2) 下線部bについて，中央自動車道の開通などによって，近年，長野県の内陸部に進出している工業を次から選び，記号で答えよ。 [　　　]

ア 繊維　　イ 石油化学　　ウ パルプ　　エ 電気機械

(3) 空欄cにあてはまる県の名を答えよ。 [　　　]

(4) 下線部dについて，これらの山々の間を流れる川をあとのア〜エから選び，記号で答えよ。
① 飛驒山脈と木曽山脈の間を流れ，濃尾平野を通って伊勢湾に注ぐ。 [　　　]
② 飛驒山脈に源を発し，北流して富山湾に注ぐ。 [　　　]
③ 諏訪湖に源を発し，木曽山脈と赤石山脈の間を通って，遠州灘に注ぐ。 [　　　]

ア 信濃川　　イ 天竜川　　ウ 神通川　　エ 木曽川

(5) 下線部eについて，空港名を答えよ。 [　　　]

●がつく(6) 下線部fについて，右の地図は，鉄道を利用した場合の，東京から各地への所要時間に合わせて日本列島を変形してえがいた地図である。この地図から，愛知県の空港と東京国際空港との間に定期便を設けにくい理由を，簡潔に書け。

[　　　]

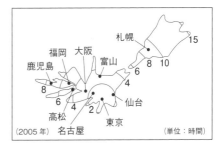

(2005年)　名古屋　（単位：時間）

●重要(7) 旅行の目的地にある名古屋港の輸出品を調べてみると，ある工業製品とその部品が輸出量の約4割を示していることがわかった。その工業製品の名を答えよ。

[　　　]

3 〈長野県の野菜栽培〉
レタスの月別出荷量を示した右のグラフを見て，次の各問いに答えなさい。

(1) 長野県でレタスが栽培されているおもな産地の標高を次から選び，記号で答えよ。 [　　　]
ア 0m〜50m　　イ 250m〜500m
ウ 800m〜1,500m　　エ 2,500m〜3,000m

●がつく(2) 他の産地の出荷時期と比べた長野県の出荷時期の特徴を，簡潔に答えよ。

[　　　]

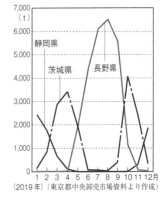

(2019年)（東京都中央卸売市場資料より作成）

125

実力アップ問題

1 右の地図を見て，次の各問いに答えなさい。　　　　　　　　　　　　　　〈2点×13〉

(1) 地図中◎は，アジア諸国への便数が多い空港である。この空港から東京までの距離と，ほぼ同じ距離にあるアジアの都市を次から選び，記号で答えよ。

　　ア ソウル　　　**イ** シャンハイ
　　ウ マニラ　　　**エ** バンコク

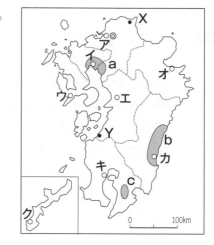

(2) 地図中の**a〜c**で行われている農業を次から選び，記号で答えよ。

　　ア ビニールハウスを使った夏野菜の促成栽培

　　イ 飼料作物の栽培とぶた，にわとりの畜産

　　ウ 冷涼な気候を利用した高原野菜の抑制栽培

　　エ 米づくりといちご，トマトなどの栽培

(3) 地図中の**X**と**Y**の都市について説明した右の資料の空欄にあてはまる語句を答えよ。

(4) 次の①〜④の県名を答えよ。また，それぞれの位置を地図中の**ア〜ク**から選び，記号で答えよ。なお，地図中の○は県庁所在地を示している。

　① 別府温泉や由布院温泉などの温泉地があり，多くの観光客を集める。八丁原には日本最大の地熱発電所もある。

　② 県庁所在地の都市名と県名が異なる県。台風の被害を受けやすいが，大きな河川や湖がないため，しばしば水不足になやまされる。

> **X**は，[**A**]工業地帯（地域）の中心都市として発展したが，大気汚染や洞海湾の水質汚濁になやまされた。**Y**の都市も，化学工場の廃水にふくまれる[**B**]を原因とする[**C**]によって，多くの人が犠牲になった。この[**C**]は，四大公害病の1つである。その後，どちらの都市も，「[**D**]直し」を合いことばに，環境改善に取り組み，現在は[**E**]に認定されている。

　③ 五島列島など大小600もの離島があり，そこに県の人口の約9分の1が暮らしている。県庁所在地の都市には，グラバー邸，平和公園など観光名所が多い。

　④ 桜島が活発な噴火活動を続けており，県はさまざまな防災対策を講じている。また，県の大半をシラスとよばれる火山灰が積もった台地が占める。

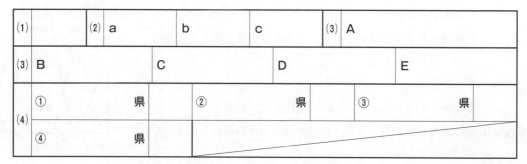

(1)		(2) a		b		c		(3) A	
(3) B		C			D			E	
(4)	①	県		②	県		③	県	
	④	県							

2 右の略図Ⅰ，Ⅱを見て，次の各問いに答えなさい。 〈(1)・(2)・(4) 2点×3，(3) 4点〉

(1) **略図Ⅰ**は，中国・四国地方の断面を表したものである。どの部分の断面か。**略図Ⅱ**の**ア～ウ**から選び，記号で答えよ。

(2) **略図Ⅰ**の➡の2つの風をまとめて何というか。漢字で答えよ。

(3) **略図Ⅰ**を参考にして，図中の「岡山」の気候の特徴を簡潔に答えよ。

(4) **略図Ⅰ**の「中国山地」「四国山地」の町村で最も深刻になっている問題を次から選び，記号で答えよ。

ア　工場進出にともなう大気汚染

イ　過疎化による限界集落の増加

ウ　大型開発による森林の破壊

エ　ゲリラ豪雨やヒートアイランド現象

略図Ⅰ

略図Ⅱ

(1)		(2)		
(3)				
(4)				

3 右のグラフは，北九州工業地帯（地域）と瀬戸内工業地域の工業出荷額業種別割合を調べたものである。これを見て，次の各問いに答えなさい。

〈2点×4〉

(1) グラフ中の**A**と**C**の部分にあてはまる工業を次から選び，記号で答えよ。

ア　繊維工業　　イ　機械工業　　ウ　化学工業　　エ　金属工業

(2) 2つの工業地帯・地域のうち，総出荷額が多いほうを答えよ。

(3) 九州地方では，北九州工業地帯（地域）だけでなく，1970年代から，ある工業製品の生産量が著しく増加している。この工業製品の生産工場は，工業のさかんな地域からはなれた，空港や高速道路の周辺に分布していることが多い。この工業製品名を答えよ。

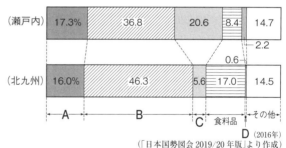

（「日本国勢図会 2019/20 年版」より作成）

(1)	A		C		(2)			(3)	

4 次の文章を読み，あとの問いに答えなさい。 〈(1)～(4)・(6)3点×7，(5)5点〉

> 近畿地方の中央部には，「近畿の水がめ」a琵琶湖と京都盆地，奈良盆地，大阪平野などの平地がある。人口も多く，千里・西神などの[b]も形成されている。また，大阪湾を中心にc阪神工業地帯が広がり，その西の沿岸には[d]工業地域，南の沿岸には[e]工業地域も続いている。一方，北部と南部は人口が少なく，過疎に苦しむ地域も見られる。北部には丹波高地，南部にはけわしいf紀伊山地が連なる。

(1) 下線部a「琵琶湖」について，次の問いに答えよ。

　① 琵琶湖から流れる川は，「瀬田川→宇治川→[＿＿＿]」と名称をかえて，最後は大阪湾に流れこむ。この[＿＿＿]にあてはまる最後の河川名を答えよ。

　② 琵琶湖の水質を改善するため，滋賀県ではある物質をふくんだ合成洗剤の使用が禁止されている。その物質の名称を答えよ。

(2) 空欄bにあてはまる語句をカタカナで答えよ。

(3) 下線部c「阪神工業地帯」の特徴として正しいものを次から2つ選び，記号で答えよ。

　ア　内陸部には，金物をはじめ，日用雑貨，繊維製品などをつくる中小工場が多い。

　イ　情報産業が発達し，ほかの工業地帯と比べて，印刷業の割合が大きい。

　ウ　金属工業で成長してきたが，最近は沿岸部に最先端の機械工業が進出している。

　エ　自動車工業がさかんで，周辺には部品をつくる下請け工場がたくさん集まっている。

　オ　官営の製鉄工場をもとに発展してきたが，最近は半導体の製造工場が増えている。

(4) 空欄d，eにあてはまる工業地域名を次から選び，記号で答えよ。

　ア　水島　　イ　堺・泉北臨海　　ウ　鹿島臨海　　エ　北陸　　オ　播磨

(5) 下線部f「紀伊山地」では，すぎやひのきが育てられていて，林業がさかんである。紀伊山地が樹木の生育に適している理由を簡潔に答えよ。

(6) 右のグラフは，近畿地方の府県が上位を占める，あるものの件数を示している。何の件数か，次から選び，記号で答えよ。

　ア　陶磁器の窯元　　イ　国宝・重要文化財

　ウ　大学・短期大学　　エ　風力発電所

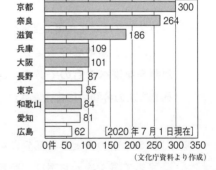

[2020年7月1日現在]
（文化庁資料より作成）

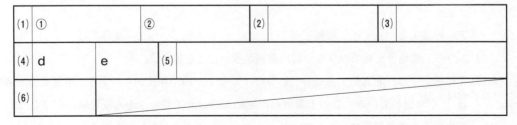

(1)	①		②		(2)		(3)	
(4)	d		e	(5)				
(6)								

5 右の略図Ⅰ，Ⅱを見て，次の各問いに答えなさい。 〈3点×10〉

(1) 次の各文は，**略図Ⅰ**の**X～Z**の都市の1月の気候を
まとめたものである。このうち，**X**と**Z**にあてはま
るものを次から選び，記号で答えよ。

略図Ⅰ

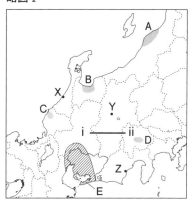

　ア 1月の降水量は約75mm。31日の気温は，最低
　　が約1度，最高が約11度である。

　イ 1月の降水量は約36mm。31日の気温は，最低
　　が約マイナス6度，最高が約4度である。

　ウ 1月の降水量は約270mm。31日の気温は，最低
　　が約0度，最高が約6度である。

(2) **略図Ⅱ**は，**略図Ⅰ**の i － ii 間の断面を模式的に示し
たものである。**略図Ⅱ**中の**a～d**の地名の正しい組
み合わせを次から選び，記号で答えよ。

略図Ⅱ

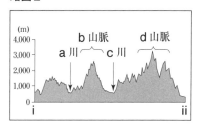

　ア a 天竜，b 飛騨，c 木曽，d 木曽

　イ a 木曽，b 飛騨，c 天竜，d 木曽

　ウ a 天竜，b 木曽，c 木曽，d 赤石

　エ a 木曽，b 木曽，c 天竜，d 赤石

(3) **略図Ⅰ**の**A～C**の平野はある作物の栽培がさかんで，全国一の「□の□□地帯」になってい
る。この空欄にあてはまる語を□の字数に合わせて漢字で答えよ。

(4) **略図Ⅰ**の①**D**の盆地と**E**の半島の地名を答えよ。また，②それぞれの代表的な農作物を次か
ら選び，記号で答えよ。

　ア 菊，メロン　　　　**イ** 茶，みかん

　ウ もも，ぶどう　　　**エ** キャベツ，レタス

(5) **略図Ⅰ**の▨は，出荷額全国一の工業地帯である。これについて，次の問いに答えよ。

　① この工業地帯名を答えよ。

　② この工業地帯にある瀬戸市で，近年，さかんに製造されている工業製品を次から選び，記
　　号で答えよ。

　　ア 液晶パネル　　　**イ** ファインセラミックス
　　ウ 半導体　　　　　**エ** 光ファイバー

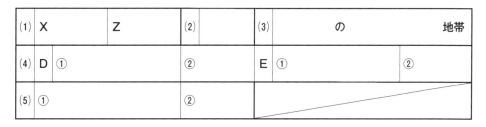

(1)	X		Z		(2)		(3)		の		地帯
(4)	D	①			②		E	①			②
(5)	①				②						

⑲関東地方

重要ポイント

① 関東地方の自然と産業

□ **自然**…①**地形**…約半分を**関東平野**が占め，**利根川**，**荒川**，**多摩川**などが流れる。**武蔵野**，**常総**，**下総**などの台地。→赤土の**関東ローム**。　②**気候**…太平洋側の気候。冬は，**からっ風**がふく。都心部で**ヒートアイランド現象**。**小笠原諸島**は亜熱帯の気候。
- └→**火山灰土**
- └→北西のかわいた風
- └→世界自然遺産に登録

□ **農業**…都市向けの**近郊農業**が中心。茨城県→はくさい，ピーマン。千葉県→**落花生**，ねぎ。房総半島南部は，花や野菜の**促成栽培**。栃木県→かんぴょう。群馬県→キャベツ，こんにゃく。高冷地の**嬬恋村**は，**高原野菜の輸送園芸農業**。
- └→キャベツ，白菜

□ **工業**…①**京浜工業地帯**…**総合工業地帯**。**印刷業**の割合が大きい。**大田区は中小工場**が集まる。東京湾岸に**京葉工業地域**，太平洋岸に**鹿島臨海工業地域**。②**北関東工業地域**…**工業団地**に，電気機械，自動車組み立て工場。
- └→東京都の南東部
- └→千葉県の東京湾岸，鉄鋼，石油化学
- └→茨城県，石油化学，鉄鋼

▲関東地方の自然

② 東京大都市圏

□ **首都東京**…①**政治の中心**…国会議事堂，中央官庁，最高裁判所など。②**経済の中心**…日本銀行，東京証券取引所，企業本社，外資系企業，商業施設など。③**文化の中心**…国立博物館，国立国会図書館など。東京への**一極集中**。→機能の一部を**副都心**に。
- └→新宿，池袋など

□ **東京大都市圏**…日本の人口の**約4分の1**が集中。**過密**による都市問題。→郊外に**ニュータウン**，**筑波研究学園都市**。近年は，湾岸部で**再開発**。横浜みなとみらい21，**幕張新都心**，さいたま新都心など。過疎山村では，都市部からの**Uターン**，**Iターン**の定住者も。
- └→多摩，千葉海浜，港北など
- └→茨城県
- └→横浜
- └→千葉県

□ **交通**…東京を中心に鉄道，高速道路が放射状に広がる。空の玄関は，国内線の**東京国際（羽田）空港**，国際線の**成田国際空港**。海の玄関は，**東京港**，**横浜港**。
- └→国際線も運航
- └→千葉県

成田国際空港

輸出額（11兆4,588億円）
- 科学光学機械 6.2%
- 金（非貨幣用）5.2
- 集積回路 4.4
- 電気回路用品 4.3
- その他 79.9

輸入額（13兆7,040億円）
- 通信機 14.0%
- 集積回路 9.5
- 医薬品 11.6
- コンピューター 7.6
- その他 57.3

横浜港

輸出額（7兆7,187億円）
- 自動車 22.1%
- 自動車部品 4.9
- 内燃機関 4.3
- その他 68.7

輸入額（4兆7,538億円）
- 石油 9.1%
- アルミニウム 4.5
- 液化ガス 5.2
- その他 81.2

（「日本国勢図会 2019/20年版」より作成）

▲成田国際空港と横浜港の貿易品目

ポイント 一問一答

① 関東地方の自然と産業

□ (1) 関東地方の約半分を占める平野は，何か。

□ (2) 関東地方の最大の水源になっている川は，何か。

□ (3) 武蔵野などの台地に積もる赤土を，何というか。

□ (4) 関東地方にふく冬の北西風を，何というか。

□ (5) 東京，横浜などの都心部で，周辺よりも気温が高くなる現象を，何というか。

□ (6) 関東地方では，都市向けの[　　　]農業がさかんである。

□ (7) 高冷地の嬬恋村では，高原野菜の[　　　]農業が行われている。

□ (8) [　　　]工業地帯は，印刷業の割合が高い。

□ (9) 北関東工業地域では，[　　　]をつくり，電気機械工場や自動車工場が進出している。

② 東京大都市圏

□ (1) 東京都の都心には，[　　　]，中央官庁，最高裁判所など，日本の政治の中枢機能が集中している。

□ (2) 都庁のある新宿や池袋などは，[　　　]とよばれる。

□ (3) 東京大都市圏には，日本の人口の約[　分の　]が住んでいる。

□ (4) 都心では[　　　]による交通渋滞，住宅不足，ごみ処理問題など，さまざまな都市問題をかかえている。

□ (5) 東京の郊外には，多摩，千葉，海浜，港北などの[　　　]が形成されている。

□ (6) 都市部に働きに出た人が生まれ故郷にもどって生活することを，何というか。

□ (7) 東京大都市圏の国際線の「空の玄関」は，どこか。

---

 ① (1) 関東平野　(2) 利根川　(3) 関東ローム　(4) からっ風　(5) ヒートアイランド現象
(6) 近郊　(7) 輸送園芸　(8) 京浜　(9) 工業団地
② (1) 国会議事堂　(2) 副都心　(3) 4（分の）1　(4) 過密　(5) ニュータウン
(6) Uターン　(7) 成田国際空港

▶答え　別冊p.28

1 〈関東地方の自然〉

右の地図を見て，次の各問いに答えなさい。

(1) 地図中のa～gの地名をそれぞれ答えよ。

a [　　　　　山]
b [　　　　　山脈]
c [　　　　　(湖)]
d [　　　　　平野]
e [　　　　　川]
f [　　　　　半島]
g [　　　　　半島]

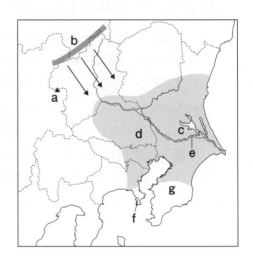

●重要 (2) 地図中のdの平野には，火山灰の積もった赤土の台地が広がっている。この火山灰土を何というか。　　　　[　　　　　]

(3) 地図中の━━▶は，冬にふく冷たい季節風の向きを示している。この風を何というか。

[　　　　　]

⚠ミス注意 (4) 関東地方で見られるヒートアイランド現象の説明として適切なものを次から選び，記号で答えよ。　　　　　　[　　　]

ア　化石燃料の燃焼によって出た二酸化炭素が，地表の熱をとじこめる現象。

イ　山からふきおろす乾燥した風が原因で，一時的に気温が上がる現象。

ウ　自動車やビルなどから出る熱が原因で，都心の中心部の気温が高くなる現象。

2 〈関東地方の農業〉

次の各問いに答えなさい。

(1) 右のグラフは，ある農産物の地方別の生産額割合を示している。この農産物を次から選び，記号で答えよ。

[　　　]

ア　米　　イ　野菜　　ウ　果物　　エ　肉類

(2) 関東地方で，花の栽培がさかんな地域を次から選び，記号で答えよ。　　　　　　[　　　]

ア　越後山脈，関東山地の高原

イ　東京湾岸の埋め立て地

ウ　利根川，荒川の流域　　エ　房総，三浦半島の南部

近畿 5.7
北海道 8.6
東北 10.0
中国・四国 10.5
中部 15.7
九州 19.5
関東 30.1%

(2017年)
※四捨五入の関係で100%にならない。
(「データでみる県勢2020年版」より作成)

3 〈関東地方の工業〉

関東地方の工業地帯，工業地域について説明したA〜Cの文を読み，あとの各問いに答えなさい。

A　京浜工業地帯——日本有数の工業地帯。湾岸部では重工業がさかんで，高い技術力をもつ中小工場も多い。他の工業地帯と比べて，□□□の割合が高いことが特徴である。

B　鹿島臨海工業地域——太平洋に面した砂丘地帯に人工港が建設され，火力発電所を中心に，鉄鋼や石油化学のコンビナートが形成されている。

C　北関東工業地域——<u>高速道路</u>の整備にともない，インターチェンジの周辺を中心に，□□□の工業を中心とした工業団地が形成されている。

重要 (1) Aの空欄にあてはまる工業の種類を次から選び，記号で答えよ。　　　[　　　　]

ア　印刷業　　イ　繊維工業　　ウ　窯業　　エ　金属工業

(2) Bの「鹿島臨海工業地域」がある県の名を答えよ。　　　　　　　　[　　　　]

(3) Cの下線部について，北関東工業地域を通る高速道路にあてはまらないものを次から選び，記号で答えよ。　　　　　　　　　　　　　　　　　　　[　　　　]

ア　関越自動車道　　イ　東北自動車道　　ウ　常磐自動車道　　エ　阪和自動車道

ミス注意 (4) 工業は，「素材型」「組み立て型」「生活関連型」の3種類に分けられる。このうちCの空欄にあてはまるのは，何か。　　　　　　　　　　　　　[　　　　]

4 〈東京大都市圏〉

次の各問いに答えなさい。

(1) 東京都には，政治の中枢機能や金融機関，企業の本社が集中している。こうした状態を何というか。漢字4字で答えよ。　　　　　　　　　　　　[　　　　]

(2) 近年，東京都では，古い建物をこわして新しい街につくり直す動きがすすんでいる。これを何というか。漢字3字で答えよ。　　　　　　　　　　[　　　　]

重要 (3) 東京都のようすとして正しくないものを次から選び，記号で答えよ。　[　　　　]

ア　東京都の人口は，日本の総人口の約1割を占める。

イ　都心の昼間の人口は，夜間の人口より少ない。

ウ　過密によるごみ処理場の不足，住宅不足などが深刻である。

エ　他の道府県と比べて，外国人の居住者の割合が高い。

💡ヒント

1(4) ヒートアイランド現象は，大都市の都心でおこる現象。
2(1) 関東地方では近郊農業がさかんである。(2) 花は温暖な地域で栽培される。
3(1) 情報産業が発達していることから考える。(3) 1つだけ，近畿地方の高速道路がふくまれている。
4(1) 東京都という「一極」に多くの機能が「集中」していること。

1 〈関東地方の地形〉

次の各問いに答えなさい。

(1) 関東地方を流れる次の河川名を答えよ。

① 上流は，美しい森林や渓谷が広がり，国立公園に指定されている。下流は，東京都と神奈川県の県境になっている。　　　　　　　　　　　　　　　　　　　　　　[　　　　　　　]

② 長さは信濃川についで2位，流域面積は1位で，関東地方の最大の水源になっている。下流は，茨城県と千葉県の県境になっている。　　　　　　　　　　　　　　　[　　　　　　　]

(2) 東京都には，多くの離島がある。そのうち，亜熱帯の気候にあり，独自の自然が残されていることから，世界自然遺産に登録されている諸島の名を答えよ。　　　　　[　　　　　　　]

 (3) 関東平野では，川にそった低地では稲作が行われているが，川がきざむ広大な台地は畑作が中心である。その理由を，土地の性質に注目して答えよ。

[　　]

2 〈関東地方の自然と産業〉

明子さんは，東京都とその周辺の県について調べ，略地図や資料にまとめた。東京都と略地図中のA県〜C県について，次の各問いに答えなさい。

⚠ ミス注意 (1) A県〜C県の県庁所在地のうち，ひらがなで表記することが定められている都市名を書け。

[　　　　　　]

(2) 東京都（離島をのぞく）とA県〜C県の気候の特徴のうち，冬について述べた文として最も適切なものを，次から選び，記号で答えよ。　　　　[　　　]

ア　晴れの日が多く，かわいた北西の季節風がよくふく。

イ　晴れの日が多く，かわいた南東の季節風がよくふく。

ウ　雨の日が多く，しめった北西の季節風がよくふく

エ　雨の日が多く，しめった南東の季節風がよくふく。

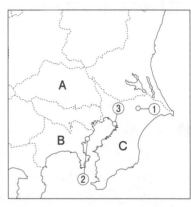

● 重要 (3) 明子さんは，東京都とA県〜C県の昼と夜の人口が大きく違うことに気づき，右の資料を入手した。この資料から，東京都は，昼間人口のほうが夜間人口よりも多いことがわかる。その理由を答えよ。

[

（2015年）

都県名	昼間人口 （万人）	夜間人口 （万人）
東京都	1,592	1,352
A県	646	727
B県	832	913
C県	558	622

（「データでみる県勢 2020年版」より作成）

(4) A県〜C県は，大消費地の東京都に近く，野菜を中心とする農産物を新鮮なうちに出荷できることがわかった。このような利点を生かした農業を何というか。漢字4字で答えよ。

[　　　　　　　]

(5) 右のグラフは，東京都とA県〜C県の工業出荷額の割合を示している。東京都とC県にあてはまるものをア〜エから選び，記号で答えよ。

① 東京都 [　　　] ② C県 [　　　]

(6) 地図中の①は，成田国際空港の位置を，②，③は，それぞれB県とC県にある，海上輸送が行われている港の位置を示している。右の**資料**は，①〜③の空港と港における上位の輸入品目などについてまとめたものである。**資料**からわかる，航空機による輸送の特徴を書け。

総額 18.1 兆円
ア | 輸送用機械 22.7% | 化学 12.5 | 化学 10.7 | その他 54.1
石油・石炭製品

総額 13.7 兆円 ─食料品
イ | 18.4% | 13.8 | 化学 12.4 | その他 55.4
─輸送用機械

総額 12.2 兆円
ウ | 20.8% | 化学 19.1 | 鉄鋼 13.8 | その他 46.3
└石油・石炭製品

総額 7.9 兆円 ─電気機械
エ | 輸送用機械 20.1% | 印刷 10.3 | 9.6 | その他 60.0

(2017年)　（「データでみる県勢2020年版」より作成）

資料 ①成田国際空港と略地図中の②，③の港における上位の輸入品目と輸入総額，輸入貨物取扱量　（2018年）

	①成田国際空港	②B県の港	③C県の港
輸入額1位の品目	通信機	石油	石油
2位の品目	医薬品	液化ガス	液化ガス
3位の品目	集積回路	アルミニウム	自動車
輸入総額（億円）	137,040	47,538	39,644
輸入貨物取扱量（万t）	76	4,563	8,276

（「日本国勢図会2019/20年版」などより作成）

[　　　　　　　　　　　　　　　　　　　　　　　　　　　]

---

3 〈関東地方の特色〉
日本の7地方を比べた右のグラフを見て，次の各問いに答えなさい。

(1) 右のグラフから，7つの地方のうち，人口密度が①最も高い地方と，②最も低い地方の名をそれぞれ答えよ。

① [　　　　　　]
② [　　　　　　]

	北海道地方	東北地方	関東地方	中部地方	近畿地方	中国・四国地方	九州地方	
面積	22.1	17.7	8.6	17.7	8.8	13.4	11.8	(2018年)
人口	4.2 6.9		34.3	16.8	17.7	8.8	11.3	(2018年)
a	13.6	14.9	19.3	15.2	6.6 9.7		20.6	(2017年)
b	1.9 5.7	25.6		28.8	19.3	10.9	7.7	(2017年)
c	3.2 5.0		47.2		14.5	16.3	6.1 7.7	(2015年)

（全て単位は%）※四捨五入の関係で100%にならない。
（「データでみる県勢2020年版」より作成）

(2) グラフ中のa〜cにあてはまる項目の正しい組み合わせを次から選び，記号で答えよ。 [　　　]

ア a 工業製品出荷額　b 商品年間販売額　c 農業生産額
イ a 工業製品出荷額　b 農業生産額　c 商品年間販売額
ウ a 商品年間販売額　b 農業生産額　c 工業製品出荷額
エ a 農業生産額　b 工業製品出荷額　c 商品年間販売額
オ a 農業生産額　b 商品年間販売額　c 工業製品出荷額

⑳ 東北地方

重要ポイント

① 東北地方の自然と伝統文化

- [ ] **地形**…中央に**奥羽山脈**，その西側に出羽山地，東側に北上高地。北上川の下流に**仙台平野**，**最上川**の下流に**庄内平野**。山地の間に盆地。三陸海岸南部はリアス海岸。
  └山形県 └山形盆地，福島盆地など

- [ ] **気候**…①日本海側…冬は雪が多い。夏はフェーン現象が発生→高温。②太平洋側…冬は寒冷だが，雪は少ない。夏はやませがふくと，気温が低下。→**冷害**。
  └北西の季節風の影響
  └湿った北東風 └れいがい

- [ ] **伝統文化**…①祭り・行事…東北三大祭り→青森の**ねぶた祭**，秋田の**竿燈まつり**，仙台の**七夕まつり**。横手盆地→かまくら。男鹿半島→なまはげ。②**町，住居**…仙北市角館→武家屋敷。黒石市→こみせ。**平泉**→中尊寺などが世界文化遺産。岩手県→曲家。
  └秋田県 └秋田県 └青森県 └雨，雪よけのアーケード
  └住居と馬屋がひと続きの家

- [ ] **伝統産業**…青森県の**津軽塗**。岩手県盛岡市の**南部鉄器**。秋田県大館市の**曲げわっぱ**。宮城県の**伝統こけし**。山形県天童市の**将棋駒**。福島県会津若松市の**会津塗**。

▲東北地方の自然

② 東北地方の産業

- [ ] **農業**…①**稲作**…沿岸部の平野。品種改良で銘柄米を栽培。**減反政策**による転作も増加。②**果実**…津軽平野→りんご。山形盆地→さくらんぼ，洋なし。福島盆地→もも。③**畜産**…北上高地で肉牛，酪農。
  └秋田，庄内，仙台平野など └ブランド米
  └稲作から畑作，果樹栽培へ └青森県

- [ ] **水産業**…三陸海岸→八戸，宮古，石巻など良港が多いが，東日本大震災で被災。沖合は潮目で世界有数の漁場。こんぶ，**わかめ**，**かき**の**養殖**も。陸奥湾→ほたてを養殖。
  └2011年3月11日 └潮境
  └青森県

- [ ] **森林資源**…青森ひば，秋田すぎ。白神山地のぶな林は，世界自然遺産。

- [ ] **工業**…東北自動車道，東北新幹線，空港の周辺に**工業団地**。花巻市，北上市，白河市，会津若松市などに，電気機械，電子部品，自動車工場が進出。福島県の太平洋岸に**原子力発電所**が集中。→**福島第一原発**で事故。**六ヶ所村**に核燃料サイクル施設。
  └IC（集積回路） └青森県

	1965年 426万人	1965年 426万人	1965年 426万人
	農林水産業 44.9%	工業，鉱業 18.7	その他 36.4

	2017年 456万人	2017年 456万人	2017年 456万人
	7.2%	25.3	67.5

（「データでみる県勢2020年版」より作成）

▲東北地方の産業別人口

テストでは**ココ**がねらわれる

●やませやフェーン現象など，東北地方の独特の自然現象の原因と影響を理解しておく。
●東北三大祭りをはじめ，各地の伝統的な行事，生活の特徴をまとめておく。
●東北地方の地形による農業の特徴(平野→米，盆地→果実)はよく出題される。

ポイント 一問一答

① 東北地方の自然と伝統文化

☐ (1) 東北地方の中央に連なる山脈は，何か。

☐ (2) 岩手県を流れ，仙台平野で太平洋に注ぐ川は，何か。

☐ (3) 日本海側の盆地に異常高温をもたらす現象は，何か。

☐ (4) 夏の初めに太平洋側にふきこみ，しばしば冷害をもたらす冷たい風は，何か。

☐ (5) 東北三大祭りのうち，青森県で行われる祭りは，何か。

☐ (6) 男鹿半島では，大みそかの夜，鬼の仮面をかぶった村民が子供のいる家を訪れる
　　　[　　　]の行事が見られる。

☐ (7) 中尊寺金色堂など，古い寺社や庭園が残る[　　　]は，世界文化遺産に登録され
　　　ている。

☐ (8) かつて岩手県の農村に多くあった，住居と馬屋が1つになった家を，何というか。

☐ (9) 津軽地方と会津地方に共通する伝統的工芸品は，何か。

② 東北地方の産業

☐ (1) 東北地方は稲作がさかんだが，国の[　　　]政策によって転作する農家が増えた。

☐ (2) 津軽平野では，[　　　]の栽培がさかんである。

☐ (3) 三陸海岸の沖合は，2つの海流がぶつかる[　　　]にあたり，絶好の漁場になって
　　　いる。

☐ (4) 陸奥湾では，[　　　]の養殖がさかんである。

☐ (5) ぶな林が世界自然遺産に登録されている山地は，何か。

☐ (6) 郡山市，仙台市，北上市などを通る高速道路は，何か。

☐ (7) 2011年3月の東日本大震災で，放射能もれの大事故をおこした発電所は，何か。

☐ (8) 青森県の六ヶ所村に建設されている施設は，何か。

答

① (1) 奥羽山脈　(2) 北上川　(3) フェーン現象　(4) やませ　(5) ねぶた(ねぷた)祭
　 (6) なまはげ　(7) 平泉　(8) 曲家　(9) 漆器
② (1) 減反　(2) りんご　(3) 潮目(潮境)　(4) ほたて　(5) 白神山地
　 (6) 東北自動車道　(7) 福島第一原子力発電所　(8) 核燃料サイクル施設

基礎問題

▶答え　別冊p.29

1 〈東北地方の自然〉

右の地図を見て，次の各問いに答えなさい。

(1) 地図中の a ～ l の地名をそれぞれ答えよ。

a [　　　　　　半島]　b [　　　　　　山地]

c [　　　　　　山地]　d [　　　　　　山脈]

e [　　　　　　高地]　f [　　　　　　平野]

g [　　　　　　川]　h [　　　　　　盆地]

i [　　　　　　盆地]　j [　　　　　　海岸]

k [　　　　　　川]　l [　　　　　　平野]

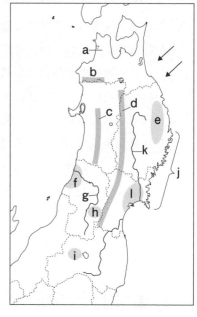

重要 (2) 地図中の→は，夏のはじめにふき，沿岸部に冷害をもたらす風である。この風を何というか。

[　　　　　　　　]

ミス注意 (3) 地図中の b の山地は，原生林が広がり，世界自然遺産に登録されている。この原生林の樹木を次から選び，記号で答えよ。　[　　　]

ア すぎ　　イ ひのき　　ウ ひば　　エ ぶな

重要 (4) 地図中の j の海岸の南部は，リアス海岸が続いている。この沿岸部に，昔からしばしば大きな被害をもたらしてきた自然災害を何というか。　[　　　　　　　　]

2 〈東北地方の伝統文化〉

右の資料Ⅰ，Ⅱを見て，次の各問いに答えなさい。

(1) 資料Ⅰは，秋田県横手市の雪まつりのときにつくられる雪の家である。これを何というか。ひらがな4字で答えよ。　[　　　　　　]

資料Ⅰ

(2) 資料Ⅱは，かつて岩手県の農村に多く見られた家屋の見取り図である。これについて，次の問いに答えよ。

① この家屋の名を漢字2字で答えよ。[　　　　　]

② 見取り図の A の場所で飼われていた家畜を次から選び，記号で答えよ。　　　　[　　　]

ア 牛　　イ ぶた　　ウ 羊　　エ 馬

資料Ⅱ

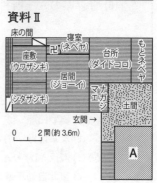

3 〈東北地方の伝統工業〉

右の写真を見て，次の各問いに答えなさい。

⚠ ミス注意 (1) 右のA～Dの伝統的工芸品の名を次から選び，
記号で答えよ。　　A [　　] B [　　]
　　　　　　　　　　C [　　] D [　　]

　　ア　南部鉄器　　　　イ　伝統こけし
　　ウ　会津塗　　　　　エ　樺細工
　　オ　天童将棋駒

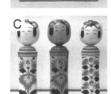

🔑重要 (2) 東北地方で伝統的工芸品の生産がさかんになっ
た大きな理由を次から2つ選び，記号で答えよ。
　　　　　　　　　　　[　　][　　]

　　ア　他の地方に先がけて大都市との交通が整備されたから。

　　イ　広大な工業用地や安い労働力をみつけやすかったから。

　　ウ　原材料となる森林資源や鉱産資源が豊富にあったから。

　　エ　農作業ができない冬に収入を得る副業が必要だったから。

4 〈東北地方の農工業〉

次の各問いに答えなさい。

(1) 右のグラフはおもな果実の県別生産量の割合
を示している。グラフ中のa～cにあてはま
る県名を次のア～エから選び，記号で答えよ。

　　　　a [　　] b [　　] c [　　]

　　ア　青森県　　　イ　宮城県
　　ウ　山形県　　　エ　福島県

(2) 東北地方の工業の変化について説明した次の
文中の空欄にあてはまる適切な語句を書け。

　　「かつては食品，鉄鋼業が中心だったが，
　　1980年代に①[　　　　　　]が全線開通し，
　　周辺部に②[　　　　]工場や自動車工
　　場が進出した。」

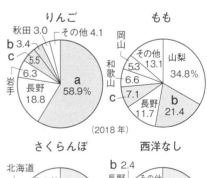
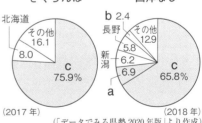

（「データでみる県勢 2020 年版」より作成）

💡ヒント

1 (4) 海底地震や海底火山の噴火によっておこる。2011年の東日本大震災でも大きな被害を出した。

4 (2) ①埼玉県の川口市から，東北地方の郡山市，仙台市，北上市などを通って，青森市に至る高速道路。
　　②小型軽量で高額な商品。コンピューターや携帯電話の頭脳の役割をする電子部品。

1 〈東北地方の自然と農業・漁業〉

日本の各地方の自然環境や産業について調べて発表する学習で，Kさんは東北地方について調べた。次の発表文を読んで，あとの各問いに答えなさい。

> 東北地方の各地では，a地域の生活にあった伝統的な行事が行われています。また，太平洋側と日本海側では，それぞれの自然条件に合った産業が発達しています。太平洋側をみると，三陸海岸の南部の海岸線は，[　b　]います。この海岸では[　c　]の際に津波がおこる危険があります。過去に三陸海岸沖で発生した大きな[　c　]による津波は，大きな被害をもたらしました。しかし，三陸海岸沖は，世界有数の好漁場になっています。それは，暖流である[　d　]いるため，潮目が形成されて栄養分が豊富になり，魚のエサとなる小さな生き物が増えるからです。一方，日本海側を見ると，津軽平野や秋田平野，e庄内平野などが広がっており，稲作がさかんです。

(1) 下線部aについて，次の各県の代表的な祭りをあとのア～カから選び，記号で答えよ。

① 青森県 [　　　] 　② 秋田県 [　　　] 　③ 宮城県 [　　　] 　④ 山形県 [　　　]

　　ア　竿燈まつり　　　　イ　七夕まつり　　　ウ　わらじまつり

　　エ　さんさ踊り　　　　オ　ねぶた祭　　　　カ　花笠まつり

●重要 (2) 文中のb，cにあてはまる正しい語句の組み合わせを次から選び，記号で答えよ。　[　　　]

　　ア　bせまくて深い湾が複雑に入り組んで，c地震

　　イ　bせまくて深い湾が複雑に入り組んで，c台風

　　ウ　b砂浜がなめらかに続いて，c台風

　　エ　b砂浜がなめらかに続いて，c地震

差がつく (3) 文中のdにあてはまる説明を，次の条件にしたがって書け。

　　・句読点をふくめて，16字以内で書くこと。

　　・「寒流」「黒潮」「親潮」の3語を，すべて用いること。

　　[　　　　　　　　　　　　　　　　　　　　　　　　　　　　　　　　　　　]

(4) 下線部eについて説明した次の文中の空欄にあてはまる正しい語句の組み合わせをあとのア～エから選び，記号で答えよ。　[　　　]

> 「江戸時代から稲作がさかんで，[　①　]の水運と西廻り航路によって大阪や江戸に米が輸送された。明治時代以降も，耕地整理によって収穫量を増やし，最近は，コシヒカリとともに，品種改良によって開発された銘柄米の[　②　]がたくさん栽培されている。」

　　ア　①雄物川　②つがるロマン　　　イ　①雄物川　②ひとめぼれ

　　ウ　①最上川　②はえぬき　　　　　エ　①最上川　②あきたこまち

2 〈冷害と農家のくふう〉

右の地図は，1993年に東北地方でおこった冷害の被害分布を示している。これを見て，次の各問いに答えなさい。

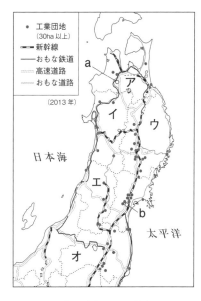

1993年の作柄指標
（市町村別の平均収量に対する割合）
□ 80%以上
▨ 60%～80%未満
▨ 40%～60%未満
▨ 20%～40%未満
▨ 0%～20%未満
■ 0%

0　　　200km

日本海　　　太平洋

（東北農業研究センター資料）

差がつく (1)冷害の被害の分布には，①どのような特徴が見られるか。また，②その理由を，夏のはじめにふいた風にふれながら答えよ。

①［　　　　　　　　　　　　　　　　　　　　　　］

②［　　　　　　　　　　　　　　　　　　　　　　］

重要 (2)この冷害のあと，農家が取り組んだことを次から選び，記号で答えよ。　　　　　　［　　　］

ア　客土によって，土壌の性質をかえるなど，土地改良をすすめた。

イ　「はえぬき」など，味がよく，耐冷性にすぐれた品種を作付けするようにした。

ウ　寒さを防ぐため，温室やビニールハウスなどの施設をたくさんつくった。

3 〈東北地方のくらしと工業〉

右の地図を見て，次の各問いに答えなさい。

(1)地図中aの黒石市の商店街には，夏のひざしや雨，冬の雪を防ぐ木造のアーケードがつらなる。これを何というか。ひらがな3字で答えよ。　［　　　　　　］

ミス注意 (2)地図中bの仙台市は，武家屋敷の林が多く残っていたことから，ある名称でよばれる。何というか，次から選び，記号で答えよ。　　　　　　［　　　］

ア　杜の都　　　　　イ　将軍のおひざもと

ウ　天下の台所　　　エ　民話の里

・工業団地
（30ha以上）
新幹線
おもな鉄道
高速道路
おもな道路

（2013年）

日本海　　　太平洋

(3)宮城県以外に，東北地方には県名と県庁所在地の都市名が異なる県が，もう1つある。その県を地図中のア～オから選び，記号で答えよ。また，その県の県庁所在地の都市名を答えよ。　［　　　］［　　　　　　市］

重要 (4)地図中の●は，30ha以上の工業団地を示している。これについて，次の各問いに答えよ。

① 工業団地の立地の特徴を簡潔に答えよ。

［　　　　　　　　　　　　　　　　　　　　　　　　　　　　］

② これらの工業団地で製造されている主要な工業製品の正しい組み合わせを次から選び，記号で答えよ。　　　　　　　　　　　　　　　　　　［　　　］

ア　医薬品，玩具　　　　イ　鉄鋼，アルミニウム

ウ　毛布，タオル　　　　エ　IC，自動車

21 北海道地方

重要ポイント

① 北海道地方の自然と歴史

☐ **広大な自然**…中央部→**日高山脈**と**北見山地**，**上川盆地**。西部→**石狩平野**。南西部→火山の**有珠山**，**洞爺湖**。東部→**十勝平野**，**根釧台地**。
└→カルデラ湖

☐ **冷帯の気候**…低温低湿で，梅雨がない。日
└→亜寒帯
本海側→雪が多い。太平洋側→夏に**濃霧**が発生。冬は**オホーツク海**の沿岸に**流氷**がおしよせる。

☐ **利雪と防災**…①**利雪**…作物の貯蔵に雪を利用。さっぽろ雪まつり。②**防災**…火山の噴火→**ハザードマップ**の作成。
└→防災マップ

☐ **開拓の歴史**…かつて蝦夷地とよばれる。**アイヌ**の人々が住んでいた。→明治時代，政府は**開拓使**をおき，**屯田兵**による大規模な開拓をすすめた。戦後，人口が増加。

☐ **札幌市**…道庁所在地で，政令指定都市。北海道の人口の3分の1以上が住む。碁盤の目状に区画された計画都市。南東部の**新千歳空港**が空の玄関。
└→東京への利用者が多い

▲北海道地方の自然

② 北海道地方の産業

☐ **農業**…①**特徴**…大型機械を使った大規模な農業。**主業農家**が多く，一戸あたりの耕地面積
└→専業の農家
が広い。②**稲作**…石狩平野，上川盆地など。**泥炭地**を**客土**で改良。品種改良も。③**畑作**…
└→他から土を運び入れる
十勝平野など。**てんさい**，じゃがいも，たま
└→さとうだいこん
ねぎなどを**輪作**によって栽培。④**酪農**…根釧台地。生乳やバター，チーズを全国へ出荷。

☐ **漁業**…漁獲量は全国一。かつては，さけ，ます，たらの**北洋漁業**。→**排他的経済水**
└→200海里
域の設定で漁場が縮小。→ほたてなどの**養殖**，さけなどの**栽培漁業**へ。

☐ **鉱工業**…札幌市の食品工業，**苫小牧市**の**製紙工業**，室蘭市の鉄鋼業。炭田は閉山。

☐ **観光業**…雪，流氷，火山，温泉など自然を生かした観光業。**知床**の周辺や**釧路湿原**
└→世界自然遺産　└→ラムサール条約
でエコツアー。近年，**ニセコ**に海外からのスキー客が増加。**旭山動物園**も人気。
└→札幌近郊　└→韓国，オーストラリアなど　　　　　　　　　　└→旭川市

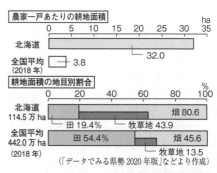

▲北海道の耕地面積

農家一戸あたりの耕地面積		
北海道		32.0
全国平均 (2018年)	3.8	

耕地面積の地目別割合		
北海道 114.5万ha	田19.4%　牧草地43.9	畑80.6
全国平均 442.0万ha (2018年)	田54.4%　牧草地13.5	畑45.6

（「データでみる県勢2020年版」などより作成）

テストでは **ココ**が ねらわれる

●北海道の日本海側，太平洋側，オホーツク海沿岸の気候の特徴をおさえておく。
●北海道の農業の特徴と，稲作，畑作，酪農の中心地を整理しておく。
●北海道の漁業の変化(北洋漁業→養殖，栽培漁業)と，その理由を理解しておく。

ポイント 一問一答

① 北海道地方の自然と歴史

☐ (1) 北海道の中央部には，[　　　]山脈と北見山地が連なる。

☐ (2) 洞爺湖のすぐ南西には，2000年に大噴火した[　　　]がそびえる。

☐ (3) 東部の太平洋岸には，夏に[　　　]が発生する。

☐ (4) 東部の[　　　]海の沿岸には，冬に流氷が接近する。

☐ (5) 雪を生活や産業に利用することを，何というか。

☐ (6) 北海道の先住民は，何とよばれる人々か。

☐ (7) 大通公園を中心に，道庁や企業の本社がならぶ，北海道の中心都市は，どこか。

☐ (8) 年間1,800万人以上の利用者を数える，北海道の空の玄関は，どこか。

② 北海道地方の産業

☐ (1) 北海道には，農業による所得が大半を占める[　　　]農家が多い。

☐ (2) 石狩平野では，[　　　]を客土によって改良した。

☐ (3) 西は日高山脈に接し，南は太平洋にのぞむ[　　　]平野では，大規模な畑作がさかんである。

☐ (4) (3)では，土地の栄養を保つために，年ごとに同じ耕地で異なる作物を栽培する[　　　]を取り入れている。

☐ (5) 東部の根釧台地では，[　　　]がさかんである。

☐ (6) かつてさかんだった北洋漁業は，[　　　]の設定によって，漁獲量が激減している。

☐ (7) 近年，ほたてなどの[　　　]がさかんになっている。

☐ (8) 世界自然遺産に登録された[　　　]では，エコツアーが人気である。

☐ (9) 北海道の東部に広がる[　　　]は，湿地を守るためのラムサール条約に登録されている。

答

① (1) 日高　(2) 有珠山　(3) 濃霧　(4) オホーツク　(5) 利雪
(6) アイヌ(民族)　(7) 札幌市　(8) 新千歳空港
② (1) 主業　(2) 泥炭地　(3) 十勝　(4) 輪作　(5) 酪農
(6) 排他的経済水域　(7) 養殖(漁業)　(8) 知床　(9) 釧路湿原

1 〈北海道地方の自然〉
　右の地図を見て，次の各問いに答えなさい。

(1) 地図中の**a～h**の地名をそれぞれ答えよ。

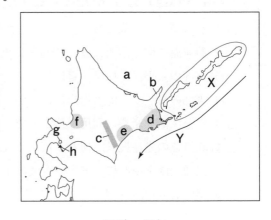

a [　　　　　　海]
b [　　　　　　半島]
c [　　　　　　山脈]
d [　　　　　　台地]
e [　　　　　　平野]
f [　　　　　　平野]
g [　　　　　　湖]
h [　　　　　　山]

●重要 (2) 地図中の**X**の島々は，日本固有の領土だが，現在，ロシア連邦が占拠している。この領土を何というか。 [　　　　　　　]

(3) 地図中の**Y**は，ベーリング海から流れる寒流である。この海流を何というか。

[　　　　　　　]

⚠️ミス注意 (4) 地図中**d**の地域の気候の特徴を次から選び，記号で答えよ。 [　　　　]

　ア 1年を通して低温で，夏はしばしば濃霧が発生するため，晴れの日が少ない。

　イ 夏は晴れた日が多く温暖だが，冬は気温が低く，大量の雪が降る。

　ウ 梅雨と台風の影響が強い夏をのぞいて，湿度は低く，気温も上がらない。

2 〈北海道地方の歴史と都市〉
　次の文中の空欄にあてはまる語句をあとの語群から選び，答えなさい。

　　かつて北海道は蝦夷地とよばれ，①[　　　　　　]の人々が暮らしていた。明治時代，

政府は②[　　　　　　]をおき，③[　　　　　　]による大規模な開拓をすすめた。

戦後，人口が増え，とくに道庁がある④[　　　　　　]，津軽海峡に面する

⑤[　　　　　　]，上川盆地にある⑥[　　　　　　]などの都市に集中した。北海

道の空の玄関は，[④]の南東にある⑦[　　　　　　]空港で，利用者数が非常に多い。

とくに，⑧[　　　　　　]空港とを結ぶ路線の利用客は年間900万人以上である。

〔語群〕　イヌイット　　アイヌ　　開発庁　　開拓使　　屯田兵　　旭川市
　　　　　札幌市　　　　釧路市　　函館市　　新千歳　　関西国際　　東京国際

3 〈北海道地方の農業〉 ●重要

右の地図を見て，次の各問いに答えなさい。

(1) ほかの地方と比べた，北海道の農業の特徴を次か
ら2つ選び，記号で答えよ。　[　　]　[　　]

　ア　大消費地に近いため，近郊農業が中心である。

　イ　農業収入を中心とする主業農家が多い。

　ウ　温室などを使った施設園芸農業がさかんであ
　　る。

　エ　化学肥料などを使わない有機農業がさかんで
　　ある。

　オ　大型機械を使った大規模農業が中心である。

(2) 次の①〜③の地域を地図中の**ア〜エ**から選び，記号で答えよ。

　① この地域では，大豆，じゃがいも，てんさいなどを栽培している。最近は，ながい
　　も栽培し，台湾などに輸出している。　　　　　　　　　　　　　　　[　　]

　② 1年を通して気温が低いため，米や野菜の栽培がむずかしいこの地域では，広い牧
　　草地を利用して，大規模な酪農が行われている。　　　　　　　　　[　　]

　③ 水が豊富で，道内では比較的温暖なこの地域は，客土によって泥炭地を改良し，稲
　　作の中心地となった。　　　　　　　　　　　　　　　　　　　　　[　　]

4 〈北海道地方の漁業〉

**北海道でとれる水産物の種類の変化を示
した右のグラフを見て，次の各問いに答
えなさい。**

●重要 (1)「すけとうだら」の漁獲量が減ったのは，
なぜか。その理由をまとめた次の文中
の空欄にあてはまる語句を答えよ。

　「各国が[　　　　　　　]を設定し，
漁場が縮小したから。」

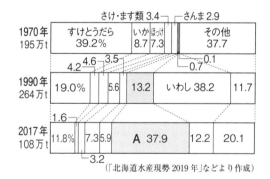

（「北海道水産現勢 2019 年」などより作成）

(2) グラフ中の**A**には，養殖によって漁獲量が増えている水産物があてはまる。この水産
物を次から選び，記号で答えよ。　　　　　　　　　　　　　　　　　[　　]

　ア　こんぶ　　　イ　あさり　　　ウ　のり　　　エ　ほたて

💡ヒント

　2⃣⑤ 幕末，貿易港として開かれた。⑥行動展示で人気の旭山動物園がある。

　3⃣(1) 北海道の農業の特徴は，アメリカに近く，日本のほかの地域とは大きく異なる。

　　(2)①畑作の中心は，十勝平野。②酪農がさかんなのは，根釧台地。③稲作の中心は，石狩平野。

　4⃣(1) とくに沖合漁業や遠洋漁業が大きな打撃を受けた。

1 〈北海道地方の自然〉
次の文章を読み，あとの各問いに答えなさい。

> 北海道の道庁所在地は，［ a ］の西部にある札幌市である。札幌の名は，［ b ］語の「サッポロペッ」(かわいた大きな川)に由来する。
>
> 右の図のように，札幌市は道東や道南と比べて，雪の降る日が多い。これは，沖合を流れる［ c ］と，冬にふく［ d ］の季節風の影響による。2月には，雪を利用したさっぽろ雪まつりが行われ，eオーストラリアからのスキー客の姿も多く見られる。

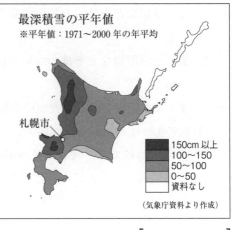

最深積雪の平年値
※平年値：1971〜2000 年の年平均

札幌市

150cm 以上
100〜150
50〜100
0〜50
資料なし

(気象庁資料より作成)

(1) 空欄aにあてはまる平野名を答えよ。　　　　　　　　　　　　　[　　　　　]

(2) 空欄bにあてはまる語句を答えよ。　　　　　　　　　　　　　[　　　　　]

⚠ミス注意 (3) 空欄c・dにあてはまる語句の正しい組み合わせを次から選び，記号で答えよ。　[　　　]

　　ア　c千島海流，d北西　　　イ　c千島海流，d南東
　　ウ　c対馬海流，d北西　　　エ　c対馬海流，d南東

差がつく (4) 下線部eについて，2月にオーストラリアからの観光客が多い理由を，オーストラリアの季節に注目して簡潔に答えよ。

[　　　　　　　　　　　　　　　　　　　　　　　　　　　　　　　　　]

(5) 雪の多い札幌市をはじめ，北海道の各地では，道路の中に電熱線や温水パイプをいれ，その熱で雪をとかしている。このしくみを何というか。カタカナで答えよ。[　　　　　　]

2 〈北海道地方の都市〉
次の各文にあてはまる都市をあとのア〜オから選び，記号で答えなさい。

A　札幌市と同じく，計画都市としてつくられたため，碁盤目状に区画されている。動物の自然な姿をみせる行動展示で有名な旭山動物園は，道内外から多くの観光客を集めている。

[　　　　　]

B　かつて炭鉱都市として栄えたが，閉山で衰退。その後，炭鉱のあと地に博物館を開いたり，メロンを特産品として販売したりしたが，成果が上がらず，財政再建団体となった。[　　　]

C　かつて全国一水揚げ量の多い漁港として知られたが，現在は貿易の拠点となっている。また近年は，豊かな自然が残る大湿原のエコツアーにも力を入れている。　　　　[　　　]

ア　夕張市　　　イ　函館市　　　ウ　旭川市　　　エ　室蘭市　　　オ　釧路市

3 〈北海道地方の農業〉
右の資料Ⅰ，Ⅱを見て，次の各問いに答えなさい。

資料Ⅰ　農家一戸あたりの耕地面積

	0　5　10　15　20　25　30　35 ha
北海道	32.0
全国平均 (2018年)	3.8

資料Ⅱ　耕地面積の地目別割合

	0　20　40　60　80　100 %
北海道 114.5万ha	田19.4%　牧草地43.9　畑80.6
全国平均 442.0万ha (2018年)	田54.4%　牧草地13.5　畑45.6

（「データでみる県勢2020年版」などより作成）

重要 (1) 資料Ⅰは，北海道と全国の「農家一戸あたりの耕地面積」を比べたグラフである。ここから読みとれる北海道の農業の特徴を簡潔に答えよ。

[　　　　　　　　　　　　　　　　　　　　　　　　　　　]

差がつく (2) 資料Ⅱの「田」について，北海道は田の割合は少ないものの，米の生産量は全国1位，2位を争う。寒冷な北海道で米づくりがさかんになった理由を，2つ答えよ。ただし，a…1つは「泥炭地」，b…もう1つは「品種改良」という語句を使うこと。

a [　　　　　　　　　　　　　　　　　　　　　　　　　]
b [　　　　　　　　　　　　　　　　　　　　　　　　　]

ミス注意 (3) 資料Ⅱの「畑」について，北海道が全国一の生産量をほこる，次のそれぞれの作物を何というか。

① さとうきびとならぶ，重要な砂糖の原料で，「さとうだいこん」「ビート」ともいう。北海道が全国生産のほぼ100％を占めている。　　　[　　　　　　　]

② 原産地は南アメリカのアンデス山脈で，16世紀後半，日本に伝わった。寒冷な気候でも育つため，明治時代以降，北海道で栽培がさかんになった。「ばれいしょ」ともいう。

[　　　　　　　]

(4) 資料Ⅱの「牧草地」について，道東部の根釧台地は農作物が育たないため，牧草地での酪農がさかんである。これについて，次の問いに答えよ。

重要 ① (2)のように，北海道で稲作がさかんになったにもかかわらず，根釧台地では今でも米が育たないのは，なぜか。右の地図を参考に，その理由を次から選び，記号で答えよ。　　　[　　　]

ア　夏にフェーン現象がおこるから。
イ　夏にたびたび濃霧が発生するから。
ウ　冬に流氷が接近してくるから。
エ　冬に強いやませがふきこむから。

② 根釧台地には，国の政策によってつくられた大規模な酪農村がある。この酪農村がかかえる問題点を次から選び，記号で答えよ。　　　[　　　]

ア　大消費地から遠いため，保冷による輸送が困難で，生乳を出荷することができない。
イ　乳製品の価格が下がる一方，ふん尿の処理や施設の維持費に大きな費用がかかる。
ウ　国の方針が変わって，肉牛への転換が求められ，政府からの補助がもらえなくなった。

実力アップ問題

◎制限時間 **40**分
◎合格点 **80**点
▶答え 別冊 p.31

点

1 次の文章を読み，あとの各問いに答えなさい。 〈3点×4〉

> 東京都は，23の特別行政区と周辺の市町村からなるが，伊豆諸島や[a]もふくむので，南北に長い。東京の中心には皇居があり，その南側の永田町や霞が関には，国会議事堂や省庁など国の中枢機関が集まっている。皇居の東側の丸の内から大手町にかけては[b]があり，銀座から日本橋にかけては[c]が集まっている。東京都は商業がさかんで，このうち卸売業の販売額のほうが，小売業の販売額よりも大きい。

(1) 空欄aには，世界自然遺産に登録されている諸島があてはまる。この諸島の名称を答えよ。

(2) 空欄b，cにあてはまる語句を次から選び，記号で答えよ。

　ア　老舗の商店や百貨店　　　イ　雑貨を生産する中小工場

　ウ　銀行や企業の本社　　　　エ　大規模な展示場や海浜公園

(3) 下線部の理由を次から選び，記号で答えよ。

　ア　都内には販売額の大きい小売業の業者が少ないから。

　イ　総合商社など全国に製品を流通させている業者が多いから。

　ウ　繊維や薬品など小規模な専門の業者が多いから。

(1)		(2) b	c	(3)	

2 右の表は，3つの項目について，東京都，千葉県，大阪府を比較したものである。これを見て，次の各問いに答えなさい。

〈(1)完答6点，(2)4点〉

	人口密度(人／km²) 2018年	昼夜間人口比率 2015年	大学数(校) 2018年
X	6,300	117.8	138
Y	1,213	89.7	27
Z	4,626	104.4	55

(「データでみる県勢2020年版」より作成)

(1) 表中の「昼夜間人口比率」とは，何か。次の空欄にあてはまる語句を答えよ。

　「[a]人口を100としたときの[b]人口の割合」

(2) X～Zの正しい組み合わせを次から選び，記号で答えよ。

　ア　X 大阪府　Y 千葉県　Z 東京都　　　イ　X 大阪府　Y 東京都　Z 千葉県

　ウ　X 東京都　Y 千葉県　Z 大阪府　　　エ　X 東京都　Y 大阪府　Z 千葉県

　オ　X 千葉県　Y 大阪府　Z 東京都　　　カ　X 千葉県　Y 東京都　Z 大阪府

(1) a	b	(2)	

3 右の地図を見て，次の各問いに答えなさい。

〈(1)～(3) 2点×12，(4)完答4点×3〉

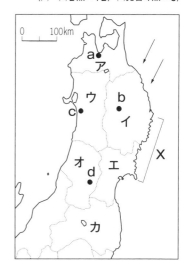

(1) 地図中の→の風について，次の各問いに答えよ。

　① この→は，夏にふく湿った風の向きを示している。この風を何というか。

　② この風は，しばしばある被害をもたらす。その被害を漢字2字で答えよ。

(2) 地図中の**X**の海岸について，次の各問いに答えよ。

　① 出入りの多い海岸線が発達し，天然の良港が多い。この地形を何というか。

　② この海岸に面した市町村は，2011年3月におこった地震を原因とする津波で，大きな被害を受けた。この地震（震災）を何というか。

　③ この海岸の沖合は，絶好の漁場になっている。その理由をまとめた次の文中の空欄にあてはまる語句を答えよ。

　　「暖流の[　**A**　]と寒流の[　**B**　]がぶつかる[　**C**　]にあたり，魚の種類が多く，また，魚のえさとなる[　**D**　]が豊富だから。」

(3) 地図中の**a**～**d**は，すべて県庁所在地である。それぞれの都市の代表的な伝統工業，祭りなどを次から選び，記号で答えよ。

ア 鋳物	**イ** 和紙	**ウ** 伝統こけし	**エ** 竿燈まつり
オ ねぶた祭	**カ** 鉄器	**キ** 讃岐うどん	**ク** 七夕まつり

(4) 次の各文にあてはまる県名を答えよ。また，その場所を地図中の**ア**～**カ**から選び，記号で答えよ。

　① 1960年代，稲作のモデル村を建設するために，大規模な干拓が行われた。北側の県境は，広大なぶなの原生林が広がる白神山地である。

　② この県の東部には，阿武隈高地が連なる。その西には人口が集まる3つの盆地があり，東の浜通り地区には，原子力発電所が建てられている。

　③ この県は昔から馬の飼育がさかんで，馬屋のある「曲家」とよばれるL字型の住居が見られる。最近は，高地や山ろくを中心に，肉牛の飼育や酪農が行われている。

(1)	①		②		(2)	①		②	
(2)	③	A		B		C		D	
(3)	a		b		c		d		
(4)	①			県		②			県
	③			県					

149

4 右の地図を見て，次の各問いに答えなさい。　〈3点×6〉

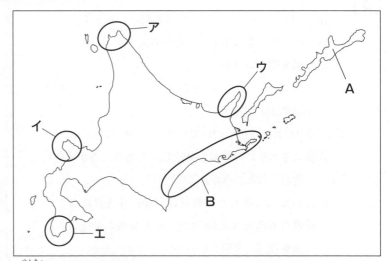

(1) 北海道で，世界自然遺産に登録されている地域の名称を答えよ。また，その地域を地図中のア～エから選び，記号で答えよ。

(2) 日本の北端の島である，略地図中のAの島名を書きなさい。また，Aの島をふくむ地域を不法に占拠(せんきょ)している国名を書け。

(3) 北海道の道庁所在地で毎年開催(かいさい)されている祭りを次から選び，記号で答えよ。

　ア　ねぶたまつり　　　イ　竿燈(かんとう)まつり　　　ウ　雪まつり　　　エ　七夕(たなばた)まつり

(4) 地図中のBの地域の気候について述べた，次の文中の空欄(らん)にあてはまる語句の正しい組み合わせをあとのア～エから選び，記号で答えよ。

> Bの地域は，[　X　]の上空を通ってふく季節風の影響(えいきょう)で，[　Y　]が多く発生する。

　ア　X 黒潮(くろしお)(日本海流)　Y 高潮(たかしお)　　　イ　X 黒潮(くろしお)(日本海流)　Y 濃霧(のうむ)
　ウ　X 親潮(おやしお)(千島海流(ちしま))　Y 高潮(たかしお)　　　エ　X 親潮(おやしお)(千島海流(ちしま))　Y 濃霧(のうむ)

(1)	名称		記号			
(2)	島名		国名		(3)	(4)

5 ある生徒が，次の課題について調査をおこなった。これについて，あとの各問いに答えなさい。

〈(1)・(2)・(4)～(6)3点×6，(3)6点〉

> 課題：なぜ，北海道や東北(とうほく)，北陸(ほくりく)の一部に米の収穫量が多い道県が集中しているのか？

○表から，「北海道は米の収穫量が全国2位なのに，耕地面積の割合が20％しかない」ことに気付き，さまざまな作物の耕地面積を比べた。

○表から，a 山形県の作物の耕地面積の割合で他の道県とちがう特色があることに気付いた。

○表の道県の多くは，b 日本海に面していることがわかった。

表　米の収穫量の全国上位5道県

項目　道県	米の収穫量（千t）	おもな作物の耕地面積の割合(%)			
		田	普通畑	樹園地	その他
新潟県	628	88.7	9.5	1.3	0.5
北海道	515	19.4	36.4	0.3	43.9
秋田県	491	87.5	8.0	1.6	2.9
山形県	374	79.0	10.3	8.8	1.9
宮城県	371	82.7	11.8	1.0	4.5

(2018年)　（「データでみる県勢2020年版」より作成)

○**表と図Ⅰ**から，表の道県は，[**c**]地域とほぼ一致することが分かった。

○**図Ⅰ**のような積雪の特色があらわれるのは，北西の季節風がふき，日本列島の**d山脈**にぶつかるためとわかった。

○**表**の道県には，**e図Ⅱ**のような流量の特徴が見られる河川が多い。

(1) 下線部**a**について，山形県が他の道県と比べて割合の最も多い作物を調べた。この作物を地図記号で示すとき，正しいものを次から選び，記号で答えよ。

ア 　　　　イ 　　　　ウ

エ 　　　　オ

(2) 下線部**b**について，表中の道県のなかから，日本海に面していない道県を選び，その名を答えよ。

(3) 空欄**c**にあてはまる内容を簡潔に書け。

(4) 下線部**d**について，表中の「秋田県」と「山形県」の積雪に最も関係の深い山脈の名を書け。

(5) 下線部**e**の「流量の特徴」と稲作の関係を説明した内容として適切なものを次から選び，記号で答えよ。

ア 梅雨の時期は流量が最も多く，稲作の用水を梅雨の雨にたよっている。

イ 年間を通じて流量に大きな変化がないので，稲作の用水として利用しやすい。

ウ 雪どけ水が大量に流れこむ3～4月の時期の流量が最も多く，稲作に雪どけ水を役立てている。

エ 冬のはじめの時期は流量が最も少ないが，この時期の水を翌年の稲作に利用している。

(6) 北海道は米だけでなく，野菜の栽培もさかんなことがわかった。これについて，次の各問いに答えよ。

① 北海道の野菜の作付け面積は，太平洋に面する平野が多くを占めている。大規模農法による畑作がさかんな平野名を答えよ。

② 北海道が全国一の生産量(2018年)をあげている野菜を次から**2つ**選び，記号で答えよ。

ア なす　　　イ たまねぎ　　　ウ レタス

エ ピーマン　　　オ かぼちゃ

図Ⅰ 年間最深積雪量

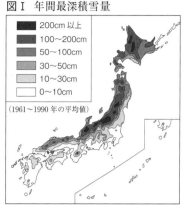

- 200cm 以上
- 100～200cm
- 50～100cm
- 30～50cm
- 10～30cm
- 0～10cm

(1961～1990年の平均値)

(「新版日本国勢地図」などより作成)

図Ⅱ 東北地方のある河川の月別平均＊流量

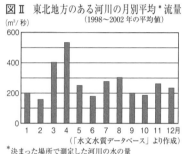

(1998～2002年の平均値)

(「水文水質データベース」より作成)

＊決まった場所で測定した河川の水の量

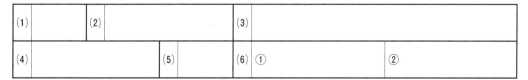

(1)		(2)		(3)	
(4)			(5)	(6) ①	②

②

151

□ 編集協力　㈱プラウ21(白石陽一)　小南路子　三尾正子

□ 本文デザイン　小川純(オガワデザイン)　南彩乃(細山田デザイン事務所)

□ 図版作成　㈱プラウ21　AD WELL ART　千手　田中雅信

□ 写真提供　アート・エフ　国土交通省　時事通信フォト　AFP＝時事　Avalon　Black Star　CLICK　dpa　EPA＝時事　hemis.fr
　　　　　　PIXTA

シグマベスト
実力アップ問題集
中学地理

本書の内容を無断で複写（コピー）・複製・転載する
ことを禁じます。また，私的使用であっても，第三
者に依頼して電子的に複製すること（スキャンやデ
ジタル化等）は，著作権法上，認められていません。

編　者　文英堂編集部

発行者　益井英郎

印刷所　岩岡印刷株式会社

発行所　株式会社文英堂

〒601-8121　京都市南区上鳥羽大物町28

〒162-0832　東京都新宿区岩戸町17

(代表)03-3269-4231

実力アップ問題集

EXERCISE BOOK | SOCIAL STUDIES

解答・解説

中学地理

文英堂

1章 世界と日本の姿

❶ 地球の姿

1 (1) イ　(2) A…カ　B…ウ　C…ア
　　D…イ　E…エ　F…オ
　(3) ① ウ　② ア　③ エ

解説 (1) 海洋の面積が，7割を占めていることを覚えておく。**陸地は北半球に多い。**
(3)①〜③ は三大洋。イの北極海は，北極圏に広がる海洋で，大西洋の**付属海**とみなされている。

2 (1) ア，ウ　(2) オーストラリア大陸
　(3) 南極大陸　(4) ① アフリカ大陸
　② 南アメリカ大陸

解説 (1) **ユーラシア(Eurasia)大陸**は，ヨーロッパ(Europe)とアジア(Asia)を合わせた名称である。一般には，ロシア連邦の**ウラル山脈**を境にヨーロッパ州とアジア州に分けられる。
(3) 南極大陸は，1959年に結ばれた南極条約によって，領土権の凍結(どこの国にも属さないこと)が取り決められた。

3 (1) 経線　(2) 本初子午線
　(3) ロンドン　(4) エ　(5) イ　(6) イ

解説 (1) 経線は北極と南極をたてに結ぶ線，緯線は**赤道**と平行で横に結ぶ線である。
(2)(3) **本初子午線**は，イギリスの首都**ロンドン郊外**の旧グリニッジ天文台を通っている。
(4) 横の線，すなわち緯線は40度を示している。赤道より北側なので，北緯40度であることがわかる。また，たての線，すなわち経線は135度を示している。本初子午線より東側なので，東経135度であることがわかる。
(5)(6) **北回帰線**は，北緯23.4度の緯線である。**地軸**が23.4度傾いていることから，夏至のとき，太陽が真上にくる。

4 (1) ウ　(2) イ

解説 (1) メルカトル図法の地図は，等角航路を正しく表すため，**航海図**に利用されてきた。

(2) 角度は正しいが，面積や距離は赤道をはなれるにつれ，拡大して示される。

1 (1) ① ユーラシア大陸，ア
　　② 南アメリカ大陸，エ
　(2) a…ウ　b…イ　c…ア

解説 (1)② 対蹠点とは，ある地点の地球の反対側(裏側)の地点をいう。日本(東京)の対蹠点は，南アメリカ大陸のブラジル沖合にあたる。
(2) aは**大西洋**，bはインド洋，cは**太平洋**。それぞれにふくまれる海を選ぶ。

2 (1) 北回帰線　(2) 23.4度　(3) ウ
　(4) ア　(5) イ，エ

解説 (1) 北緯23.4度の緯線。夏至のとき，太陽が真上にくる。
(3) 冬至のときは，昼の時間が短く，夜の時間が長い。
(4) 北極圏では，6〜7月ごろ，1日中太陽が沈まず，うす明るい状態が続く。
(5) 日本と南半球のオーストラリアは，時差はほとんどないが，季節は反対になる。そのため，日本では，南向きの部屋に太陽光線が多くあたるが，オーストラリアでは，北向きの部屋に多くあたる。

3 (1) 正距方位図法
　(2) ブエノスアイレス　(3) 5,000km
　(4) イ　(5) 南アメリカ大陸

解説 (1) 問題の地図は，**中心(東京)からの距離と方位が正しく表される正距方位図法。**
(2) ブエノスアイレスは，南アメリカ大陸アルゼンチンの首都。日本から見て，地球の裏側にあたる。
(3) シンガポールは，5,000kmの同心円付近にある。
(4)(5) 東京を中心に，方位記号を重ねて考えるとよい。真上が北，真下が南になる。まっすぐ東に進むと南アメリカ大陸にあたる。

定期テスト対策

❶正距方位図法の地図の読解

・**中心からの方位**…上が北，下が南，左が西，右が東を表している。

・**中心からの距離**…いくつかの円(同心円)に示された数字が表している。

---

4 (1) メルカトル図法 (2) イ
(3) ア (4) ウ
(5) 例 地図上の2点を結んだ直線が等角航路
を表すから。

解説 (2) 本初子午線は，経度0度の線。イギリスの
首都ロンドンを通っていることから，イとわかる。
(3) メルカトル図法は，角度は正しいが，距離や方
位などは正しくない。距離は高緯度に向かうにつれ，
実際よりも拡大されるため，赤道から最も遠いA－
B間の距離が，実際は最も短い。
(4) 日本（兵庫県明石市）を通っているのは，東経135
度の経線である。ここから3本右が日付変更線（経
度180度）。ここから15度ずつ6本右にある地点が
ニューオーリンズなので，西経90度になる。
(5) 2点間を結ぶ直線が等角航路を表すので，船が
この線に沿って進むと目的地に到達できる。

❷ 世界の地域区分と国々

p.12～13 基礎問題の答え

1 (1) ウ (2) ア (3) バチカン市国
(4) イ

解説 (2) 主権に代わって，政府をあげる場合もある。
主権とは，他国の干渉を受けず，国の政治を独自に
行える権利のこと。これを実行する機関が政府である。
(3) バチカン市国は，カトリック（キリスト教の一
派）の総本山。国際連合に加盟しないのは，国際社
会での政治的な中立を維持するため。なお，永世中
立国で知られるスイスは，軍事同盟やEU（ヨーロ
ッパ連合）などの地域連合体には加盟していないが，
国際連合には加盟している。
(4) 南スーダンは，2011年7月にスーダンから分
離・独立した新しい国。首都はナイル川沿岸の都市
ジュバ。2006年に加盟したモンテネグロに続く，
193番目の国際連合加盟国である。

2 A…① ヨーロッパ州 ② イ
B…① アフリカ州 ② カ
C…① アジア州 ② エ
D…① オセアニア州 ② ア
E…① 北アメリカ州 ② ウ
F…① 南アメリカ州 ② オ

解説 イのフィンランドは，北ヨーロッパの国。エの
マレーシアは，東南アジアの国。カのエチオピアは，

アフリカ大陸北東部の国。

3 (1) ① エ ② c (2) ① ク ② i
(3) ① カ ② e (4) ① ケ ② g
(5) ① ウ ② f (6) ① キ ② h

解説 (1)「面積が世界最大」から，ロシア連邦だと
わかる。とくに東西に長く，11の標準時が設定さ
れている。
(2) スペイン語で「赤道」を意味するエクアドルが
正解。首都はキト。
(3)「世界で最も人口が多い」から，約14億人の人
口をもつ中国だとわかる。
(4)「50州」からアメリカ合衆国とわかる。「星条
旗」の星は全50州を，赤と白の縞模様は独立当時
の東部13州を表している。
(6)「コロンブス」に，表記や音が似ていることから，
コロンビアだとわかる。

4 (1) エ (2) イ (3) ア (4) ク
(5) キ (6) ケ

解説 (1) フランスとスペインの国境はイベリア半島
のつけ根の部分にあたり，約400kmにわたってピ
レネー山脈が連なっている。
(2) 北朝鮮と韓国の間では，かつて朝鮮戦争（1950～
53年休戦）がおこった。政治的な対立は現在も続き，
両国は北緯38度線をはさんで緊張状態にある。
(3) エジプトとリビアはアフリカ北部の国。東経25
度の経線が国境になっている。
(5) チリとアルゼンチンは南アメリカの国。南北に
連なるアンデス山脈が国境になっている。

p.14～15 標準問題の答え

1 (1) ① 北アメリカ州 ② アジア州
③ 南アメリカ州 ④ アフリカ州
⑤ ヨーロッパ州 ⑥ オセアニア州
(2) ① イ ② エ ③ ウ ④ ア ⑤ オ

解説 (1)② バングラデシュは南アジアの国。インド
に囲まれている。④ モロッコはアフリカ北部の国。
⑤・⑥ オーストリアはヨーロッパ州の国。オース
トラリアはオセアニア州の国。国名がよく似ている
ので混同しないこと。
(2) アジアは，位置関係によって，6つの地域に分
けられる。② 中央アジアの国々は，ロシア連邦と
の結びつきが強い。⑤ 西アジアには，産油国が多い。

2 (1) A…カ　B…オ　C…ウ　D…エ
　 (2)① オセアニア　② イギリス

解説 (1) **A**はたてに長いので，**南アメリカのチリ**。アンデス山脈に平行して南北に長い。**B**は直線的な国境線が引かれているので**エジプト**。**C**は逆三角形なので，南アジアの**インド**。**D**はゾウの顔の形に似ているので，東南アジアの**タイ**。
(2) 4つの国旗の国々は，**かつてイギリスの植民地**であり，現在も**イギリス連邦**（イギリスとその植民地だった国々から構成される）の一員として，ゆるやかに結びついている。

3 A…シンガポール　B…カナダ
　 C…サウジアラビア　D…アメリカ合衆国
　 E…ブラジル

解説 **A**はマレー半島の南端にあり，「ライオンの町」とあることから，東南アジアの**シンガポール**。
Bは面積が世界第2位なので，北アメリカの**カナダ**。国土の大部分が寒冷地なので，人口密度は少ない。
Cはアラビア半島で，「サウド家」とあることから，西アジアの**サウジアラビア**が思いうかぶだろう。サウド家がイスラムの教えによって国を統治している。
Dは探検家「アメリゴ＝ベスプッチ」の名から，「アメリカ」とよばれる**アメリカ合衆国**。
Eの南アメリカ州の赤道直下の国には，エクアドルもあるが，およそ200万人の**日系人**が住んでいることから**ブラジル**とわかる。

4 (1)③　(2) a…オ　b…イ
　 (3) エ　(4) エ
　 (5)例 ヨーロッパ諸国が植民地支配をしていたとき，経緯線に沿って領土を分割して国境線を引いたため。

解説 (1)③ の**スカンディナビア半島**は，北ヨーロッパにあり，北部は北極圏にふくまれる。
(2) **b**の**タイ**の中央を流れる**チャオプラヤ川**とまちがえないこと。
(4) エジプトは四角い形が特徴的である。
(5) アフリカの多くの国は，かつてフランスやイギリスなど**ヨーロッパの植民地支配**を受けた。このとき，ヨーロッパの国々は，自国の統治に都合がよくなるよう，**経緯線に沿って領土を分割**した。そのときのなごりが，現在も国境線として多く残っている。

❸ 日本の姿

p.18～19 基礎問題の答え

1 (1)① ユーラシア　② 太平洋
　　　③ 韓国[大韓民国]　④ ロシア連邦
　 (2)① 24　② 15　③ 明石　④ 9

解説 (1)② 直前に「三大洋」とあり，その「北西」にあることから考える。③ 朝鮮半島の北部には，北朝鮮（朝鮮民主主義人民共和国），南部には韓国（大韓民国）がある。
(2)① 地球は，1日（24時間）で1回転している。② 24時間で1回転（360度）するから，1時間に「360÷24＝15」で，15度回転していることになる。

2 (1) a…エ　b…イ　c…ア　d…オ
　 (2) ウ
　 (3) （排他的）経済水域
　 (4) 竹島　(5) イ

解説 (1) **a**は最北端なので，北方領土の**択捉島**。**b**は最東端の**南鳥島**。「南」の字をふくむが，最南端ではないので，注意すること。最南端の**d**は**沖ノ鳥島**である。なお，南鳥島も沖ノ鳥島も東京都に属する。**c**は最西端で沖縄県の**与那国島**である。
(2) 日本列島は，北海道から沖縄まで**約3,000km**にわたって連なっている。
(3) 日本の端に位置する島から広がっていることに注目する。
(5) ヨーロッパは，日本より少し高緯度にあることを思い出す。

3 (1) A…北海道　B…東北　C…関東
　　　D…中部　E…近畿　F…中国・四国
　　　G…九州
　 (2)① オ　② ア　③ ウ

解説 (2) 中部地方は，日本海側の**北陸地方**（新潟県，富山県，石川県，福井県），内陸部の**中央高地**（山梨県，長野県，岐阜県北部），太平洋側の**東海地方**（静岡県，愛知県，岐阜県南部）に分けられる。

4 (1)① 青森　② 滋賀　③ 香川　④ 鹿児島
　 (2)① イ，カ　② ア，エ
　　　③ ウ，オ
　 (3)① 埼玉　② さいたま

解説 (1)① ほかの県は，太平洋か日本海のどちらか1つに面している。

(2)③ の門前町とは，大きな寺院を中心とする町のこと。**ウ**の奈良市は東大寺などの，**オ**の長野市は善光寺の門前町である。

(3) 埼玉県さいたま市は，2001年に，浦和市，大宮市，与野市の3市が合併して発足した。現在は政令指定都市になっている。

p.20～21 標準問題の答え

1 (1) イ　(2)① 日付変更線　② ア
　　(3)① 12月31日午後3時
　　　② 12月31日午前10時

解説 (1) 赤道から北極までは，90度である。1万kmが90度にあたるので，70度の差の距離は，1万kmの9分の7。「$10000 × \dfrac{7}{9}$」で計算する。

(2) 日付変更線を，西から東へこえるときには，日付を1日遅らせる。逆に東から西へこえるときには，日付を1日進める。

(3)① 日本の標準時子午線は東経135度なので，0度のロンドンとは，「135÷15＝9」で，9時間の時差がある。東にある日本のほうが，時刻は先に進むので，1月1日午前0時から，9時間もどせばよい。
② ニューヨークは，西経75度にある。つまり，ロンドンより西へ75度の位置にあるので，「75÷15＝5」で，前問① のロンドンの時刻からさらに5時間もどせばよい。

定期テスト対策

❶時差の計算
「2点間の経度の差÷15」で求める。
→ロンドンが経度0度，日本は東経135度であることを覚えておく。
→日付変更線より東にある地点のほうが，時刻は先に進む。

2 (1) イ　(2) 小笠原諸島
　　(3)例 波の侵食で島が海中に沈み，排他的経済水域が縮小することを防ぐため。

解説 (1) 沖ノ鳥島は，日本の最南端の島である。日本は，北緯20度～46度の範囲にふくまれていることを思い出そう。

(3) 沖ノ鳥島は，満潮時2個の岩が海面に出ている

だけになる。波の侵食によって岩が沈むと，日本は広大な排他的経済水域を失ってしまう。それを防ぐため，日本は巨額の費用を投じて，島が沈まないように護岸工事を行った。

3 (1) A…12　B…200
　　(2)例 沿岸から200海里までの鉱産，水産資源は沿岸国に利用する権利があるという水域。

解説 (1) Aは領海，Bは排他的経済水域であることに注意する。

(2) 排他的経済水域では，鉱産資源や水産資源を沿岸国が自由に採掘，漁獲することができる。なお，他国の船が自由に航行することは領海内では認められないが，12海里より外側なら，排他的経済水域の範囲であっても認められている。

4 (1)① 岩手　② 岐阜県，山梨県　③ エ
　　(2)① a…横浜市，ウ　b…名古屋市，ア
　　　② a…カ　b…イ　c…ク
　　　③ 山陰地方

解説 (1)① 43県のなかで，最も面積が大きいのは岩手県である。③ 香川県は四国地方北東部に位置する。瀬戸内海にうかぶ島を選ぶ。なお，アの三宅島は伊豆諸島の火山島で，東京都に属する。イの竹島は韓国が不法に占拠している島で，島根県に属する。ウの対馬は日本海にうかぶ島で，長崎県に属する。

(2)② a…福井県の旧国名は「越前」。b…徳島県の旧国名は「阿波」。c…高知県の土佐清水市には，かつて捕鯨基地があった。なお，アの石狩なべは北海道，ウの信州そばは長野県，エの筑前煮は福岡県，オの佐渡おけさは新潟県，キの駿河茶は静岡県。
③ 中国地方は日本海側の山陰地方と，瀬戸内海側の山陽地方に分けられる。

p.22～25 実力アップ問題の答え

1 (1) イ　(2) ⓘ　(3)① 大西洋　② Y
　　(4)例 地球の表面積の約7割を海が占めているから。

2 (1) 北半球　(2) ユーラシア
　　(3) ○　(4) メルカトル図法

3 (1) 3：7
　　(2)① カナダ　② ロシア連邦　③ スイス

5

④ **オーストラリア**

(3)① **南緯40度，東経160度** ② **エ**

(4) **ア**

4 (1) **南アメリカ大陸**

(2)① **日本** ② **ユーラシア大陸** ③ **ウ**

5 (1) **X…イ Y…エ**

(2)① **a…択捉島 b…与那国島**

② **ロシア連邦**

(3) **3時間**

6 (1)① **中部** ② **岐阜**

(2)① **ウ** ② **沖ノ鳥島** (3) **エ**

解説 **1** (1) P点は北緯60度，Q点は南緯30度なので，2点の緯度差は90度である。地球の全周，つまり360度が約4万kmなので，90度の距離はその4分の1になる。

(2) あはスペイン，いは南アフリカ共和国，うはニュージーランド，えはアメリカ合衆国の都市。**略地図Ⅱ**を見ると，あ，う，えは，東京から約10,000kmの距離にあるが，いは約15,000kmの距離にある。

(3)① **略地図**中のXはインド洋，Yは大西洋，Zは太平洋である。

(4)「水の惑星」とは「海の惑星」とおきかえて考えるとよい。海の面積は，陸地の面積の2倍以上ある。

2 (1) ユーラシア大陸など，**陸地は北半球に多い**。

(3) **緯線は高緯度に向かうにつれて短くなるが，北極点と南極点を結ぶ経線はすべて同じ長さである。**

(4) **モルワイデ図法**は面積を正しく表す図法（**正積図法**）である。

3 (2) 首都名を知らなければ，面積や人口を手がかりにする。①と④は人口密度が低いことがヒント。

(3)① **赤道はアフリカ大陸の中央，インドネシア，南アメリカ大陸の北部を通る。** そこから20度間隔の南に2本目の緯線なので，20度×2＝南緯40度となる。**本初子午線**が通るロンドンは経度0度。そこから20度間隔の東に8本目の経線なので，20度×8＝東経160度になる。なお，東京はほぼ東経140度にある。

② 角度の正しい地図（メルカトル図法）なので，**方位，距離，面積は正しく表せない。**

(4) ロンドンは，ヨーロッパの都市。上空には，1

年を通して，西から東に偏西風がふいている。

4 (1) 東京から真西に移動すると，ユーラシア大陸，アフリカ大陸，南アメリカ大陸の順に通過する。

(2)① 人口密度とは，単位面積あたりの人口のこと。中国の面積は日本の約25倍で，人口は約11倍であることから考える。③ 日本と中国の経度差は，「135度－120度」で，15度。したがって，時差は1時間である。日本のほうが東にあり，時刻は先に進むので，日の出の時刻は中国より1時間早くなる。

5 (1) X…同じ経度なので，南半球の国もふくまれる。日本の真南にあたるオーストラリアが正解。Y…北緯40度は地中海や南ヨーロッパ諸国を通ることから，地中海に面したトルコが正解。または，消去法で考えてもよい。**ア**のブラジルは南半球の国，**ウ**のケニアは赤道直下の国，**オ**のキューバは低緯度のカリブ海にうかぶ国。

(3) まず，日本とパリの時差を計算する。パリは東経15度，日本は東経135度なので，経度差は120度。「120度÷15」から，時差は8時間。日本が2月17日午前10時のとき，パリは17日午前2時である。ここから飛行機の移動時間の13時間を加えると，17日午後3時となる。次にモスクワとパリの経度差は45度なので，時差は3時間。モスクワが17日午後5時のとき，パリは17日午後2時である。これに飛行機の移動時間の4時間を加えると，17日午後6時となる。17日午後3時と17日午後6時の時間差は，3時間である。

6 (1)② 境界線に面した内陸県は，近畿地方の滋賀県と中部地方の岐阜県。

(2)② 沖ノ鳥島が沈むと，日本の国土面積とほぼ同じ面積の排他的経済水域が失われてしまう。

(3) 日本やニュージーランドのような島国（海洋国）のほうが，排他的経済水域は広くなる。

2章 世界のさまざまな地域

4 世界各地の環境と人々の生活①

p.28〜29 基礎問題の答え

1 ①**イ** ②**ア** ③**ウ** ④**カ**

解説 ある地域や都市の気温と降水量を示したグラフを**雨温図**という。月ごとの気温は折れ線グラフで，

月ごとの降水量は棒グラフで表す。グラフ内の**a**の数字は1年間の平均気温を示し，**b**の数字は1年間に降った雨や雪の総量を示している。

2 (1) ① **カ** ② **イ** ③ **ア** ④ **オ**
　　　⑤ **エ** ⑥ **ウ**
　　(2) a…**ウ** b…**エ** c…**イ** d…**ア**

解説 (1) 両極に近い高緯度地方ほど，寒冷な気候を示し，赤道に近い低緯度地方ほど，温暖な気候を示す。中緯度地方には，温帯と乾燥帯が広がる。①は赤道周辺なので，1年じゅう高温多雨な**熱帯雨林気候**。②は高温で**雨季**と**乾季**があるサバナ気候となる。③〜⑤は中緯度地方なので，温帯か乾燥帯。このうち，③は砂漠の周辺部に多いことから，ステップ気候だとわかる。④は地中海沿岸などに見られるので，**地中海性気候**。⑤は日本をふくむ東アジアなどに見られるので，温暖湿潤気候である。
(2) **ア**は，気温に注目する。気温が0℃以下の期間が最も長く，夏の気温が10℃以下で期間が短くなっていることから，寒帯の都市(アメリカ合衆国のアラスカ州にあるバロー)。**イ**は，1年じゅう高温で，雨の多い時期と少ない時期の差が大きいので，サバナ気候の都市(タイの首都バンコク)。**ウ**は，夏の降水量が少ないことから，地中海性気候の都市(スペインのバルセロナ)。**エ**は，きょくたんに降水量が少ないことから，砂漠気候の都市(エジプトの首都カイロ)。

3 (1) ① **イ** ② **エ** ③ **オ**
　　(2) ④ **ア** ⑤ **キ** ⑥ **コ**

解説 (1)① 1年じゅう雪と氷におおわれていることから**寒帯**。夏に気温が上がる(2)④の**冷帯(亜寒帯)**と混同しないこと。
(2)⑤ 冷帯に広がる針葉樹は，タイガ。

4 (1) **アルパカ** (2) **エ**
　　(3) **インディオ** (4) **エ**

解説 (1) アンデス山脈の高地では，**アルパカ**や**リャマ**が飼われている。このうち，アルパカは毛がポンチョなどの衣服の材料となる。リャマはおもに荷物の運搬に用いられる。
(2) インカ帝国の時代から，とうもろこしとともに主要な食料だったと考えられているじゃがいもが正解。
(3) 南アメリカの先住民を，スペイン語でインディオという。とくにボリビアなど，アンデス山脈に多

く暮らしている。
(4) 高地は，昼と夜の気温差が大きい。季節による気温差は，低緯度地域ではあまり大きくなく，1年を通して冷涼である。

p.30〜31 標準問題の答え

1 (1) **ウ**
　　(2) ① **北大西洋海流** ② **偏西風**
　　(3) **イ** (4) **エ**
　　(5) 例 1年を通して気温が高く，雨の多い雨季と雨の少ない乾季がある。

解説 (1) 赤道は，アフリカ大陸のケニア，ウガンダ，コンゴ民主共和国などを通過している。
(2) 暖流の北大西洋海流が流れ，その上空を西よりの偏西風がふいているため，高緯度のわりに温暖な西岸海洋性気候を示す。
(3) 地中海沿岸なので，夏に乾燥し，冬に雨が降る地中海性気候にふくまれる。
(4) 乾燥地のオアシスで栽培される農作物なので，なつめやし，綿花。このほか，小麦も栽培される。
(5) 熱帯は，熱帯雨林気候とサバナ気候に分けられる。1年じゅう雨が多いのが熱帯雨林気候，雨季と乾季があるのがサバナ気候である。

定期テスト対策

●ヨーロッパの2つの温帯

・西岸海洋性気候…北大西洋海流と偏西風の影響。→高緯度のわりに温暖。
・地中海性気候…夏に乾燥し，冬に雨が降る。→夏にオリーブ，ぶどう，冬に小麦を栽培。

2 都市…**イ**
　　理由…例 1年を通して降水量が少なく，南半球で冬にあたる5〜8月に気温が低いから。

解説 北半球と南半球は季節が反対になる。したがって，5〜8月に気温が低く，11月〜2月に気温が高いことから，南半球のアリススプリングス(オーストラリア)だとわかる。アリススプリングスは，オーストラリア中央部の砂漠地帯にある都市で，世界最大級の岩石であるウルル(エアーズロック)観光の拠点になっている。

3 (1) **タイガ** (2) **熱帯雨林気候**
　　(3) A…**ウ** B…**イ**

(2)「気候区」を問うているので，熱帯ではなく，熱帯雨林気候と答えること。
(3) 同じ**高床**の住居でも，その建設の理由は異なる。冷帯(亜寒帯)の永久凍土，熱帯の高温多湿の土地という自然環境のちがいから考える。

④ (1) ⓘ，イタリア
　(2) ① ウ　② 例 降水量が少なく，家畜の遊牧が農業の中心になっている。

解説 (1)「古い石造りの建物」とあるが，「セントラルヒーティングが完備されている」ともあるので，近代的な住居だとわかる。また，温帯で梅雨や台風がないことから，ヨーロッパの都市。したがって，ⓘのイタリアが正解。イタリアは，温帯の**地中海性気候**にふくまれる。なお，ⓐは東南アジアのタイで，熱帯の**サバナ気候**。ⓒは北アメリカのカナダで，冷帯(亜寒帯)〜寒帯の気候。ⓔは西アジアのサウジアラビアで，乾燥帯の気候。
(2)① ⓔは乾燥帯で，降水量がきわめて少ないことから考える。② 項目Ⅰを見ると，耕地や樹園地がほとんどなく，牧草地が79.1％を占めている。乾燥帯の農業の特色をまとめるとよい。

⑤ 世界各地の環境と人々の生活②

p.34〜35 **基礎問題**の答え

① (1) **英語**　(2) **ウ**　(3) **エ**

解説 (1)「グローバル化」とは，経済活動や社会活動などが世界全体におよぶこと。または，ある文化が広がり，地球規模で影響がおよぶことをいう。
(2) 中国(中華人民共和国)の人口は約14億人である。海外にも，**華人**，**華僑**など，中国系の人々が多く住んでいることから，**ウ**の12〜15億人と推測できる。
(3) Bはアフリカに多いことからフランス語。Cは南アメリカに多いことからスペイン語。Dは西アジアや北アフリカに多いことからアラビア語。

② A…オ　B…ウ

解説 Aは**インディオ**とあることから，南アメリカの国とわかる。そのうちポルトガル語を公用語としているのは，ブラジルである。

Bは**多民族国家**で，中国語やマレー語，タミル語を話す人が多いことから，**ウ**のシンガポールとわかる。

③ (1) ア
　(2) ⓑ ① **イエス**　② **聖書**
　　　ⓒ ① **ムハンマド[マホメット]**
　　　　② **コーラン**
　(3) イ，エ　(4) 民族宗教

解説 (1) 仏教は，インドで**シャカ**が開いた。ただし，現在のインドではヒンドゥー教が広く信仰されており，仏教徒は少ない。
(3) イスラム教の信者は，神(アッラー)への信仰心を確認するため，1年に1度，**ラマダン**(断食月)の期間，日の出から日没まで，まったく食事をしない宗教行事がある。また，1日5回，**カーバ神殿**がある聖地メッカ(サウジアラビア)の方角に向けて，礼拝を行う。アはキリスト教徒，ウはヒンドゥー教徒に関すること。

④ A…エ　B…ア　C…イ

解説 Aは東南アジアの人々が着る一枚布の服で，**サロン**という。風通しがよく，暑さをしのげる。
Bは寒冷なロシア連邦に住む人々の防寒服。
Cは砂漠に住む遊牧民の服。強い日差しや砂ぼこりを防ぐ服。

p.36〜37 **標準問題**の答え

① (1) カ　(2) ク　(3) ウ　(4) エ

解説 (2) ラテン系の白人が多いのは，ヨーロッパ以外では，南アメリカ。**キ**のブラジルはポルトガル語を公用語とし，インディオとの混血も多いので，**ク**のアルゼンチンが正解。
(4)「マレー系」とあることから，東南アジアの国であることがわかる。そのなかで，キリスト教徒が多いのは，**エ**のフィリピンである。

② (1)① インド　② 朝鮮　③ メッカ
　　④ アラビア　⑤ 豚
　　⑥ プロテスタント　⑦ クリスマス
　　⑧ イースター[復活祭]
　(2)① ヒンドゥー教　② ユダヤ教
　(3) B…ウ，ク　C…イ，カ
　　　E…エ，キ　G…ア，コ
　(4) A…イ　C…ア　D…ウ　F…オ

(5) 例 アメリカ合衆国の影響が大きく，世界的な画一化が進んでいる。

解説 (1)② 仏教は，6世紀の半ば，朝鮮半島の百済から日本へ伝えられた。⑥ プロテスタントは，16世紀にヨーロッパでおこった宗教改革によって，カトリック教会からはなれて生まれた。
(2)① ヒンドゥー教の「聖なる川」ガンジス川で，信者が沐浴をして，身体を清めている写真。② ユダヤ教信者の信仰のシンボルである「嘆きの壁」（エルサレム）での写真。
(3)(4) Aはイタリア，Bはサウジアラビア，Cはインド，Dはタイ，Eは韓国，Fはカナダ，Gはペルー。
(5) ファストフードもTシャツ，ジーンズも，アメリカで生まれた文化である。

定期テスト対策

❶イスラム教徒の礼拝のようす

右のような写真から，イスラム教を答えさせる問題がよく出題される。

---

3 例 仏教徒が多いが，さまざまな宗教の行事を日常生活に取り入れ，他宗教に寛容である。

解説 日本人は，「信仰心が薄い」「宗教に対して無関心」という指摘がある。しかし，早くから伝わった仏教思想が広く根づいており，また，クリスマスなどのキリスト教の行事や，神道のさまざまな行事を日常生活に取り入れているということもおさえておきたい。

❻アジア州

p.40〜41 基礎問題の答え

1 (1) ウ (2) a…インダス川
　　 b…メコン川　c…黄河
　(3) チベット高原
　(4) A…① アラビア半島　② エ
　　　 B…① マレー半島　② ウ
　　　 C…① 朝鮮半島　② イ[ア]
　　　 D…① カムチャツカ半島　② ア

解説 (1) 赤道は，インド洋や，インドネシアのスマトラ島，カリマンタン島（ボルネオ島）などを通っている。よって，ウが正解。
(2) aはインド北西部からパキスタンを流れていることから，インダス川だとわかる。インド北東部を流れるガンジス川と混同しないこと。
(3) ヒマラヤ山脈の北側に広がる高原なので，チベット高原。
(4) Aのアラビア半島の中南部には，ルブアルハリ砂漠が広がっている。Cの朝鮮半島は，南部が温帯，北部が冷帯（亜寒帯）にふくまれる。Dのカムチャツカ半島は，ロシア連邦東部の半島で，ベーリング海，太平洋とオホーツク海を分けている。

2 (1) A…イスラム教　B…仏教
　　　 C…キリスト教
　(2)① 漢民族[漢族]　② アラブ系の人々

解説 (1) Aは西アジアのイランの大部分を占めていることから，イスラム教だとわかる。Bはタイの大部分を占めていることから，仏教だとわかる。Cはフィリピンの大部分を占めていることから，キリスト教だとわかる。
(2)① 漢民族（漢族）は，世界最大の人口をもつ。② 西アジアに多いのは，イスラム教を信仰し，アラビア語を話す，アラブ系の人々（アラブ人）である。

定期テスト対策

❶アジア諸国の宗教分布

・仏教徒の多い国…タイ，ラオス，ベトナム，ミャンマー，中国，日本など
・イスラム教徒の多い国…インドネシア，マレーシア，ブルネイ，バングラデシュ，パキスタン，西・中央アジアの国々など
・キリスト教徒の多い国…フィリピン
・ヒンドゥー教徒の多い国…インド

---

3 (1)① イ　② ウ　③ オ　④ ア
　(2) ⓐ 経済特区　ⓑ 税金　ⓒ 世界の工場

解説 (1)① 「黄土」は，華北の黄河流域の地表に広がる黄褐色の土。冷涼な華北は，畑作が中心である。② 遊牧とオアシスから，乾燥地帯の内陸部があてはまる。③ 二期作とは，1年に2度，同じ耕地で同じ作物を栽培すること。米の二期作がさかんなのは，チュー川流域の華南である。④ 寒冷で，平原

9

が広がっているのは，最も北の東北地方。

(2) 中国は，貿易に便利な沿岸部に経済特区を設け，土地を安く貸したり，税金を免除したりすることで，多くの**外国企業を誘致**した。シェンチェンやチューハイなど5つの地域が指定されている。

4 (1) A…エ　B…ア　C…ウ　D…カ
　　　E…イ　F…オ
　　(2) ASEAN[東南アジア諸国連合]

解説 (2) ASEAN(東南アジア諸国連合)は，1967年にインドネシア，シンガポール，タイ，フィリピン，マレーシアの5か国で結成した地域協力機構。その後，ブルネイ，ベトナム，ラオス，ミャンマー，カンボジアが加盟した。おもに経済，社会分野での相互援助を進めている。

p.42～43　標準問題の答え

1 (1) ① モンスーン　② 夏
　　(2) ① ガンジス川，エ
　　　② 長江，イ
　　(3) ① デカン高原　② エ
　　(4) 例 家畜の遊牧がさかんで，水がわくオアシスでは綿花，小麦などが栽培されている。

解説 (1) 季節風のことだが，問題文に「カタカナ」という指定があるので，モンスーンと答える。**夏は海洋から大陸へ，冬は大陸から海洋に向かってふく。**
(3) インド中部の高原なので，デカン高原。乾燥しており，綿花栽培がさかん。
(4) **A**は中央アジア，**B**はアラビア半島で，どちらも**乾燥帯**にふくまれる。中央アジアでは羊や馬，アラビア半島ではらくだや羊の**遊牧**がさかんである。また，水がわく**オアシス**では，乾燥に強い綿花や小麦が栽培されている。**B**のアラビア半島では，なつめやしの栽培もさかん。

2 (1) 例 **内陸部と比べて，沿岸部で工業が発達している。**
　　(2) エ

解説 (1) 沿岸部のほうが内陸部より，地区総生産が高いことに注目する。資源の豊富な北部や，経済特区に多くの外国企業が進出した沿岸部で工業が発達。
(2) 工場は人口(働き手)が多い地域に進出すること，都市は沿岸部(平野部)に発達しやすいことから考える。日本と同じく人口密集地帯と工業地域は重なる。

3 (1) APEC　(2) イスラム教　(3) ウ
　　(4) ① 多民族国家
　　　② 例 石油や天然ゴムなどの資源や原料の輸出から，機械類を中心とする製造業に産業の中心が移っている。
　　(5) ウ　(6) ア

解説 (1) 東南アジア諸国連合のASEANと混同しないようにする。
Asia-Pacific Economic Cooperation を略して，APECとよばれる。年に一度開催され，2020年現在21の国や地域が参加している。
(3) 1950年，韓国と北朝鮮のあいだで**朝鮮戦争**がおこった。1953年に休戦協定が結ばれ，**北緯38度**に沿って軍事境界線が引かれた。
(4)② 輸出の上位が，石油や天然ゴムから機械類に変わっている。資源や農作物の輸出国から工業国に変化したことが読みとれる。
(5) フィリピンは**熱帯**に属する。1年を通して気温が高く，年間の降水量も多いウが正解。

❼ヨーロッパ州

p.46～47　基礎問題の答え

1 (1) a…スカンディナビア　b…ドナウ
　　　c…ライン　d…アルプス
　　　e…ピレネー　f…イベリア
　　(2) 氷河
　　(3) ① 西岸海洋性　② 北大西洋
　　　③ 偏西風

解説 (1) bとcは，どちらも複数の国を流れる**国際河川**。ドナウ川はおもに東ヨーロッパ，ライン川は西ヨーロッパを流れる。
(2) フィヨルドは，**氷河**がけずった谷に，海水が入りこんで形成された地形。

2 (1) A…オ　B…ア　C…ウ
　　(2) a…プロテスタント　b…ラテン
　　　c…スラブ　d…正教会[ロシア正教]
　　(3) ① イ　② エ　③ ウ

解説 (1) イのロンドンはイギリス，エのリスボンはポルトガルの首都。
(2) ドイツ人はゲルマン系の民族で，プロテスタントの信者が多い。イタリア人はラテン系の民族で，

カトリックの信者が多い。ロシア人はスラブ系の民族で，**正教会**(ロシア正教)の信者が多い。

(3) アのパエリアは，スペインの代表的な米の料理。

3 (1) **ブリュッセル** (2) **ウ** (3) **イ**

解説 (2) **永世中立国**のスイスと，国民投票で加盟が否決されたノルウェーが未加盟。

(3) EUは共通通貨ユーロを発行しているが，デンマーク，スウェーデンなどは，自国の通貨を使い，ユーロを採用していない。

4 (1) A…エ　B…イ　C…ア　D…ウ
　　(2) イ　(3) ユーロポート

解説 (1) Aはデンマーク，オランダやイギリスでさかんなことから，**酪農**。Bは北部から中部まで広い地域で行われていることから，**混合農業**。Cは地中海沿岸で，果実や小麦の栽培がさかんな**地中海式農業**。Dはアルプスの山中で，**移牧**が行われている。

(2) 近くの**ルール炭田**の石炭とフランスの鉄鉱石をもとに発達した。

(3) bはオランダの北海沿岸にあたり，ロッテルダム近郊の貿易港ユーロポートである。

p.48〜49 標準問題の答え

1 (1) ウ (2)① ウ ② イ
　 (3)① イ ② フランス
　 (4)例 **偏西風**にのり，国境を越えて酸性雨が降り注ぐから。

解説 (1) ヨーロッパは高緯度にあることから考える。**北緯45度**は北海道の北端を通過している。また，**北緯40度**が，地中海と秋田県を通過していることも覚えておきたい。

(3) 人口の差と人口密度の差に注目する。2つの国がほぼ同じ人口なら，人口密度が低いほうが，面積は大きいということになる。

(4) ヨーロッパの上空には，常に強い偏西風がふいている。

2 (1)① **グレートブリテン** ② **産業革命**
　　　③ **ユーロスター** ④ **小麦**
　　　⑤ **地中海式** ⑥ **トゥールーズ**
　　　⑦ **ポルダー** ⑧ **園芸**
　　　⑨ **ロッテルダム** ⑩ **カトリック**
　　　⑪ **バスク人** ⑫ **リアス**

(2)例 **二酸化炭素の排出による地球温暖化で，国土が水没することを防ぐため。**

(3)① A ② D ③ B

解説 (1)⑫ はノルウェーのフィヨルドとまちがえないこと。リアス海岸は，日本の**三陸海岸**や**英虞湾**(三重県)などにも見られるが，このスペイン北西岸の入り江を「リア」とよぶことから名づけられた。

(2) 二酸化炭素は地球温暖化の原因とされる。**温暖化がすすむと，氷河の融解によって海面が上昇し，低地が水没するおそれがある。**

(3)② 4か国のなかで，最も経済規模が小さいのは，スペイン。③ フランスは，世界有数の原発大国。

3 (1) **ベルギー** (2) **EC**
　 (3)① **風力発電** ② **バイオマス発電**
　 (4)例 **加盟国間の経済格差**

解説 (1) 「ベネルクス」は，ベルギー，ネーデルラント(オランダの正式国名)，ルクセンブルクの3国の頭文字から名づけられた。

(4) 問題の地図からは，新しく加盟した東ヨーロッパ諸国の国民総所得が，西ヨーロッパ諸国と比べて低いことがわかる。早くから加盟している**先進国の北ヨーロッパ諸国や西ヨーロッパ諸国と経済成長がおくれている南ヨーロッパ諸国や東ヨーロッパ諸国との経済格差が深刻な問題になっている。**

定期テスト対策

❶ EU(ヨーロッパ連合)の課題

・**加盟国間の経済格差**→先進国の北・西ヨーロッパと，経済発展がおくれている南・東ヨーロッパの格差が大きい。

・**外国人労働者の増加**→西アジアや北アフリカから，仕事を求める移民が増えている。EU加盟国の失業率が上昇。

・**加盟を望む国との交渉**→トルコなど，新たにEUの加盟を求める国との交渉。

・イギリスがEUを2020年1月末に**脱退**。

❽アフリカ州

1 (1) a…スエズ　b…サハラ
　　 c…ギニア　d…コンゴ
　　 e…キリマンジャロ
　 (2) X…大西洋　Y…インド洋
　 (3) A ① エジプト　② ウ
　　　 B ① ケニア　② ア
　　　 C ① ガーナ　② エ
　　　 D ① 南アフリカ共和国　② イ

解説 (1) aの**スエズ運河**は，**地中海**と**紅海**を結び，
重要な航路になっている。
(3) Aは地中海に面した北アフリカのエジプト。B
は**赤道**直下にあるケニア。しかし，首都ナイロビを
はじめ，内陸の大部分は高原地帯にあるので，気温
はあまり高くない。Cは**ギニア湾**に面するガーナ。
隣国のコートジボワールとともに，**カカオ**の栽培が
さかん。Dはアフリカ大陸最南端にある南アフリカ
共和国。かつて**アパルトヘイト**という，少数の白人
が多くの黒人を差別する人種隔離政策が1991年ま
で行われていた。

2 ① 奴隷　② アフリカの年
　 ③ イスラム　④ フランス
　 ⑤ ブラック　⑥ キリスト教

解説 ③～⑥ **サハラ砂漠**以北は，**イスラム教**を信仰
する**アラブ系**の民族が多いが，南は**キリスト教**や土
着の宗教を信仰する**黒人**が多い。

3 (1) ① ギニア湾　② カカオ(豆)
　　　 ③ プランテーション　④ 遊牧
　 (2) ウ
　 (3) レアメタル　(4) ア

解説 (1)① ギニア湾は赤道の少し北に位置している。
② カカオは植民地時代に南アメリカから持ち込ま
れて植えられた。
(2) バナナは赤道直下で多く栽培されている。

4 (1) モノカルチャー経済　(2) フェアトレード

解説 (1) モノカルチャー経済で輸出される農作物や
鉱産資源は，開発援助を行った欧米諸国や中国，日
本に輸出されている。

(2) フェアトレードを行うことで，輸出国には安定
した収入が確保されることになり，生産者の継続的
な生活向上につながっている。

1 (1) ウ，オ
　 (2) a…イ　b…ア　c…エ　d…ウ
　 (3) ① サヘル　② 砂漠化
　 (4) 例 かつてヨーロッパ諸国が植民地支配を
　　　　 していたから。

解説 (2) aはエジプトの首都カイロ。サハラ砂漠の
端にあたり，年間の降水量はきわめて少ない。bは
モロッコの首都ラバト。地中海近くに位置し，夏に
乾燥し，冬に雨が降る**地中海性気候**を示す。cはギ
ニア湾沿岸のガボンの首都リーブルビル。熱帯で雨
季と乾季がある**サバナ気候**を示す。dは南アフリカ
共和国の都市ケープタウン。bのラバトと同じく地
中海性気候だが，南半球にあるため，季節は反対に
なる。
(4) 「歴史的な背景」とあることに注目する。アフ
リカの多くの国では，**イギリスやフランスが植民地
支配**していたときの名残で，現在も，英語やフラン
ス語が公用語として使われている。

2 例 **樹木を切りはらって，それを燃やした灰を
肥料として農作物を栽培し，数年で別の場
所に移動する農業。**

解説 サヘルの地域では雨の多い6月～9月にひえや
もろこしなどの穀物を栽培し，もちのようにしたり，
おかゆにしたりして食べている。

3 例 **銅の価格の変動によって国の経済が大き
な影響を受ける。**

解説 ザンビアは，輸出品目割合の7割以上を銅が占
めており，典型的なモノカルチャー経済の国である。
一次産品は国際価格が変動しやすいため，価格が下
がると，国の経済も低下する傾向にある。グラフⅡ，
Ⅲを見比べると，銅の価格が上がった時期には経済
成長率が上昇し，下がった時期には下降する傾向に
あることが読みとれる。

4 例 **限られた産品に国の経済が依存するモノ
カルチャー経済からの脱却が課題である。**

解説 ナイジェリアは石油，ザンビアは銅の輸出が大

12

半を占めている。コートジボワールも，**カカオ**や金，天然ゴムなどの，限られた産品が輸出の大半を占めている。

定期テスト対策

❶モノカルチャー経済の問題点と対策

- 問題点…**国際市場の影響を受けやすい。**→主要な輸出品の国際価格が下がると，国の経済全体に大きな影響がおよぶ。
- 対策…**多角化をすすめる。**→他の農作物をつくったり，新たな産業を育成したりする。

---

❾ 北アメリカ州

p.58〜59 **基礎問題の答え**

1 (1) a…アパラチア　b…ミシシッピ
　　　c…フロリダ　d…ロッキー
　　　e…カリブ
　　(2) X…プレーリー
　　　Y…グレートプレーンズ
　　(3) ① スペイン語
　　　② カトリック
　　(4) サラダボウル

解説 (2) プレーリーは，降水量の多い草原。グレートプレーンズは，降水量の少ない平原。
(3) ヒスパニックは，**スペイン語系**アメリカ住民のこと。メキシコをはじめ，**中南米諸国**から移住してきた人々で，**カトリック**教徒が多い。
(4) 多くの人種や民族が，それぞれの文化を保ちながら共存していることを，いろいろな野菜が入った「**サラダボウル**」（サラダを入れる丸い深皿）にたとえている。

2 ① **先住民**　② **イギリス**
　　③ **アフリカ(大陸)**　④ **ヒスパニック**
　　⑤ **ウ**

解説 ③ 労働力不足を補うために多くの人々が連れてこられた。
⑤ ヒスパニックはメキシコとの国境近くの州に多い。また，アフリカ系の人々は，アメリカの南東部に多い。

3 (1) **ウ**

---

(2) ① c ② b ③ g ④ h ⑤ e
(3) **適地適作** (4) **イ**

解説 (1) 西経100度の東側は雨が多く，耕作がさかんだが，西側は雨が少ないため，放牧が中心である。
(2)① 小麦は冷涼な乾燥地帯でも育つ。③ 酪農は大消費地に近い北部の都市周辺でさかん。④ 放牧は，グレートプレーンズの乾燥地帯で行われている。
(4) アメリカの農場は規模が大きく，企業的な経営が行われている。**バイオテクノロジー**を使った新しい品種の開発もさかんである。また，大型機械による耕作，飛行機を使った農薬散布，地下水を利用した大規模なかんがいなど，大規模な農法もアメリカの農業の特色である。

定期テスト対策

❶アメリカ合衆国の農業の特徴

①自然環境に合った**適地適作**。
②大規模で企業的な経営（アグリビジネスの発達）。
③最新の**バイオテクノロジー**を活用。

---

4 (1) **エ**
　　(2) ●…**ウ**　▲…**ア**
　　(3) **B**

解説 (1) サンベルトは，**北緯37度付近から南**に位置する温暖な地域である。
(2) 原油は**メキシコ湾岸**や西海岸のロサンゼルス付近，アラスカ州で産出されている。鉄鉱石は**五大湖周辺**，石炭は**アパラチア山脈**などで多く産出されている。また，天然ガスは**メキシコ湾岸**やテキサス州などで産出されるほか，近年は内陸での**シェールガス**の採掘も多く行われている。
(3) シリコンバレーは**サンフランシスコ郊外**に位置している。

p.60〜61 **標準問題の答え**

1 (1) **ウ**
　　(2) [例] **国土の広いアメリカ合衆国は，鉄道が占める割合は日本より高いが，水運が占める割合は周囲を海に囲まれた日本より低い。**

解説 (1) **日本の面積は約38万km²である。**
983万 km² ÷ 38万 km² ＝ 約26倍となる。
(2) 旅客ではなく，貨物の比較であることに注意する。アメリカ合衆国は国土が広く，貨物輸送には鉄

道が利用され，旅客輸送には飛行機が利用される。日本は国土がせまいので，小回りのきく自動車（トラック）輸送が多い。また，日本は周囲を海に囲まれているので，船による輸送（水運）も多い。

2 (1) ① イ，ス ② カ，シ
③ ク，サ ④ オ，ソ
(2) サンベルト
(3) 例 輸出用の農作物の栽培がさかんである。

解説 (1)③ サンノゼは，サンフランシスコ郊外の都市で，情報通信，コンピューターなどIT産業が集積するシリコンバレーがある。
(2) 温暖な南部で，文字通り，太陽（サン）のまぶしい地帯（ベルト）。
(3) 世界の農産物の輸出量に占めるアメリカ合衆国の割合が大きいこと，また，国内生産量に占める輸出量の割合が大きいことに注目する。アメリカ合衆国は「世界の食料庫」とよばれる。

3 (1) B
(2) ① ア
② 例 4つの都市の中で最も赤道に近く，1年を通して気温が高いから。
(3) 例 国内生産のほとんどをアメリカ合衆国に輸出している。
(4) 仕事［働く場所，就業機会］
(5) 例 農産物の割合が減り，工業製品の割合が増えた。

解説 (1) 地球の全周は360度。地図を見ると，カナダの首都（オタワ）は，西経75度付近の位置にあることがわかる。資料Ⅰの「本初子午線」から西へ75度の位置にあるBが正解。
(2) マイアミは，フロリダ半島の東側に位置し，熱帯に属する。1年を通して気温の変化は少なく高温である。
(3) 日本は生産台数の2割ほどしかアメリカに輸出していないのに対し，カナダはおよそ9割もアメリカに輸出している。アメリカとの国境に近いカナダ南部には，アメリカ企業の自動車工場がたくさん進出している。
(5) かつては綿花が輸出の大半を占めていたが，最近は機械類，自動車部品などが上位を占めていることに注目する。

⓾ 南アメリカ州，オセアニア州

p.64〜65 基礎問題の答え

1 (1) ア
(2) a…ギアナ b…アマゾン
c…アンデス d…ラプラタ
(3) A…エ B…ウ C…ア D…イ
(4) 氷河

解説 (1) 赤道は南アメリカ大陸の北部，アマゾン川流域を通っている。
(3) Bのセルバは，アマゾン川流域の熱帯雨林。ほかは，草原の名称である。

2 ① ポルトガル ② インディオ
③ メスチソ ④ 日系人 ⑤ コーヒー（豆）
⑥ モノカルチャー ⑦ 多角
⑧ ＢＲＩＣＳ ⑨ さとうきび

解説 ① ブラジルはポルトガル語，他の多くの南アメリカ諸国はスペイン語を公用語にしている。
⑥ その国の経済が，一部の農作物や鉱産資源に依存していることを，モノカルチャー経済という。ブラジルは，長らくコーヒーの輸出に依存してきた。
⑧ ブラジル，ロシア，インド，中国，南アフリカ共和国の国名の頭文字をとって，ＢＲＩＣＳとよばれる。

3 (1) A…ミクロネシア B…メラネシア
C…ポリネシア
(2) a…グレートバリアリーフ
b…グレートアーテジアン［大鑽井］盆地
(3) アボリジニ (4) イギリス

解説 (3) オーストラリアの先住民はアボリジニ。ニュージーランドの先住民マオリと混同しないこと。
(4) オーストラリアとニュージーランドは，どちらもイギリスの旧植民地である。現在も，イギリス連邦の一員だが，その結びつきは弱まっている。

4 (1) 羊 (2) ① エ ② ア

解説 (1) オーストラリアは，年間の降水量が少ない草原や砂漠が大部分を占めており，「乾燥大陸」とよばれる。少し雨がふり草原が広がる南東部と南西部では，羊の放牧がさかんで，南東部の沿岸では酪農が行われている。

p.66〜67 標準問題の答え

1 (1) ① アマゾン　② エ
　(2) ポルトガル
　(3) ウ　(4) ① パンパ　② ア，イ

解説 (1)① 川の長さが世界最長なのは，アフリカ州を流れるナイル川である。複数の国を流れる川を国際河川という。最も多くの国を流れる河川はヨーロッパ州を流れるドナウ川で，19か国を流れている。アマゾン川は9か国を流れている。
(2) Aの国であるブラジルは，かつてポルトガルの植民地であったことから，現在でもポルトガル語を公用語としている。
(4)② エのアルパカの放牧はアンデス山脈の山中で行われている。オのバナナの栽培は赤道付近の熱帯地域で行われている。

2 例 さとうきびをバイオエタノール(バイオ燃料)に加工し，<u>自動車の燃料として利用しているから。</u>

解説 さとうきびは砂糖の原料となる農作物であるが，近年，環境問題や資源の問題を解決する取り組みとして，さとうきびやとうもろこしなどの植物を原料とするバイオエタノール(バイオ燃料)が注目されている。これは，再生可能エネルギーの1つである。

3 (1) 例 白豪主義の政策をやめたことで，アジア州などヨーロッパ州以外の地域からの移民が増えた。
　(2) 例 多くの民族がたがいの文化を尊重し，共存する社会。

解説 (1) 1961年はヨーロッパ州からの移民が89.7％を占めていたが，1980年代以降，その割合は減り，アジア州やアフリカ州など，ヨーロッパ州以外からの移民が増えている。これは，1970年代にオーストラリア政府が，ヨーロッパ系以外の移民を制限する白豪主義の政策を変えたためである。
(2) 現在のオーストラリアは，多くの民族が住んでいるため，それぞれの民族がたがいの言語や生活習慣などを尊重し合う多文化社会をめざしている。

4 (1) 例 かつてイギリスの植民地となっていたから。

　(2) 温帯
　(3) 例 日本や主要な輸出国であるフランス，アメリカ合衆国が収穫できない時期に，オーストラリアは収穫し，輸出できる。

解説 (1) イギリスによるオーストラリアの植民地化は1700年代後半から始まり，植民地化をすすめる中で，各地にイギリスの憲法や議会制度を導入していった。イギリスの国旗はユニオンジャックとよばれ，オセアニア州の国の国旗に残るユニオンジャックは，かつてイギリスの植民地だった名残である。
(2) 沿岸部に大都市が分布しているのは，気候が人々の生活に適しているからである。オーストラリアの大部分は乾燥帯だが，南東部と南西部は温暖で雨の降る温帯にあたる。
(3) 北半球の日本とフランス，アメリカ合衆国は，6〜10月に小麦を収穫しているが，南半球のオーストラリアは11〜1月に収穫していることに注目する。

p.68〜73 実力アップ問題の答え

1 (1) A…③　　B…⑤
　(2) ③ ア　⑤ ウ
　(3) a…温暖湿潤気候
　　　b…地中海性気候
　　　c…西岸海洋性気候

2 (1) A…ア　B…エ　C…ウ　D…イ
　(2) A…熱帯　B…乾燥帯

3 (1) あ アボリジニ　い インディオ
　(2) ① A…エ　B…ア　C…ウ　D…イ
　　　② A…エ　B…イ　C…ア　D…ウ
　(3) ① 例 豚肉を食べず，酒を飲まない。
　　　② ヒンドゥー教　③ ウ

4 (1) 漢民族[漢族]　(2) ウ，オ
　(3) 例 急速な工業成長を続けており，国内の資源だけでは足りなくなったから。
　(4) 小麦　(5) 黄河(ホワンホー)　(6) 二期作
　(7) サンシヤダム[三峡ダム]

5 (1) ウ　(2) 季節風[モンスーン]
　(3) 記号…ア
　　　理由…例 1年を通して気温が高く，季節による降水量の差が大きいから。
　(4) ウ

(5) ASEAN[東南アジア諸国連合]

6 ① ベルギー　② 関税[税金]

　　③ ユーロ　④ 経済格差

7 (1) 偏西風　(2) ライン川

　　(3) 例 自動車の排出ガスを減らすため。
　　　　[市内の交通渋滞を緩和するため。]

　　(4) カトリック　(5) 地中海，ア

8 (1) a…イ　b…ウ

　　(2) ① 綿花　② アフリカ

　　(3) ① サンベルト

　　　　② 例 安い労働力が豊富だったから。
　　　　　　[広大な工業用地があったから。
　　　　　　　税制上の優遇措置がとられたから。]

9 (1) A…エ　B…オ　C…ア　D…イ

　　(2) C，D　(3) D，ポルトガル語

　　(4) ヒンドゥー教　(5) ウ

解説 1 (1) Aは夏に気温が上がるが，全体に低温な冷帯(亜寒帯)，Bは降水量が少ない乾燥帯。
(2)③ 冷帯には，タイガとよばれる針葉樹林が見られる。⑤ 乾燥帯には，砂漠が見られる。
(3) aは「四季」「梅雨」から，日本がふくまれる温暖湿潤気候とわかる。

2 Aは熱帯で見られる高床の住居。
Bは乾燥帯の西アジアや北アフリカに多い日干しレンガの住居。
Cは草原(ステップ)が広がるモンゴルの移動式の住居。ゲル(パオ)とよばれる。
Dは寒帯で見られる氷の家で，イグルーとよばれる。

3 (1) ⓐオーストラリア大陸，ⓑ南アメリカ大陸。
(2)① Aは南ヨーロッパのイタリア。ラテン系の民族で，カトリック教徒が多い。Bは北アフリカのエジプト。イスラム教徒が多く，国土の大半をサハラ砂漠が占める。Cは東南アジアのマレーシア。多民族国家で，イスラム教徒のマレー系が多数を占める。Dはオセアニア州のニュージーランド。オーストラリアとともに，旧イギリスの植民地。
② アのように，三日月が入っている国旗は，イスラム教の国でよく見られる。また，ウのように，イギリスの国旗(ユニオンジャック)が入っている国旗は，イギリスの旧植民地の国で一部見られる。
(3)① Xはサウジアラビア。「飲食」のタブーなので，豚肉を食べないこと，酒(アルコール)を飲まないこ

との2つをまとめる。
② Yはインド。インドは仏教が開かれた国だが，ヒンドゥー教徒が大半を占める。
③ Zはメキシコ。とうもろこしの粉をうすくのばして焼いたトルティーヤが主食である。

4 (2) チベット高原の家畜なので，ヤクと羊が正解。アのアルパカとエのリャマは，南アメリカのアンデス山脈で飼われている家畜。
(3) 今世紀に入っても，中国の工業は成長を続けており，海外からたくさんの資源を輸入している。
(4) 「メンやマントウ」とあることから，小麦だとわかる。マントウとは，中国の蒸しまんじゅう。
(6) 1年のあいだに，同じ耕地で同じ作物をつくることを二期作という。

5 (2) 季節によってふく向きが異なる風なので，季節風(モンスーン)。
(3) バンコクは熱帯で，雨季と乾季があるサバナ気候である。神戸は温暖湿潤気候でイ。ローマは地中海性気候でウ。
(4) バンコクは，仏教国タイの首都であることから考える。アはイスラム教徒，イはキリスト教徒に関するもの。

6 ② 直前に「輸入品にかかる」とあることから，関税だとわかる。
④ 「所得格差」「経済力の差」などでも可。

7 (1) ヨーロッパの上空をふく西よりの風なので，偏西風である。
(3) 自動車の利用をひかえさせるのが目的で，大気汚染や地球温暖化の防止，交通渋滞の緩和など，環境対策を主眼とした制度である。
(4) フランス，スペイン，イタリアなど，ラテン系の国などを示していることから，カトリックとわかる。
(5) 地中海を取り囲む地域なので，地中海式農業の代表的な作物を選ぶ。

8 (2) アメリカ合衆国では，黒人は，おもに南部の綿花栽培の労働力として，アフリカ大陸から連れて来られた。
(3)② 解答例のほか，気候が温暖で住みやすいこと，新たに石油や天然ガスが採掘されたことなども挙げられる。

9 (1) Aはインド。女性は長い1枚布の衣服(サリー)を着用している。Bはオーストラリア。かつてヨーロッパ系以外の移民を制限する白豪主義の政策を行っていた。Cはアフリカ中部のケニア。首都

のナイロビは，野生動物を見学するサファリツアーの拠点になっている。**D**はブラジル。リオ(リオデジャネイロ)のカーニバルには，世界じゅうから多くの観光客が集まる。**ウ**の説明文は，中国を表す。

(3) **ラテン系**の言語は，フランス語，スペイン語，ポルトガル語など。このうち，**ブラジルではポルトガル語が公用語**になっている。

(5) オーストラリアは南半球にあることに注意する。低緯度の北部は熱帯，内陸部は乾燥帯，中緯度の沿岸部は温帯。

3章 日本のさまざまな地域

⑪ 身近な地域の調査

p.76〜77 **基礎問題**の答え

1 (1) ルートマップ
(2) ① エ　② ア　③ イ　④ オ
⑤ ウ

解説 (2)① 地域の伝統文化や生活に関することなので，郷土資料館で資料を集める。② 訪問が困難な遠くはなれた地域の場合は，インターネットを使えばよい。③ 気温や降水量などは，気象，物理，化学，生物などのさまざまな情報がのっている「理科年表」や，気象庁のホームページなどで調べる。④ ごみ処理場や上下水道の建設，管理は，役所の仕事である。⑤ 農産物に関することなので，JA(農業協同組合)にたずねるとよい。

2 A…折れ線グラフ[棒グラフ]
B…円グラフ[帯グラフ]

解説 A…数値の変化を示すのに適しているのは，**折れ線グラフと棒グラフ**。
B…数値の割合を示すのに適しているのは，**円グラフと帯グラフ**。

3 (1) ① イ　② ア　③ エ　④ サ
⑤ キ　⑥ ソ　⑦ コ　⑧ シ
⑨ セ　⑩ オ
(2) ウ

解説 (1)③ 茶畑の地図記号は，茶の実の形を表している。⑥ 老人ホームの地図記号は，家とつえ(家の

なか)を表している。⑧ 神社(⛩)と寺院(卍)を混同しないこと。⑩ 2019年に新しくつくられた地図記号。自然災害の情報を伝える石碑などをあらわす。
(2) 縮尺の大きい地図(**大縮尺**)のほうが，細かく表すことができる。

4 (1) イ　(2) 10　(3) 250
(4) ① 針葉樹(林)　② 扇状地
③ 果樹園

解説 (1) 方位記号がない場合，地形図の上が北を示すことから考える。
(2) 100mと50mの等高線の間に，等高線が4本ある(5分割されている)ことから，10mごと。
(3) **縮尺の分母と地図上の距離をかける**とよい。この地図は2万5千分の1の地形図なので，「25000×1cm＝25000cm」から，250mとなる。
(4)② 典型的な**扇状地**の地形図である。扇状地は，川が山地から平地に出たところに，運んできた土砂が積もってできた扇形の地形。中央高地(長野県，山梨県など)の盆地などによく見られる。扇状地の中央部分は，水はけがよいため，ぶどうなどの**果樹園**に利用される。末端部は水がわき出るので，**水田**に利用され，**集落**もできる。

定期テスト対策

❶縮尺の計算
・実際の距離＝地図上の長さ×縮尺の分母
・地図上の長さ＝実際の距離÷縮尺の分母

縮尺	2万5千分の1 0 ⊢1cm⊣ 250m	5万分の1 0 ⊢1cm⊣ 500m
1cmが表す 実際の長さ	1cm×25000 ＝25000cm ＝250m	1cm×50000 ＝50000cm ＝500m
実際の1km を表す地図上 の長さ	1km＝1000m ＝100000cm÷25000 ＝4cm	1km＝1000m ＝100000cm÷50000 ＝2cm

p.78〜79 **標準問題**の答え

1 (1) ウ　(2) ア，ウ

解説 (1) 「地形図」から読みとれるのは，標高，建造物，植生など土地利用の状況である。
(2) **イ**について，平均気温は折れ線グラフ，降水量は棒グラフで表すのがよい。また，天気予報のデー

17

タは確定値ではない。**エ**について，個人のサイトは信頼性に欠けるので，それだけに頼るのはよくない。**オ**について，聞き取り調査をするときには，事前に連絡をとり，訪問日時や調査の目的を伝えなければならない。

2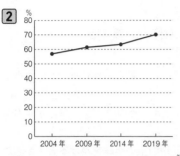

解説 「農業就業人口に占める65歳以上の農業就業人口の割合」は，「65歳以上の農業就業人口÷農業就業人口×100」の計算式で求められる。各年ごとに折れ線グラフにすると，65歳以上の農業就業人口の割合が着実に増え続けていることがわかる。

3 (1) **エ** (2) **天竜** (3) **2**
(4) **北西** (5) **神社** (6) **エ**
(7) 例 **桑畑が畑にかわり，住宅地が拡大した。**

解説 (1) 寺院（卍）と神社（日）の地図記号を区別する。
(2) 地図の右端に「天竜町一丁目」の地名を読みとることができる。
(3) 2万5千分の1の地形図なので，「25000×8cm ＝200000cm＝2000m」から，2kmとなる。
(7) 桑畑の地図記号（Y）が消え，畑の地図記号（∨）が増えている。また，▨で表される住宅地が拡大していることがわかる。

⑫ 自然環境と人口の特色

p.82〜83 **基礎問題の答え**

1 (1) ① **環太平洋** a…**ロッキー** b…**アンデス**
(2) ② **アルプス・ヒマラヤ** c…**ヒマラヤ**
(3) **ウ**

解説 (1) 太平洋岸に連なっていることから**環太平洋造山帯**とわかる。
(3) 日本も環太平洋造山帯にふくまれていることから考える。地図中の造山帯は，どちらも，新しくできた造山帯（新期造山帯）であり，地殻の活動が活発で，**地震や火山の噴火**が多い。

2 (1) a…**石狩** b…**奥羽** c…**関東**
d…**越後** e…**濃尾** f…**紀伊**
g…**鳥取** h…**九州**
(2) **利根川，ウ** (3) **リアス海岸**
(4) **フォッサマグナ**

解説 (2) 「流域面積が日本一」とあるので，関東平野を流れる利根川である。
(3) Xは**三陸海岸**で，中南部には**リアス海岸**が続いている。

3 (1) a…**イ** b…**オ** c…**ウ** d…**ア**
(2) ① **親潮[千島海流]**
② **黒潮[日本海流]** ③ **対馬海流**
(3) **季節風[モンスーン]**

解説 (1) a…日本海側の気候，b…中央高地[内陸]の気候，c…太平洋側の気候，d…瀬戸内の気候。
(2) 南から北に流れるのは**暖流**，北から南に流れるのは**寒流**である。

4 (1) ① **エ** ② **イ**
(2) ① **地方中枢** ② **過密**
③ **ドーナツ化** ④ **都心回帰**

解説 (1)① **少子高齢化**がすすんでいる日本の人口ピラミッドは，「**つぼ型**」である。② 発展途上国のインドの人口ピラミッドは，若年層が多い「**富士山型**」である。
(2)① **札幌市**は北海道，**仙台市**は東北地方，**広島市**は中国地方，**福岡市**は九州地方の，それぞれ政治，経済，文化の中心都市である。③ 都心部の人口が減少し，その周囲の人口がふくらむため，ドーナツの形にちなんで名づけられた。

p.84〜85 **標準問題の答え**

1 (1) **ウ** (2) ① **扇状地** ② **イ**
(3) 例 **短くて，流れが急である。**
(4) ① **エ** ② **津波**

解説 (2)① 内陸にあり，扇を広げたような形になっていることから，**扇状地**とわかる。沿岸部に土砂が積もってできた地形は，**三角州**である。
(3) 傾斜と長さを比べる。図をみると，**日本の川は，傾斜が急で，長さが短い**ことがわかる。
(4)② リアス海岸は，入り江が深く，奥にいくほどせまいため，津波のエネルギーが増大し，ほかの海岸より大きな被害につながりやすい。2011年3月

の東日本大震災では，大津波がリアス海岸の三陸海岸をおそった。

2 (1) a…イ　b…ウ　c…エ　d…ア
(2) ① ウ　② イ
(3) ① 大陸棚
② 例 周辺の海底に，油田や天然ガス田があるから。

[解説] (1) a…北海道の釧路市。高緯度にあるため，1年を通して気温が低い。b…石川県金沢市。日本海側の気候で，冬に雪が多い。c…香川県高松市。瀬戸内海に面しており，気候は温暖で，やや雨が少ない。d…沖縄県那覇市。亜熱帯の気候で，1年を通して気温が高く雨が多い。
(2)① 夏の季節風は，海上からふくので，南東風が正解。② 冬の季節風は，大陸からふくので，北西風が正解。
(3)② 領土を争っている国の多くは，海底資源を目的にしている。

3 (1) ウ
(2) 例 総人口に占める65歳以上の高齢者の割合が増える（と予想される）

[解説] (1) 第二次世界大戦前の日本は，現在と比べて，子どもの数の割合が多かったことから考える。「富士山型」の人口ピラミッドを完成させる。
(2) 直後に「医療技術の進歩」とあることから，死亡率の低下による高齢化の進行という点に注目してまとめる。

⑬日本の資源と産業①

p.88～89　基礎問題の答え

1 (1) 資源名…石炭　記号…エ
(2) 資源名…石油　記号…ウ

[解説] (1) 北海道や九州北部には，かつて多くの炭田があった。現在は，ほぼ輸入に依存しており，オーストラリアが最大の輸入相手国である。エネルギー革命とは，主要なエネルギー資源が石炭から石油に変わったことをいう。
(2) 「ペルシア湾沿岸」「日本はほぼ100％を輸入に依存」から，石油だとわかる。最大の輸入相手国はペルシア湾岸のサウジアラビアである。

定期テスト対策

❶ エネルギー資源の輸入先（2018年）

【石油】　　　【石炭】　　　【天然ガス】

ロシア 4.8／その他 15.6／サウジアラビア 38.6%／17,590万kL／クウェート 7.7／7.9／アラブ首長国連邦 25.4／カタール

その他 23.5／18,932万t／インドネシア 15.2／オーストラリア 61.3%

インドネシア／その他 25.5／オーストラリア 34.6%／8,285万t／6.2／8.1／ロシア 12.0／カタール 13.6／マレーシア

（「日本国勢図会 2019/20年版」より作成）

2 (1) ① エ　② ウ　③ ア
(2) ① イ　② エ
(3) ① イ　② ウ　③ ク　④ オ　⑤ カ

[解説] (1)① 水力発電には，水量の多い川が必要である。② 火力発電には，石油や天然ガスなどが必要である。これらは，ほとんどを輸入に依存しているため，火力発電所は港に近い工業地域に建てられる。③ 原子力発電は放射線による被害が心配されるため，周囲に人家が少ないこと，また，原子炉を冷やすために大量の水が必要なことから，海に面していることなどが条件となる。
(2)① 日本は火力発電が大半を占めている。② フランスは，世界で最も原子力発電の依存率が高い。
(3)⑤ 2011年の東日本大震災によっておこった福島第一原子力発電所の事故は，福島県をはじめ，東日本の広い範囲に大きな被害（放射能汚染など）をもたらした。

3 (1) ① ア　② エ
(2) イ　(3) ウ

[解説] (1)① 青森県，長野県，岩手県から，冷涼な地方で栽培されるりんご。② 和歌山県，愛媛県，静岡県から，温暖な地方で栽培されるみかん。
(2) aは高知平野，bは宮崎平野。温暖な気候を利用して，なす，きゅうり，ピーマンなど夏野菜の促成栽培（早作り）が行われている。
(3) (2)の野菜は，トラックやフェリーを使って，遠くはなれた大都市に輸送されるが，最近では，地元で生産された農作物を，生産された地域で消費する動きがすすんでいる。これを地産地消という。

4 (1) ① 排他的経済水域[200海里水域]
② 養殖　③ 栽培　④ 潮目[潮境]
⑤ 大陸棚
(2) ① ひば　② すぎ　③ 高齢化

解説 (1)② 養殖(漁業)と③の栽培漁業のちがいを理解しておくこと。どちらも「育てる漁業」だが，養殖(漁業)は人工的ないけすのなかで育てる漁業，栽培漁業は卵から稚魚や稚貝になるまで育てて自然の海や川に放ち，成長してからとる漁業である。
(2)①・② 青森ひば，秋田すぎ，木曽ひのきは，日本三大美林とよばれる。③ 直前に「農業や水産業と同じく」とあるので，第１次産業が共通してかかえている問題点を考える。

p.90～91 **標準問題の答え**

1 (1) A…イ　B…ア　C…オ
(2) **オーストラリア**
(3) **イ**　(4) **原子力発電**

解説 (1) A・B…石炭と鉄鉱石は，世界の広い地域で産出される。とくにアメリカ東部の石炭(アパラチア炭田)，五大湖西部の鉄鉱石(メサビ鉄山)，ブラジル南東部の鉄鉱石(イタビラ鉄山)，オーストラリア東部の石炭，西部の鉄鉱石などに注目する。C…おもな分布が，中国やインドネシア，マレーシア，ブラジルなどであることから，すず。金は，オーストラリアや南アフリカ共和国などに多い。
(3) ボーキサイトはアルミニウムの主要原料である。

2 (1)① **イ**　② **ウ**
(2)① 例 **地球温暖化の原因となる二酸化炭素を出す。[化石燃料の燃焼によって出たガスが大気汚染をもたらす。]**
② 例 **環境や人体に有害な放射性物質がもれる心配がある。[放射性廃棄物の保管，処理に大きな手間がかかる。]**
(3)① **太陽光[ソーラー]**　② **バイオマス**

解説 (1)① 水力発電所は，内陸の川の上流に建設されることから考える。② 火山活動の活発な地域，温泉の多い地域(大分県など)に注目するとよい。
(2) 右上の「定期テスト対策」を参照。
(3)① 「住宅やビルの屋根」から，ソーラーパネルを設置して発電する太陽光発電とわかる。② 動植物などから生まれた再生可能なエネルギーのことを，**バイオマスエネルギー**という。

定期テスト対策

❶主要な発電の問題点
・水力発電→発電施設(ダム)の建設に巨額の費用がかかり，周辺の自然環境をこわす。降水量の変動に影響されやすい。
・火力発電→大気汚染や地球温暖化の原因となる温室効果ガス(二酸化炭素など)を排出する。化石燃料の値段が変動しやすい。
・原子力発電→放射能もれ事故による環境汚染の危険がある。使用済み核燃料の安全な処分方法が確立されていない。

3 (1) **ア**　(2) **酪農**　(3) **大豆**

解説 (1) イについて，米の消費量は1985年は約1,100万t，2018年は約850万tとなり，300万t以上にならない。ウについて，自給率，消費量ともに大きく変化していないため，国内生産量は増加したといえない。エについて，消費量は３倍以上に増加していない。また，自給率が下がっていることから，輸入量が増加したと考えられる。
(3) 醤油，味噌の原料とあることから，大豆とわかる。

4 (1) 例 **1970年代に多くの国が200海里の経済水域を設定したため，cの遠洋漁業の漁場が縮小し，漁獲量も減った。**
(2)① **エ**　② **ウ**　③ **ア**

解説 (1) 「200海里」という語句指定と，グラフで1970年代に大きく減っていることから考える。このころ，多くの国が200海里の排他的経済水域を設定したため，日本の遠洋漁業は大きな打撃を受けた。

⓮ 日本の資源と産業②

p.94～95 **基礎問題の答え**

1 ① **軽工業**　② **加工貿易**
③ **先端技術[ハイテク]**
④ **貿易摩擦**　⑤ **空洞化**
⑥ **中国[中華人民共和国]**

解説 ① 空欄のあとの「重化学工業」に対比される語句を考える。
④ 1980年代に「欧米諸国」との間におこった問題なので，**貿易摩擦**が正解。このころ，日本は電気機械や自動車の輸出が増え，欧米諸国から輸出を減らすことを求められた。

⑥ 直前に「世界の工場」とあることから，中国。

2 (1) 太平洋ベルト
(2) a…京浜，イ　b…中京，エ
　　 c…阪神，ア　d…北九州，ウ

解説 (1) 三大工業地帯をふくんでいる帯状の地域は，太平洋ベルト。人口密集地域とも重なる。
(2) 選択肢を検討していくと，アは，かつて繊維，金属が多く，近年，液晶パネルや太陽電池の工場が進出していることから，阪神工業地帯。イは，印刷業が多いことから，京浜工業地帯。ウは，八幡製鉄所と，近年，自動車やICの工場が進出しているということから，北九州工業地帯（地域）。エは，自動車工業，陶磁器工業などから，中京工業地帯。

3 (1) ① ア，エ　② ウ，キ
(2) オ

解説 (1) ① 第2次産業は，地下資源を採掘したり，自然の産品を加工したりする産業。アの建設業，エの製造業（工業）のほか，鉱業もふくまれる。
② 第3次産業は，商業，通信・運輸業，サービス業など，第1次産業にも第2次産業にもふくまれない産業。
(2) 最も特徴的なcに注目する。新しい業種で，店舗数も多く，急激にのびていることから，コンビニエンスストアとわかる。bは，近年減少傾向にあることから，百貨店。

4 (1) a…オ　b…ア　c…イ
(2) 成田国際空港　(3) タンカー

解説 (1) a…飛行機での輸送（航空輸送）に適しているのは，軽量で値段の高い製品である。したがって，オの半導体（集積回路）が正解。船での輸送（海上輸送）に適しているのは，重量がある製品である。日本は工業製品を輸出し，資源を輸入していることから，bが自動車，cが石炭となる。
(2) 国内最大の消費地で，生産量も多い首都圏にある国際空港を考える。

p.96～97　標準問題の答え

1 (1) ① 中京　② 瀬戸内　③ 京葉
(2) ウ
例 製鉄には，燃料や原料の鉄鉱石が必要で，港湾から遠い内陸部だと，その輸送に費用がかかるから。

(3) ① ウ　② エ　③ ア

解説 (1)① 四日市は三重県，ほかはすべて愛知県の都市なので，中京工業地帯。② 倉敷は岡山県，福山は広島県，岩国と周南は山口県なので，瀬戸内工業地域。③ すべて千葉県の都市なので，京葉工業地域。
(2) 東京都心からはなれた内陸部にあることから考える。陸上交通は整っているが，原材料を輸入する港湾から遠いため，製鉄には不向きである。
(3)② 「土佐」は，高知県の旧国名。③ 「南部」は，かつて岩手県をおさめていた「南部氏」のこと。

2 (1) 例 燃料や原料を海外から輸入し，工業製品をつくって，海外に輸出する加工貿易を行っていた。
(2) エ

解説 (1) 石油，鉄鉱石，石炭などの輸入が多く，また，「機械類」「鉄鋼」の輸出が多いことから，日本が加工貿易を行っていたことがわかる。
(2) アメリカ合衆国と貿易摩擦が生じたことや，アジアNIESやASEAN諸国が工業成長をとげたことなどから，日本の貿易相手地域は，北アメリカからアジアへと変化した。

3 (1) 大気汚染[騒音，振動]
(2) リサイクル
(3) ① 例 貿易摩擦が生じ，輸出量を減らすことが求められたから。
② 例 国内の工場の縮小，閉鎖があいつぎ，国内産業が低迷する「産業の空洞化」がおこった。
(4) エ

解説 (1) 環境基本法では，「大気汚染，水質汚濁，土壌汚染，騒音，振動，地盤沈下，悪臭」の7つを典型公害と定めている。このうち，自動車が原因の一部になっているものを選ぶ。
(2) 直後に「部品の再利用」とあることから，「リサイクル」を答える。
(3)① 海外生産が増えたのと同時に，国内生産が減っている。1980年代，日本と欧米諸国との間で貿易摩擦がおこったことから考える。
② 「空洞化」とは，中心部や拠点がなくなること。ここでは，製造業の拠点（工場，事務所）がなくなり，産業が低迷することをさしている。

(4) アについて，高速道路は全国に建設されている。イについて，本州と九州は関門海峡の下を通るトンネルや橋によって，道路で結ばれている。ウについて，大都市圏では，都心への通勤に鉄道を利用する人が大半である。

1 (1) 750
　(2) ① 荒地　② 果樹園　③ 針葉樹林
　　　④ 病院　⑤ 老人ホーム
　　　⑥ (小・中)学校　(⑤・⑥ 順不同)

2 (1) 環太平洋造山帯
　(2) ① イ　② リアス海岸　(3) エ

3 (1) 過疎
　(2) 例 年少人口の割合が大きく，老年人口の割合が小さい。

4 (1) エ　(2) A…イ　B…ウ
　(3) 例 小型軽量のわりに値段が高く，航空機で輸送しても採算がとれるから。

5 (1) イ　(2) ウ
　(3) ① ア　② 津波
　(4) ① リアス海岸　② 瀬戸内工業地域
　　　③ 香川，高松
　(5) ① 促成栽培　② エ　③ オ

解説 **1** (1) 2万5千分の1の地形図なので，「25000×3cm＝75000cm」から，750mとなる。
(2)①・② A山のふもとに多く見られた荒地の地図記号(⊥⊥)が，果樹園の地図記号(ᓄ)に変わっている。③ 市街地の南部に多く見られた針葉樹林の地図記号(Λ)の数が減り，病院の地図記号(⊞)に変わっている。⑤・⑥ 市街地の西側に新しく加わっているのは，老人ホームの地図記号(⍌)と(小・中)学校の地図記号(文)である。
2 (1) 環太平洋造山帯には，ロッキー山脈やアンデス山脈もふくまれる。
(3) Ⅰは温暖で，やや雨が少ない瀬戸内の気候。Ⅱは温暖で夏に雨が多い太平洋側の気候。Ⅲは気温が低く，降水量が少ない中央高地(内陸)の気候。Ⅳは冬に雨や雪が多い日本海側の気候。
3 (1) 「状態」をたずねているので，過疎が正解。なお，過疎地のなかで，65歳以上の高齢者が半数

をこえ，地域社会の維持がより困難になっている集落を限界集落という。
(2) 発展途上国のBは，ピラミッドの下の部分，すなわち年少人口(若年層)が大きくふくらんでいる。一方，上の部分，すなわち老年人口(高齢者)のふくらみはとても小さい。
4 (1) a…カナダが1位なので木材。3位のロシア連邦もヒント。b…穀物の最大の輸入相手国であるアメリカ合衆国が1位なので，小麦。c…中国・ベトナムとアジアの国が上位を占めているので，衣類。
(3) 集積回路(IC)はコンピューターや携帯電話など，電子機器の頭脳の役割をする部品。小型軽量で値段が高いため，航空機による輸送が適している。
5 (2) 干拓と埋め立てのちがいを理解しておく。干拓は浅い海を堤防で囲み，排水して陸地にかえること。埋め立ては海や湖などに土砂を流しこみ，陸地にかえること。客土は耕地の土壌改良などの目的で，ほかから性質の異なる土を運び入れること。
(3)② 海岸部に設置されていることと地震が引きおこす災害であることから，津波とわかる。標識の左部分は波，右部分は陸地の高台に逃げることを表している。
(4)③ 四国地方は，愛媛県のほか，香川県，徳島県，高知県がある。このうち，徳島県と高知県の県庁所在地の都市名は県名と同じである。
(5)①・② 促成栽培とは，早作りのこと。他の産地より時期を早めて栽培し，他の産地の出荷量が少ないときに出荷できるようにしている。③ 促成栽培は，温暖な地域で行われる。地図中オの高知平野のほか，房総半島(千葉県)南部や三浦半島(神奈川県)南部でも行われている。エの和歌山県も温暖だが，平地が少ないため，山の斜面を利用したみかんなどの果樹栽培が中心となる。

⑮ 九州地方

1 (1) a…筑紫　b…筑後　c…国東
　　d…雲仙岳[普賢岳]　e…九州
　　f…宮崎　g…桜島[御岳]　h…屋久
　(2) 対馬海流　(3) イ　(4) カルデラ

解説 **1** (1) a・b…「筑紫」と「筑後」の地名を混同しないこと。平野は筑紫平野，川は筑後川，山地は筑紫山地である。

(3) 遠浅の海岸で,潮が引いたときにあらわれる泥地を干潟という。ウの干拓地は,干潟から水を外に出して,陸地にかえた土地。

2 (1) シラス　(2) ウ

解説 (1) 鹿児島県の台地に積もっている「火山灰」なので,シラスが正解。
(2)「砂防ダム」は,文字通り,土砂が下流に流れるのを防ぐためのダムである。

3 (1) A…エ　B…ウ　C…オ　D…ア
(2) 促成栽培　(3) 二毛作

解説 (1) A…大規模な畜産が行われているのは,鹿児島県を中心とする九州南部。B…ビニールハウスや温室などを使った野菜の促成栽培が行われているのは,宮崎平野。C…さとうきび,マンゴーなど,熱帯,亜熱帯の農作物が栽培されていることから,沖縄。D…九州一の稲作地帯とあるので,筑紫平野。
(3) 同じ耕地で,1年に2種類の作物を栽培する農作を二毛作という。1年に同じ作物を2回栽培する二期作とまちがえないこと。

4 ① 北九州　② 八幡製鉄所
③ 筑豊　④ エネルギー
⑤ 水俣病　⑥ 自動車
⑦ 電子機械[IC,集積回路]

解説 ④ 直後に「石炭の生産が減少」とあることから,主要なエネルギー資源が石炭から石油にかわったできごとをあらわす「エネルギー革命」が正解。
⑤「熊本県の沿岸部」から,水俣湾周辺でおこった四大公害病の1つ,水俣病とわかる。
⑦「空港周辺や高速道路沿い」とあるから,IC(集積回路)などをつくる電子機械の工場とわかる。

定期テスト対策

●北九州工業地帯(地域)の工業製品の変化

	機械	金属	化学	食品	繊維 1.8 その他
1960年	8.5%	42.7	20.6	13.1	13.3

	機械	金属	化学	食品	繊維 0.5 その他
2017年	46.6%	16.3	5.6	16.9	14.1

・鉄鋼を中心とした金属工業から,輸送機械(自動車),電気機械などの機械工業へと変化。

---

p.106〜107　標準問題の答え

1 (1) a…阿蘇山　b…雲仙岳[普賢岳]
c…桜島[御岳]
(2) 大分県　(3) 地熱発電

解説 (1) aはカルデラから阿蘇山,bは1991年に火砕流による被害を出したことから雲仙(普賢)岳,cは大隅半島(鹿児島県)と陸続きとあることから桜島とわかる。
(3) 大分県の八丁原(九重町)には,日本最大の地熱発電所がある。

2 (1) エ　(2) 自動車
(3) ① シリコンアイランド　② イ,オ

解説 (1) 北九州市と水俣市は,どちらもかつて公害に苦しめられた都市である。その後,環境改善をはかり,「環境モデル都市」に認定された。
(2) 神奈川県と愛知県は,どちらも機械工業,鉄鋼業など重工業がさかんである。「組み立て工場」とあることから,自動車とわかる。
(3)① ICは集積回路(半導体)のことで,材料にケイ素(シリコン)という物質が用いられる。アメリカ合衆国のサンノゼには,IC工場などハイテク産業が集まっており,ケイ素(シリコン)の名をとって「シリコンバレー」とよばれる。ここから,九州地方は「シリコンアイランド」とよばれることもある。
② 京浜,中京,阪神と比べて,九州地方が優位である点を考える。加えて,小型軽量で値段が高いというICの特徴も考えること。

3 (1) ① 地方中枢都市　② 鹿児島市
(2) 沖縄,那覇
(3) ① ウ　② エ　③ カ　④ イ

解説 (1)②「南のターミナル」とあることから,九州新幹線の最南端のターミナル,鹿児島中央駅がある鹿児島市を答える。
(3)② 世界有数のタイヤメーカー,ブリヂストンの工場がある。③ 諫早湾の干拓事業によって,周辺の漁業は大きな影響を受けた。

4 (1) イ,オ
(2) 例 豊かな自然が多く,観光業がさかんだから。
例 アメリカ軍基地に関連したサービス業が多いから。
(3) ① さんご

23

② 例 台風による暴風雨をさけるため。

③ 例 水不足に備えて，給水タンクを設置している。

解説 (2) 第3次産業は，商業，運輸・通信業，サービス業などのこと。サービス業には，観光業，飲食業や各種の娯楽業などがふくまれる。

(3)① 沖縄県の「島々の周辺」に発達しているのは，さんご礁である。② 沖縄県は台風の通り道にあたることから考える。③ 沖縄県には，水源となる大きな川や湖沼がないことから考える。

⑯ 中国・四国地方

p.110〜111　基礎問題の答え

1 (1) a…鳥取　b…中国　c…岡山
　　d…四国　e…吉野　f…四万十
　　g…高知
(2) 黒潮 [日本海流]
(3) A…イ　B…エ　C…ア
(4) ① 河川　② 土砂

解説 (2) 太平洋を北上しているので，暖流の黒潮（日本海流）である。

(3) 降水量のちがいに注目する。Aは鳥取市で，日本海側の気候。Bは高松市（香川県）で，瀬戸内の気候。Cは高知市で，太平洋側の気候。

2 (1) 原爆ドーム　(2) ア，ウ

解説 (1) むき出しになった鉄骨と円形のドームが特徴的な建物から，原爆ドームとわかる。第二次世界大戦の終戦間近，広島市に原子爆弾が投下された。その惨禍をいまに伝える建物である。

(2) 原爆ドームは「人類の負の遺産」として登録されたが，アの厳島神社（広島県）は社殿と美しい景観など，ウの石見銀山（島根県）は歴史的価値などがそれぞれ評価されて登録された。

3 ① 過疎　② 耕作放棄地
　③ つまもの　④ インターネット
　⑤ 地域おこし　⑥ 第三セクター

解説 ② 耕作放棄地とは，かつては耕作が行われていたが，所有者の高齢化や後継者の不在などが原因で耕作が行われなくなり，手入れがされないまま放置されている耕地。

⑥ 第三セクターは，おもに国や地方自治体が行う事業に民間企業が資金や技術を出して運営している。

4 (1) ① エ　② イ　③ カ　④ オ
(2) ① a…パイプライン
　　　 b…コンビナート
　② 瀬戸内工業地域

解説 (1)① みかんの栽培がさかんなのは，瀬戸内地方の愛媛県。② 「砂丘」とあるので，日本海に面した鳥取砂丘が正解。③ 夏野菜の促成栽培がさかんなのは，四国南部の高知平野。④ 雨が少ないため，ため池をつくっているのは，香川県の讃岐平野。

(2)① a…パイプラインは，石油や天然ガスを輸送するための管。石油化学コンビナートでは，効率よく生産できるように，火力発電所を中心に，各種の化学工場がパイプラインで結ばれている。

p.112〜113　標準問題の答え

1 (1) ため池
(2) 例 中国山地と四国山地が，雨をもたらす季節風をさえぎるから。
(3) 愛媛，松山　(4) エ

解説 (1) 丸亀市は香川県西部の都市。設問文に「水不足に備え」とあり，地形図に「先代池」「田村池」が見られるから，ため池とわかる。

(2) 丸亀市が2つの山地にはさまれた瀬戸内地方にあることから考える。

(4) 塩田とは，太陽の熱と風を利用して，海水から塩をとり出す施設。1950年代まで，瀬戸内海沿岸の各地に塩田が広がっていた。

2 (1) スプリンクラー　(2) 砂漠化　(3) イ
(4) 例 沖合に暖流の黒潮 [日本海流] が流れているから。
(5) 二期作
(6) 例 なすを促成栽培し，他の産地と時期をずらして出荷している。

解説 (1) かんがい設備で，カタカナ7字とあることから，散水器のスプリンクラーが正解。

(2) 砂丘の緑化技術が応用されていることから，砂漠化とわかる。

(4) 「沖合」とあるので，高知平野の沖合を流れる黒潮（日本海流）に注目する。

(5) 1年間に，同じ耕地で同じ種類の作物を2回栽培することを二期作という。

(6) 高知県のなすの出荷量は，ほかの都道府県の出荷量が少ない，11〜4月に多くなっている。温暖な高知県では，温室やビニールハウスを使った促成栽培によって，なすの生育を早め，卸売市場にほかの産地のなすが出回らない時期に出荷している。

③ (1) a…エ　b…オ　c…イ
　(2) ア　(3) ア，エ
　(4) 例 人口は瀬戸内海沿岸の平地に集中し，四国山地や中国山地の山間部は少ない。

解説 (1) 後述の「定期テスト対策」を参照。
(2) 今治市は，明治時代からタオルの産地として知られる。しかし1980年代以降，アジア諸国からの安い輸入タオルにおされたため，最近は，高品質の高級タオルの生産に力を入れている。
(4) 地図を見ると，瀬戸内海沿岸に人口10万人以上の都市が集中している。一方，2つの山地がある内陸部や，高知市をのぞく四国地方南部は，1万人未満のところが多い。

定期テスト対策
❶本州四国連絡橋の3ルート
・神戸—鳴門ルート…1998年全通。淡路島をはさんで，明石海峡大橋と大鳴門橋が結ぶ。
・児島—坂出ルート…1988年完成。**瀬戸大橋**。
・尾道—今治ルート…1999年完成。多くの橋が，島々を結ぶ。愛称「しまなみ海道」。

→移動時間が短縮され，農作物などの輸送が活発になった。一方，ストロー現象で大都市に人が引きよせられ，四国地方の商業がおとろえた。また，フェリー路線も減少した。

⓱近畿地方

p.116〜117　基礎問題の答え
① (1) a…若狭　b…琵琶　c…京都
　　 d…奈良　e…淀　f…大阪
　　 g…志摩　h…紀伊
　(2) リアス海岸　(3) 東経135度　(4) イ

解説 (3) 兵庫県南部の**明石市**を通過していることから，日本の**標準時子午線**とわかる。
(4) 潮岬が位置する**紀伊半島は日本有数の豪雨地帯**である。なお，アは大阪，ウは舞鶴。

② (1) ① 1,400　② 富栄養化
　　 ③ 赤潮　④ りん　⑤ ヨシ
　　 ⑥ ラムサール
　(2) ① 平安京　② 条坊制
　　 ③ 世界文化遺産　④ 町家　⑤ 新景観

解説 (1)⑤ 水質改善に効果のある植物は，ヨシ（アシ）で，窒素やりんを吸収する働きがある。また，ヨシの茎についた微生物が水の汚れを分解してくれる。(2)② 都市が碁盤の目のように区切られているので，条坊制が正解。条里制は耕地の区画である。④ **町家**は，商人や職人が住む伝統的な住居。京都には，昔ながらの町家が数多く残っている。

③ (1) ① ウ　② オ　③ イ　④ ア　⑤ エ
　(2) ウ　(3) ア，ウ，キ　(4) 真珠

解説 (1)④ 泉南市は大阪府南西部の泉州地方の都市。周辺の泉佐野市，和泉市とともに繊維製品の生産がさかんである。⑤ 姫路市は，**播磨工業地域**の中核都市。沿岸部に製鉄，石油化学，電気機械などの工場が建ち並ぶ。
(2) 阪神工業地帯は，繊維工業の割合が大きく減り，また，近年には鉄鋼などの金属工業が低迷して，化学や機械工業の割合が高くなった。
(4) **志摩半島**の英虞湾の代表的な産品から，真珠とわかる。真珠の養殖は，この地域出身の御木本幸吉が明治時代に初めて成功させた。

p.118〜119　標準問題の答え
① (1) 例 60歳以上の労働者の割合
　(2) ウ　(3) エ

解説 (1) 労働者の総数は大きく減っているが，60歳以上の数は大きく減っていない。2000年には，60歳以上の労働者が約半分を占めている。
(2) 1970年代から，安い外国木材の輸入が増え，国内の林業は低迷した。

② (1) ア
　(2) 例 近くの都市に新鮮な野菜，花などを出荷する農業。
　(3) 例 住宅用の土地を確保し，人口の増加に

対応するため。

(1) 漁獲量が減ったのは，乱獲が原因である。ズワイガニの数を回復させるため，漁獲する時期を限ったり，小さなカニを海にかえしたりすることで，生態系の再生をはかり，漁獲量が少しずつ増えるようになった。
(2) 都市に近い郊外(近郊)で行われる農業である。
(3) 丘陵地にある西神ニュータウンと人工島のポートアイランドは，どちらも計画都市で，団地やマンションがたくさん建設された。

3 (1) ① a…ウ　d…エ
　　② イ，エ　③ ウ，エ　④ ア
(2) ① 例 **住宅や工場が増え，たくさんの生活排水や工場廃水が流れこむようになったから。**
　　② エ　③ X…**大津市**　Y…**津市**
　　④ あ **黒潮[日本海流]**　い **南東**

解説(1)① a は兵庫県，b は京都府，c は大阪府，d は奈良県。農業がさかんなのは，兵庫県。工業がさかんなのは，**阪神工業地帯**がある大阪府と兵庫県。商業がさかんなのは大阪府。府県庁所在地の人口が多いのは，大阪府(大阪市)。すべて少ないのは，奈良県である。③ 「パネルベイ」のパネルは，液晶パネルのこと。「グリーンベイ」のグリーンは，環境に負荷をあたえない取り組みなどをさしている。
(2)① X は滋賀県，Y は三重県，Z は和歌山県。X にある琵琶湖周辺の人口増加によって引きおこされた問題を考える。④ あ 「南の沖合」から，太平洋を北上する暖流の**黒潮(日本海流)**とわかる。い 夏の季節風の向きを答える。

⑱ 中部地方

p.122～123 基礎問題の答え

1 (1) a…**越後**　b…**信濃**　c…**能登**
　　d…**諏訪**　e…**甲府**　f…**飛騨**
　　g…**木曽**　h…**赤石**　i…**濃尾**
　　j…**伊勢**　k…**富士**
(2) 日本アルプス[日本の屋根]
(3) A…日本海側の気候，ア
　　B…中央高地の気候[内陸の気候]，ウ
　　C…太平洋側の気候，エ

(4) **輪中**

解説(3) A は富山市。日本海側なので，冬の降雪量が多い。B は松本市(長野県)。内陸にあるので，気温が低めで，降水量は全体に少ない。C は静岡市。太平洋側なので，気温は高めで，夏の降水量が多い。

2 ① 名古屋　② 第3次産業
　　③ 中部国際空港　④ 環日本海
　　⑤ 新潟

解説② 大都市では，商業やサービス業が発達していることから考える。
④ 北陸地方とロシア連邦，中国，韓国はすべて日本海に面している。
⑤ 政令指定都市は，政令で指定された人口50万人以上の都市。一般の市より大きな権限をもつ。

3 (1) ① 早場米　② 銘柄米[ブランド米]
(2) ① ア　② オ　③ イ　④ エ
(3) エ

解説(1)② 「コシヒカリ」「華越前」などから，独自に開発した品種(ブランド)のこと。
(2)① 中央高地の**野辺山原**。② 静岡県の**牧ノ原**。
③ 山梨県の**甲府盆地**。④ 愛知県の**渥美半島**。
(3)**焼津港**は遠洋漁業の基地である。

4 (1) ① イ　② ウ　③ ク
　　④ ア　⑤ カ　⑥ オ
(2) **東海工業地域**

解説(1)①の東海市，②の豊田市，③の瀬戸市は，いずれも愛知県の工業都市。⑤の諏訪市は長野県の都市で，パソコン部品やプリンターなど，電気機械工業が進出している。⑥の鯖江市は，福井県の都市。

p.124～125 標準問題の答え

1 (1) ① ア　② 盆地
(2) 例 **日本海からふく湿った冬の季節風が山地にあたり，山ろくの上越市に大量の雪を降らせるため，冬の降水量が多い。**

解説(2) 上越市は新潟県南西部の都市。日本海に面し，南側に山地が位置する。日本海の上空を通り，湿った空気をふくんだ北西の季節風が南側の山地にあたり，上越市に大量の雪を降らせる。

2 (1) ウ　(2) エ　(3) 岐阜

26

(4) ① エ　② ウ　③ イ
(5) 中部国際空港
(6) 例 鉄道の所要時間が2時間と短く，飛行機を使うメリットがないから。
(7) 自動車

解説 (1) 山梨県は，ぶどうやももなど，果実栽培がさかんなことから考える。アは，稲作がさかんな新潟県，イは，野菜の栽培（近郊農業）がさかんな千葉県，エは，さまざまな農業がさかんで，とりわけ畜産の出荷額が高い北海道。
(6) 名古屋一東京間は，東海道新幹線を使えば，2時間ほどで移動できる。
(7) 名古屋港は中京工業地帯の貿易港である。中京工業地帯の代表的な工業を考えればよい。

定期テスト対策

❶輸送用機械（自動車など）の生産額

自動車会社の「企業城下町」豊田市をはじめ，愛知県には自動車関連の工場がたくさん集まっている。

その他 38.2
全国 68兆 3,716億円
愛知県 38.8%
広島県 5.3
群馬県 5.4
神奈川県 6.0
静岡県 6.3

（「データでみる県勢 2020年版」より作成）

③ (1) ウ
(2) 例 他の産地が出荷していない時期に，長野県は出荷している。

解説 (1) 長野県のレタスは，冷涼な山間部の高原で栽培されている。2,000mをこえると，農作物の栽培に適さないうえ，輸送にも手間がかかる。
(2) 長野県では，時期をおくらせて高原野菜を出荷する抑制栽培を行っている。グラフを見ると，茨城県や静岡県の出荷量が少ない時期に出荷していることがわかる。

p.126～129 実力アップ問題の答え

① (1) イ　(2) a…エ　b…ア　c…イ
(3) A…北九州
　B…メチル水銀[有機水銀]
　C…水俣病　D…もやい
　E…環境モデル都市
(4) ① 大分，オ　② 沖縄，ク

③ 長崎，ウ　④ 鹿児島，キ
② (1) ア　(2) 季節風
(3) 例 年間を通して温暖で，降水量がやや少ない。
(4) イ
③ (1) A…エ　C…ウ　(2) 瀬戸内工業地域
(3) I C [集積回路]
④ (1) ① 淀川　② りん
(2) ニュータウン　(3) ア，ウ
(4) d…オ　e…イ
(5) 例 1年を通して気温が高く，雨が多いから。
(6) イ
⑤ (1) X…ウ　Z…ア
(2) エ　(3) 米（の）単作（地帯）
(4) D…① 甲府盆地　② ウ
　E…① 渥美半島　② ア
(5) ① 中京工業地帯　② イ

解説 ① (2) a…九州一の稲作地帯が広がる筑紫平野。b…促成栽培のさかんな宮崎平野。c…シラスが積もる台地で，畑作，畜産が行われている笠野原。
(4)① 「別府温泉」など，温泉地が多いことから，大分県とわかる。② 「台風」「水不足」の被害が多いことがヒント。沖縄県の県庁所在地は那覇市。
③ 「離島」が多く，「平和公園」から，長崎県とわかる。④ 「桜島」「シラス」から鹿児島県。
② (1) 断面図の地名から判断できる。
(3) 岡山市は，2つの山地にはさまれた瀬戸内地方にある。瀬戸内の気候の特徴を答えればよい。
(4) 中国山地と四国山地の町村は，共通して人口減少と高齢化になやんでいる。
③ (1) 共通して最も多いBが，機械工業である。また，共通して最も少ないDが，繊維工業である。瀬戸内工業地域は石油コンビナートが多く，化学工業の割合が高い。福岡市，北九州市など大都市が集まる北九州工業地帯（地域）は，食料品工業の割合が高く，化学工業の割合は小さい。したがって，Cが化学工業，残りのAが金属工業となる。
(2) 北九州工業地帯（地域）は出荷額では，京浜，中京，阪神の3つの工業地帯と大きく差を開けられており，瀬戸内工業地域や東海工業地域よりも少ない。

27

そのため，北九州工業地帯(地域)をのぞき，京浜，中京，阪神を**三大工業地帯**とよぶ。

(3) 空港や高速道路の周辺にたくさん立地していることから，小型軽量で値段の高い工業製品であることがわかる。

定期テスト対策			
❶おもな工業地帯，地域の生産額(億円)			

	1970年	1990年	2016年
京 浜	152,625	515,908	245,079
中 京	76,550	445,033	551,211
阪 神	122,278	405,725	314,134
北九州	18,575	77,793	93,185
北関東	50,279	336,323	306,520
瀬戸内	60,826	266,875	290,989
東 海	27,450	164,646	162,569

(「日本国勢図会2019/20年版」などより作成)

4 (1)① 琵琶湖に源を発し，最後は**大阪湾**に流れこむことから，淀川とわかる。琵琶湖と淀川水系は，近畿地方の最大の水源になっている。

(3) 阪神工業地帯は，沿岸部に液晶パネルや太陽電池(蓄電池)などの先端の機械工業が進出している。また，内陸部の**東大阪市などには中小工場が多い**。**イ**は京浜工業地帯，**エ**は中京工業地帯，**オ**は北九州工業地帯(地域)に関するもの。

(5) 沖合に暖流の**黒潮(日本海流)**が流れているため，**紀伊山地**は1年を通して，気温が高く，降水量も多い。とくに紀伊山地南側の太平洋沿岸部は，南東の季節風の影響も受けやすく，**日本有数の多雨地帯**になっている。

(6) 歴史的な都市(古都)のある京都府，奈良県が上位を占めていることから，**イ**の国宝・重要文化財とわかる。

5 (1) **X**は金沢市(石川県)で，冬に雪が多い**日本海側の気候**。**Y**は松本市(長野県)で，気温が低く，雨の少ない**中央高地の気候**。**Z**は静岡市(静岡県)で，気温が高く，夏に雨の多い**太平洋側の気候**。

(3) 北陸地方の平野部は，日本有数の米どころで，水田の単作地帯が続いている。**A**は越後平野，**B**は富山平野，**C**は福井平野。

(5)② **瀬戸市**は陶磁器工業がさかんなことから考える。**ファインセラミックス**は，高い機能をもつ新しい陶器で，ニューセラミックスともよばれる。ハイブリッドカーや医療機器など，先端の機械製品の部

品に用いられている。

⓮ 関東地方

p.132〜133 **基礎問題の答え**

1 (1) a…浅間　b…越後　c…霞ケ浦
d…関東　e…利根　f…三浦
g…房総

(2) 関東ローム　(3) からっ風　(4) ウ

解説 (3) 冬の冷たく乾いた季節風で，矢印の向きの北西からふいていることがわかるので，**関東平野**にふき下ろすからっ風。

(4) 都心の中心部の気温が周辺より高くなり，「熱の島」のように見えるのが，ヒートアイランド現象。なお，**ア**は温室効果ガスによる地球温暖化の説明，**イ**はフェーン現象の説明である。

2 (1) イ　(2) エ

解説 (1) 大消費地が多い関東地方では，新鮮な野菜を中心とした近郊農業がさかんである。

(2) 花の栽培に適しているのは，温暖な地方である。房総半島と三浦半島の南部は，沖合に**黒潮(日本海流)**が流れており1年を通して温暖。温室やビニールハウスを使った野菜の**促成栽培**も行われている。

3 (1) ア　(2) 茨城県　(3) エ　(4) 組み立て型

解説 (1) 東京都は情報の集積地，文化の中心地であることから，**印刷業の割合が大きい**。

(3) このほか，2011年には北関東自動車道も全通した。**エ**の阪和自動車道は，大阪府(松原市)と和歌山県(田辺市)を結ぶ高速道路。

(4) 内陸部には，電気機械や自動車など，組み立て型の工業が多く進出している。

定期テスト対策

❶工場の立地

・沿岸部…例 **京葉工業地域**
原材料の輸送に便利な港湾の周辺→**素材型の工業(石油化学，鉄鋼などの金属工業)が立地**。

・内陸部…例 **北関東工業地域**
製品の輸送に便利な高速道路の周辺→**組み立て型の工業(電子機器，電気機械，自動車など)が立地**。

④ (1) 一極集中　(2) 再開発　(3) イ

解説 (1) 東京都は日本の政治，経済，文化の中心であり，また，人，もの，資本，情報の多くが集中している。この**一極集中**をやわらげるため，首都機能の一部を，地方に移転することが議論されているが，実現にはいたっていない。
(3) 昼間，都心には通勤・通学者がやってくるので，**都心は夜間よりも昼間の人口が多い**。

p.134～135 **標準問題の答え**

① (1) ① 多摩川　② 利根川
(2) 小笠原諸島
(3) 例 **水もちの悪い火山灰土の関東ロームにおおわれていて，稲作に適していないから。**

解説 (1)① 上流が秩父多摩甲斐国立公園に指定されている**多摩川**が正解。② 長さが全国2位，流域面積が全国1位の川は，**利根川**である。
(2) **小笠原諸島**は，東京湾の南方約1,000kmにうかぶ諸島。貴重な自然が残っており，2011年に世界自然遺産に登録された。
(3) 問題文に「土地の性質に注目して」とあるので，火山灰土の関東ロームにふれる。なお，大消費地に近いことも，畑作がさかんな理由である。

② (1) さいたま市　(2) ア
(3) 例 **昼間，周辺の県から通勤・通学者がたくさん都内に入ってくるから。**
(4) 近郊農業　(5) ① エ　② ウ
(6) 例 **通信機や医薬品，集積回路など，小型軽量で高額な機械製品や化学製品の輸送が多い。**

解説 (1) **A**県は埼玉県で，県庁所在地はさいたま市。**B**県は神奈川県で，県庁所在地は横浜市。**C**県は千葉県で，県庁所在地は千葉市。
(2) 太平洋側の気候に属しており，冬はかわいた北西の季節風が関東平野にふきこむ。
(3) 昼間は，学校や職場のある都内の人口が多く，夜間は，住宅のある周辺県の人口が多くなる。
(4) 総出荷額と上位の工業製品に注目する。**ア**は，出荷額が最も多く，輸送用機械（自動車），化学など，重化学工業の割合が多いので，神奈川県（**B**県）。**エ**は，印刷が上位を占めているので，東京都。輸送用機械が多い**イ**が，埼玉県（**A**県）。石油・石炭製品，化学，鉄鋼などの割合が高い**ウ**が，千葉県（**C**県）。

(6) 海上輸送は，石油や液化ガスなどの資源や，自動車，鉄鋼など重量のある工業製品の輸送に適している。一方，**航空輸送は小型軽量**で，値段の高い製品の輸送に適している。**成田国際空港**の取りあつかい量をみると，通信機や医薬品，集積回路（**IC**）が上位を占めている。

③ (1) ① 関東地方　② 北海道地方　(2) エ

解説 (1) **人口密度**は，単位面積当たりの人口。「**人口÷面積**」で求められる。面積がせまいわりに，人口が多い関東地方が，人口密度は最も高い。一方，面積が広いわりに人口が少ない北海道地方が，人口密度は最も低い。
(2) **b**は，中部地方の割合が最も大きく，関東地方も大きいので，工業。**c**は，関東地方の割合が最も大きいので，商業（商品年間販売額）とわかる。残りの**a**が農業。

⑳ 東北地方

p.138～139 **基礎問題の答え**

① (1) a…津軽　b…白神　c…出羽
d…奥羽　e…北上　f…庄内
g…最上　h…山形　i…会津
j…三陸　k…北上　l…仙台
(2) やませ　(3) エ　(4) 津波

解説 (2) 夏のはじめにふくことや，北東からふいていることに注目する。
(3) 白神山地に広がっているのは，ぶなの原生林である。**青森ひばや秋田すぎ**とまちがえないこと。
(4) 2011年3月の**東日本大震災**のときにも，巨大津波がおしよせ，沿岸部に大きな被害を出した。

② (1) かまくら　(2) ① 曲家　② エ

解説 (1) **かまくら**はおもに旧暦の1月15日に行われる伝統行事で，雪でつくった室（かまくら）のなかには，水神をまつった神棚が設けられている。
(2) L字型に曲がっている独特の間取りに注目すること。**曲家**（南部曲家）は，馬屋と人の住居が1つになった伝統的な家屋である。

③ (1) A…ウ　B…ア　C…イ　D…オ
(2) ウ，エ

解説 (2) 東北地方には，すぎ，かばなどの木材資源や鉄鉱石などの鉱産資源が豊富にあった。また，冬は寒冷で雪も多く，農業ができないため，副業が必要だった。

4 (1) a…ア　b…エ　c…ウ
(2)① 東北自動車道
② ＩＣ［集積回路，電子機器］

解説 (1) a…りんごの生産量が全国一の**青森県**。b…ももの生産量が多い**福島県**。c…さくらんぼ（おうとう）と西洋なしの生産量が全国一の**山形県**。
(2)① 「周辺部」「自動車工場」から，製品の輸送に必要な高速道路とわかる。② 東北自動車道の周辺には，ＩＣ（集積回路）工場も多く進出しているため，「シリコンロード」とよばれた。

定期テスト対策

❶**東北地方に工業団地が進出した理由**
・**理由1**…農作業のできない冬は，**出かせぎ**にいく人が多かった。→地元の人々の働き場所として**工業団地をつくり，工場を誘致**した。
・**理由2**…関東地方は，工業用地が不足。→**東北自動車道や東北新幹線の開通**で，時間距離が短縮。→広大な土地と安い労働力が豊富な東北地方に，工場が進出した。

---

p.140〜141　標準問題の答え

1 (1)① オ　② ア　③ イ　④ カ　(2)ア
(3)囫 **黒潮と寒流である親潮がぶつかって**
(16字)
(4)ウ

解説 (1)①〜③ 「**ねぶた祭**」は，8月の初めごろ，青森市や弘前市などで行われる祭りで，弘前市では「**ねぷたまつり**」とよばれる。秋田市の「**竿燈まつり**」と仙台市（宮城県）の「**七夕まつり**」も，8月の初めごろに行われる夏祭り。この3つは，東北三大祭りとよばれる。④ 山形県では，8月上旬に「**花笠まつり**」が行われる。
(2)**三陸海岸**の南部には，出入りの激しい**リアス海岸**が続いている。
(3)直前，直後のことばに注目すること。直前の「暖流である」に続くのは，「**黒潮**」。これと「寒流である**親潮**」とが，沖合で「ぶつかって」いるところに，**潮目（潮境）**が形成される。

---

(4) 庄内平野は，**最上川**の下流に広がる平野で，早くから先進的な稲作が行われてきた。山形県の銘柄米は「**はえぬき**」である。

2 (1)① 囫 北東部の太平洋側に多い。
② 囫 **やませ**の影響を受けやすいから。
(2)イ

解説 (1) 夏のはじめ，冷たく湿った北東風のやませがふくと，稲の育ちが悪くなり，**冷害**がおきやすい。
(2) 1993年の冷害の後，**品種改良**によって開発された「**はえぬき**」が，急速に広まった。また，農家にやませの発生を知らせる気象監視システムの整備にも力が入れられている。

3 (1)こみせ　(2)ア　(3)ウ，盛岡
(4)① 囫 高速道路や新幹線の沿線に集中している。
② エ

解説 (1) 東北地方の各地に見られる雪よけの通路。新潟県では，「**がんぎ**」とよばれる。
(2) 樹木が生いしげる森林を「**杜**」という。なお，イの「将軍のおひざもと」は，**江戸**（東京）のこと。ウの「天下の台所」は，**大阪**のこと。どちらも，江戸時代のよび名である。エの「民話の里」は，岩手県の**遠野**市のよび名である。
(4) 東北地方の高速道路沿いには，機械製品のＩＣ（集積回路）や自動車の組み立て工場が多い。

㉑ 北海道地方

p.144〜145　基礎問題の答え

1 (1) a…オホーツク　b…知床
c…日高　d…根釧　e…十勝
f…石狩　g…洞爺　h…有珠
(2) 北方領土　(3) 親潮［千島海流］　(4)ア

解説 (2) 歯舞群島，色丹島，国後島，択捉島の4島を北方領土という。日本固有の領土だが，現在，ロシア連邦に占拠されている。
(4) 北海道の南東部は，1年を通して低温である。雪は多くないが，夏は**濃霧**（海霧，ガス）の影響で，晴れの日が少ない。

2 ① アイヌ　② 開拓使　③ 屯田兵
④ 札幌市　⑤ 函館市　⑥ 旭川市

⑦ 新千歳　⑧ 東京国際

解説 ④「道庁」から札幌市とわかる。
⑤「津軽海峡」は，本州(青森県)と北海道の間の海峡。古くから北海道の玄関だった函館市が面している。
⑥ 直前の「上川盆地」から，旭川市とわかる。札幌市につぎ，函館市とならぶ，北海道の中心都市。
⑧ 国内線のなかで，新千歳(札幌)と東京を結ぶ便の利用者数が最も多い。東京の国内線の窓口は，東京国際(羽田)空港である。

3 (1) イ，オ
(2) ① エ　② ア　③ ウ

解説 (1) 北海道は農業収入を中心とする主業農家が多い。また，耕地面積が広く，大型機械を使った大規模な農業が行われている。
(2) ① 畑作がさかんな十勝平野。② 酪農がさかんな根釧台地。③ 稲作がさかんな石狩平野。

4 (1) (排他的)経済水域　(2) エ

解説 (1) カムチャッカ半島の水域，ベーリング海など，遠洋の北洋漁業でとれる「すけとうだら」の漁獲量が減っていることに注目する。1970年代に，多くの国が(排他的)経済水域を設定したため，遠洋漁業の漁場が縮小したのである。
(2) 排他的経済水域の設定によって，とる漁業から育てる漁業への転換が図られ，ほたての養殖やさけの栽培漁業などがさかんになっている。

p.146～147　標準問題の答え

1 (1) 石狩平野　(2) アイヌ　(3) ウ
(4) 例 オーストラリアは2月が夏にあたるから。
(5) ロードヒーティング

解説 (1) 札幌市がある平野なので，石狩平野。
(2) 北海道の多くの地名は，アイヌのことばに由来。
(3) 札幌市は日本海側に位置するので，cは日本海の沖合を流れる対馬海流である。dは冬の季節風なので，北西が正解。
(4)「季節に注目して」とあるので，日本とオーストラリアの季節のちがいを考える。南半球にあるオーストラリアは，日本と季節が反対になり，オーストラリアでは，2月は夏である。この時期に北海道ではスキーができること，また雪質もよいことから，オーストラリア人の観光客に人気が高い。

2 A…ウ　B…ア　C…オ

解説 A…「碁盤目状」の区画，「旭山動物園」から，旭川市とわかる。
B…炭鉱が閉山し，人口が激減したため，観光都市として再生をはかろうとしたのは，夕張市。
C…かつての北洋漁業の拠点で，近くに大湿原(釧路湿原)があるのは，釧路市。

3 (1) 例 広大な耕地での大規模な農業。
(2) a…例 泥炭地を客土によって，稲作ができる耕地に改良したから。
b…例 品種改良によって，寒さに強い品種を開発したから。
(3) ① てんさい　② じゃがいも
(4) ① イ　② イ

解説 (1) 北海道の農家の耕地面積は，全国平均の8倍以上もある。
(2) a…泥炭地は，火山灰や腐敗した草などが積もった湿地のこと。排水したり，客土によって土壌を改良したりして，稲作が可能な耕地にかわった。b…品種改良は，いくつかの品種を組み合わせて，利用価値の高い品種をつくること。北海道では，品種改良によって，「きらら397」など，低温でも育つ稲が開発された。
(4)① 稲は夏に低温になると育たないことから考える。② グローバル化により，外国の安い乳製品の輸入量が増えており，価格競争が厳しさを増している。その一方，酪農を営む農家は，ふん尿の処理費，えさや機械の購入費，施設の維持管理費などがかさみ，大きな負担になっている。

p.148～151　実力アップ問題の答え

1 (1) 小笠原諸島　(2) b…ウ　c…ア
(3) イ

2 (1) a…夜間　b…昼間　(2) ウ

3 (1) ① やませ　② 冷害
(2) ① リアス海岸　② 東日本大震災
③ A…黒潮[日本海流]
B…親潮[千島海流]
C…潮目[潮境]
D…プランクトン
(3) a…オ　b…カ　c…エ　d…ア
(4) ① 秋田，ウ　② 福島，カ

③ 岩手，イ

4 (1) 名称…知床　記号…ウ

　(2) 島名…択捉島　国名…ロシア連邦

　(3) ウ　(4) エ

5 (1) オ　(2) 福島県

　(3) 例 雪の多い　(4) 奥羽山脈　(5) ウ

　(6) ① 十勝平野　② イ，オ

解説 1 (1) 世界自然遺産に登録されているのは，国内では，屋久島(鹿児島県)，白神山地(青森県と秋田県の県境)，知床(北海道)，小笠原諸島(東京都)の4か所(2020年)。小笠原諸島は，戦後長らくアメリカ合衆国の支配下におかれていたが，1968年に日本に返還された。

(3) 東京都には，経営規模の大きい総合商社の本社がたくさん集まっている。なお，商社とは，貿易や国内の商品流通を業務の中心にした商業を営む会社のことで，卸売業に分類される。

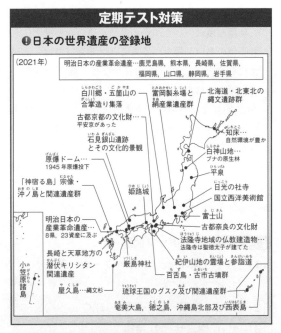

定期テスト対策

❶日本の世界遺産の登録地

(3) aは青森市，bは盛岡市(岩手県)，cは秋田市，dは山形市。

(4)① 大規模な干拓が行われたのは，男鹿半島の八郎潟。また，北側の県境に白神山地が広がっていることから，秋田県とわかる。② 都市が集まる3つの盆地とは，福島盆地，会津盆地，郡山盆地のこと。湾岸部の浜通り地区には，東日本大震災の津波被害によって，重大な放射能もれ事故をおこした福島第一原子力発電所などの原子力発電所が建てられている。③ 曲家が多く見られ，肉牛の飼育や酪農がさかんな県は，岩手県である。

4 (1) 知床は，海から陸へとつながる生態系がわかりやすく見られること，希少な動植物の生息地となっていることから，2005年に世界自然遺産に登録された。

(2) 択捉島，国後島，色丹島，歯舞群島を合わせて北方領土という。北方領土は現在，ロシア連邦に不法に占拠されていて，日本は返還を要求している。

(3) アは青森県，イは秋田県，エは宮城県で行われている祭りである。

(4) 夏に南東からふく，水分の多い季節風が，寒流の親潮(千島海流)の上空を通過することで冷やされ，沿岸部に濃霧を発生させる。これにより，農作物に冷害をもたらす。

5 (1) さくらんぼ，西洋なしなど，山形県の生産量が多い果樹の地図記号を選ぶ。

(2) 青森県をのぞく東北地方は奥羽山脈によって，日本海側と太平洋側に分けられる。太平洋側の県は，岩手県，宮城県，福島県である。

(3) 米の収穫量が多い道県は，年間最深積雪量の多い地域とほぼ重なっていることがわかる。

(4) 秋田県と山形県は日本海に面している。この上空を通り，湿った空気が奥羽山脈にぶつかって，両県に大雪を降らせる。東北地方の中央部を南北に走る大きな山脈の名を答えればよい。

(5) 雪どけ水が大量に流れこむ3～4月に川の流量が増えている。この水を使って，田植えができる。

(6)① 「太平洋に面する」から，北海道の畑作の中心である十勝平野とわかる。② アのなすやエのピーマンは，高知平野や宮崎平野など，温暖な地域でさかんに栽培される。ウのレタスは，中央高地などの冷涼な高原地帯で栽培される。

2 (2) Xは，人口密度が最も高く，昼間の人口が多く，また，大学数も多いことから，東京都。Yは，すべての項目が少ないことから，千葉県。

3 (1)① 太平洋側にふきこむ北東の風から，やませとわかる。

(2)① Xは三陸海岸で，南部にリアス海岸が続いている。② 「東北地方太平洋沖地震」でも可。

②